KB210722

생명과 평화의 눈으로 읽는 성서

도서출판 대장간은
쇠를 달구어 연장을 만들듯이
생각을 다듬어 기독교 가치관을
바르게 세우는 곳입니다.

대장간이란 이름에는
사라져가는 복음의 능력을 되살리고,
낡은 것을 새롭게 풀무질하며, 잘못된 것을
바로 세우겠다는 의지가 담겨져 있습니다.

www.daejanggan.org

생명과 평화의 눈으로 읽는 성서 3

왕국시대 예언자 _시대의 아픔을 넘어서

지은이	김경호
초판1쇄	2020년 9월 15일
펴낸이	배용하
책임편집	배용하
등록	제364-2008-000013호
펴낸곳	도서출판 대장간
	www.daejanggan.org
등록한곳	충남 논산시 매죽헌로1176번길 8-54, 101호 .
대표전화	대표전화 041-742-1424 전송 0303-0959-1424
분류	기독교	구약	예언서 |성서강해
ISBN	978-89-7071-535-3 03230
SET	978-89-7071-417-2 04230
CIP	CIP2020037489

이 책은 저작권법에 의해 보호를 받는 출판물입니다.
기록된 형태의 허락 없이는 무단 전재와 복제를 금합니다.

값 15,000원

생명과 평화의 눈으로 읽는 성서 3

왕국시대 예언자
시대의 아픔을 넘어서

김경호 지음

차례 / contents

| 시작하는 말 |

오늘날의 한국교회에서 유행하는 성경공부는 이른바 '큐티'다. 그러나 이 방식으로 진행하는 공부는 성경을 지나치게 자의적으로 해석하기 쉽다. 본문에 과도한 뜻을 부여하다 보니 "본래 그 말씀에 그런 뜻이 있었나?" 싶을 정도로 그 의미가 확대되기도 하고 때로 본문과는 전혀 다른 의미로 바뀌기도 한다. 이렇게 되면 어떤 본문의 해석이든 유사해진다. 결국에는 해석자 개인의 문제가 투영된다. 그러다 보면 서로 다른 맥락의 성서 본문들도 모두 자기 식으로 해석해 버리며 자신의 세계를 성서 안에 투입한다. 그런 다음에는 성서의 권위를 빌어서 자신의 해석을 마치 성서가 그렇게 말하는 것인 양 이야기하고, 정당화한다. 이러한 경향을 성서도구주의라고 부른다. 그러나 이것은 성서해석에서 중대한 오류이다. 큐티를 비롯하여 한국교회에서의 성서해석의 90% 이상을 차지하는 이른바 '영감(靈感)에 의한 성서해석'은 이러한 방법론적 오류를 벗어나기 어렵다.

그럼에도 불구하고 큐티 방식의 성서연구는 우리의 생활 깊숙한 곳에 성서 본문을 가져오는 장점이 있다. 하지만 성서를 통해 우리가 얻는 메시지는 그렇게 해석해야만 하는 합리성을 가져야 한다. 홀로 묵상을 할지라도 그 본문이 말하는 메시지의 올바른 방향과 토대 위에 있어야 한다. 제멋대로 노를 저어서 배가 산으로 가게 하는 것은 곤란하다. 그것은 자신의 뜻을 하나님의 뜻으로 합리화하는 잘못을 범하기 때문이다.

물론 성서를 해석할 때 주관을 완전히 배제하고 보는 것은 어렵다. 그래서 서구에서는 수백 년 동안 성서신학이 발달해 왔다. 이는 균형 잡힌 성서해석을 위한 과정이다. 성서신학은 객관적이고 타당하게 성서를 해석할 수 있는 여러 가지 과학적인 학문의 방법론을 계발했다. 이 교재는 그러한 성서해석 방법론들을 동원할 것이다. 그리하여 성서 속 말씀들을 그것이 생겨난 역사 배경과 사회경제 배경 속에서 이해할 것이다. 또한 최근의 고고학적 발굴과 연구결과, 고대 근동의 유사한 문서와 비교하는 종교사적인 연구방법, 성서 자료들을 문헌적으로 정밀하게 비교하고 분석해 나가는 역사 비평적 연구 방법 등을 활용할 것이다.

이러한 성서연구는 필자가 향린교회, 강남향린교회, 들꽃향린교회, 다시 강남향린교회로 이어지는 35여 년 동안의 목회 활동과 성서연구 세미나를 통해 얻은 것이다. 그리고 한국기독교장로회 총회교육원에서 목회자 재교육 과정으로 운영하는 목회신학대학원과 여전도사를 양성하는 목회신학대학 과정에서 구약학 강의를 하면서 얻은 결과물이다.

전체 시리즈의 제목을 '생명과 평화의 눈으로 보는 성서'라고 하였다.

이것은 하나의 선입견을 가지고 성서를 보겠다는 뜻이 아니다. 오히려 성서 자체가 생명과 평화의 치열한 삶의 고백들이라는 뜻이다. 하나님에 대한 이야기는 역사와 자연의 도전 앞에 선 인간이 자신의 생존을 위한 깊은 투쟁의 고백을 쏟아낸 것이다. 그리하여 자연과 인간의 최대 화두인 '생명'과 삶의 필수 조건인 '평화'라는 두 사회적 주제를 성서가 증거하는 핵심 가치로 본 것이다.

　현행의 성서공부 교재는 대부분 교리사적인 틀에 꿰어져 맞추는 식으로 만들어졌다. 많은 사람들이 성서와 기독교를 "죄→구원" 같은 간단한 공식으로 설명하려 한다. 이 때문에 사람들은 성서를 단지 한 가지 사상만 있는 책으로 오해하기도 하고, 또는 성서를 단순화된 교리를 강요하는 평면적인 책으로 오해한다. 그러나 사실 성서는 긴 역사를 통해 일어난 삶의 치열하고 다양한 역사를 담고 있으며, 그 시대를 살아가는 사람들의 호소와 외침이 녹아 있는 책이다. 그 하나하나가 갖는 다양한 패러다임과 역동성은 오늘 우리가 살아가는 사회의 문제를 예시하고 조명하며, 이를 통해 오늘 우리가 처한 역사 속에서 야훼 하나님의 분명하신 섭리와 경륜의 방향을 보게 한다. 이처럼 성서는 역사의 과정 속에 나타났던 사상, 철학, 문학의 다양한 패러다임을 포함하고 있을 뿐 아니라, 세상의 역사를 운영하시는 하나님의 뜻과 그를 따라 기꺼이 목숨까지도 바치는 인간의 신앙적 응답을 풍부하게 담고 있는 인류 최고의 걸작품이다. 그런데 이렇게 다양하고 역동적인 성서를 단 하나의 교리로 뭉뚱그려

단순화하거나, 그 생명력을 사장시키는 것은 참으로 안타깝다.

이 책은 성서신학의 전문적인 내용을 누구나 이해할 수 있는 쉬운 언어로 쓰고자 노력했다. 그리고 성서본문을 통해서 신학적 사고를 전개해 나가기에 신학을 모르는 사람도 쉽게 접근할 수 있도록 했다. 아무쪼록 이 책이 한국교회를 갱신하는 데 작은 보탬이 되기를 바란다.

강남향린교회와 거기에서 분가한 들꽃향린교회의 교우들은 대부분이 책의 내용을 공부하는 성서학당을 통해서 교우가 되었다. 이 중에 상당수는 성서문자주의에 매인 근본주의 신앙을 가진 분이었거나, 기독교를 처음으로 대하는 초신자였다. 대체로 초신자들은 이런 식의 성서연구를 아주 새롭게 받아들이지만, 근본주의 신앙을 가진 분들은 학당이 진행되고 있는 동안 필자와 심하게 논쟁을 벌인다. 그래도 이제까지의 방식과는 전혀 다른 방법론으로 진행해 나가기에 싸우면서도 계속논의에 참여한다. 어떤 분은 자동차로 몇 시간씩 걸리는 지방에 살면서도 빠지지 않고 성서학당의 모임에 개근한다. 그러는 동안 생각이 점차 변화하면서 어느 누구보다도 분명하고 힘 있는 신앙인으로 서는 것을 경험하였다.

이런 교재가 나올 수 있는 것은 이런 성서연구를 수용하고 열린 마음으로 함께 토론할 수 있는 건강한 공동체가 있기에 가능하다. 한국교회의 신도들은 매우 훌륭하다. 그들은 참다운 신앙에 관해서라면 언제든지 헌신할 수 있는 마음의 준비를 갖추고 있다. 그러나 한국교회를 이끄는 지도자들이 자기 욕심대로 복음을 왜곡시켜 오늘의 한국교회는 이 모양이 되고 말았다. 그러나 이 교재는 그렇게 왜곡된 시각을 용납하지 않을 것이다. 이 책은 꾸준히 생각하게 하며 각자 본문이 형성된 자리와 만나게 도와줄 것이다. 그러다보면 결국 성서기자가 가졌던 처음마음, 뜨거운 마음들을 만날 수 있을 것이다.

이 교재는 상당히 진보적인 내용으로 구성되어 있지만 그것보다 중요한 강조점은 바로 우리가 확장해 가야 할 공동체성을 살리는 데 목표를 두고 있다. 현실의 기독교가 모순이 많은 것은 사실이나 아무 대안도 없이 섣부르게 기독교 신앙과 교회를 폄하하는 독설을 퍼붓는 것은 무책임하다. 깊은 애정을 가지고 건강한 신앙, 건강한 교회로 재건하여 나가도록 돕는 데 힘써야 할 것이다. 개개인이 가진 좋은 의지들을 모아서 공동의 힘으로 함께 이루어 가는 공동체가 교회이다. 그렇게 할 때, 교회는 오늘날 살아계신 그리스도의 몸을 이루며 증언해 나갈 수 있다.

이 교재를 공부하는 분들이 막연한 관념 속에서가 아니라 좀 더 역사적이고 실증적인 자료들을 통해 야훼 하나님과 예수를 만날 수 있기를 바란다. 이 교재가 지금 목표의 상실, 도덕성의 상실로 휘청거리고 있는 한국교회를 새롭게 갱신해 나갈 성서적 근거를 세워주고 우리 역사를 바로 세울 수 있는 동력이 되기를 간절히 바란다.

각 과의 내용을 진행하여 읽어나갈 때 처음 또는 중간에 "미리 살펴보기"의 문제들이 있다. 이 부분에서는 반드시 성서를 직접 찾아보고 잠시 서로의 의견을 나누는 시간을 갖기를 바란다. 이 책에는 표준새번역(새번역) 성서를 토대로 인용 본문을 명시했다. 모든 내용은 제시된 성경 말씀을 토대로 전개된다. 반드시 성구를 찾아보고 그 본문에 머물러 생각하는 시간을 갖기를 바란다. 오히려 그것이 가장 빨리 가는 지름길이 될 것이다. 남이 만들어준 내용은 체화되기 힘들다. 반드시 자기 명상과 씨름이 동반될 때라야 단순한 지식을 넘어서 자신을 바꾸어 낼 수 있는 힘이 생긴다. 뿐만 아니라 스스로 성서를 보고 해석할 수 있는 눈도 키워갈 수 있다. 그룹으로 공부할 때는 반드시 공부를 마친 다음에 "함께 생각나누기"에 제시된 질문을 토대로 하여 서로의 생각을 나누는 시간을 갖기 바란다. 정답은 있을 수 없다. 모두가 정답이고 모두가 각자의 삶의 위치에서 나오는 진실이다. 어느 누구도 서로의 답이 맞나 틀리나 판단하지 말고 각자의 삶과 생각을 충분히 나누고 상대를 깊이 이해하고 용납하려는 자세로 참여하기를 원한다. 각 과의 마지막에는 "함께 생각 나누기"의 주제와 관련된 설교나 강연문을 제시하였다. 이 설교문은 필자의 설교나 강연, 글 중에서 발췌한 참고자료이다.

목회를 하는 중에 틈틈이 책과 씨름하며 그 내용을 만들어 가는 것이 쉽지는 않았다. 이 책에 쓰인 한 줄의 정보를 얻기 위해서 몇 주일을 엉덩이가 무르도록 앉아서 책을 보거나 또는 현장에서 씨름해야 하는 때도 있었다. 스스로에게 의무감을 주어가며 굳이 이러한 작업을 하는 것은 한국교회가 이대로만 가서는 안 된다는 위기감 때문이다.

윤리적 표상을 잃고 우리사회와 민족이 나아가야 할 방향과는 정반대로 역주행하는 신앙, 싸구려 값싼 은혜를 남발해 대며 상업주의와 성장논리로만 치달아 버리는 교회, 복 방망이를 두들겨 대며 교인들을 주문과 주술로 미혹하는 종교 지도자, 그들이 제멋대로 만들어낸 아무 존경할 것 없는 싸구려 하나님, 예수가 난무하는 현실이 너무나 수치스럽다. 사실 그들은 이미 자신의 영혼 속에서 하나님을 버리고 예수도 다시 못 박아 버린 상태이거나 전혀 자기 성찰을 하지 않은 채 유행을 쫓아가는 마비 상태인 경우가 대부분이다. 이런 현실 속에서 이미 신앙을 가진 분들이 자신의 신앙을 깊이 성찰하고 신앙의 뼈대를 새롭게 세우는 계기가 되기를 바란다. 신앙을 가지지 않은 분들도 이 책을 공부하면서 야훼신앙과 예수신앙에 대해서 매력을 느끼고, "이런 하나님이라면 나도 믿고 싶다"는 마음이 들면 좋겠다. 그런 분들을 신앙으로 이끄는 길잡이가 되기를 또한 바란다. 당장 바라는 결과가 생기지 않더라도 먼 훗날 그때 한국교회에서도 무너진 신앙을 다시 세우기 위한 이런 몸부림이 있었구나 하는 정도의 기록은 될 수 있으면 좋겠다.

송파구 오금동 목련공원에서
강남향린교회 김경호 목사

| 증보판 3권, 왕국시대의 예언자
"시대의 아픔을 넘어서"를 내면서 |

코로나 19로 인해 평범했던 일상들이 무너졌다. 처음 확진자들이 급증한 2월 말부터, 예배를 온라인으로 전환했다. 그 때만 해도 한두 주일이면 교회 문을 열수 있으리라 생각했다. 그러나 시간은 길어 졌다. 넋놓고 코로나 19가 진정되기만을 기다리다가 정신차리고 4월부터 유투브 강좌를 열었다. 15-20분짜리 성서강좌 영상을 만들어 올리기 시작했다. 바로 이 책의 내용이다. 필자가 10년 전에 발행했던 "시대의 아픔을 넘어서"의 증보판이기도 하다. 반년이 지났지만 아직 예배와 모임이 자유롭지 않다. 큰 충격의 시간을 지나면서 코로나 이후 세계에 대한 전망, 갑자기 화두가 된 기본소득에 대한 내용 등을 추가했다.

성서의 수많은 예언자들은 길을 잃은 그 시대를 향해 외쳤다. 예언자들은 바로 이스라엘 종교의 핵심적 인물로서 가장 순수한 형태의 신앙을 지켜나간 사람들이었다. 이들이 없었다면 이스라엘 신앙은 가나안 종교와 뒤섞여 버리고 말았을 것이다. 이들은 세상이 흘러가는 물결 속에서 언제나 신앙의 중심을 잃지 않도록 하나님께 묻고 또 묻는 사람들이다.

그럼에도 불구하고 예언자들은 외면받는 대상이었다. 그 때나 지금이나 "잘 된다, 풍요롭다. 평화롭다"는 소리는 즐기지만 비판의 말들은 외면한다. 오늘날도 마찬가지다. 성서의 1/3을 차지하는 예언서가 한국교회 강단에서 사용되는 비율은 고작 8.7% 뿐이다. 한국교회 강단에서 예언서는 듣기 거북하다고 걸러내고, 비판이라고 외면했다. 그 결과 오늘의 한국교회 모습은 어떠한가? 하나님 말씀을 선포하는 기능은 사라지고 예언자가 그 심판의 대상으로 지목했던 참담한 모습을 빼어 닮아가고 있다.

한국교회는 예언서를 걸러내고, 자기들이 좋아하는 메시지만을 요구했다. 그러고 보니 하나님도 더 이상 하나님이 아니게 되었다. 이미 그들의 마음에도 "이 하나님은 자기들의 입맛대로 주문 생산한 하나님"이라는 것을 잘 안다. 그는 단지 만들어낸 우상일 뿐이다. 한국교회는 나를 살리기 위해 하나님의 말씀을 잘라냈다. 만약 자기들의 욕구대로 응답하도록 주조된 하나님 앞에 드리는 기도라면 그것은 우상 숭배이다.

칼바르트는 하나님의 말씀은 삼중적인 틀로 나타난다고 했다. 계시된 말씀인 예수 그리스도, 기록된 말씀인 성서, 그리고 선포된 말씀인 설교는 동일한 권위를 갖는다고 했다. 또한 바르트는 설교자는 한손에 성경을 한 손에는 신문을 들어야 한다고 했다. 설교가 이렇게 중요한 권위를 갖는 것은 당대성, 그 시대를 사는 사람들에게 하나님의 말씀을 전달하는 역할을 수행하기 때문이다. 설교자는 성서에서 오늘이라는 시대적 상황, 청중이 처한 삶의 정황 속에서 해답을 찾아내야 한다. 그리고 성서 안에서 당대의 사람들을 구원하고 해방하는 말씀이 울려오도록, 오늘의 상황과 성서를 연결 해야 한다. 그러기에 앞으로 진행될 예언서 강좌는 성서를 말하지만 동시에 우리 시대에 대한 정치학, 경제학이고 새로운 사회를 구상하는 밑그림이 될 것이다.

2020년 여름 강남향린교회에서
김경호 목사 .

• 제1부 •
예언서를 보는 눈

01
한국교회에서 홀대받는 예언서

　한국교회는 좀처럼 구약성서를 본문으로 설교하지 않는다. 더군다나 예언서는 아주 심각하게 소외된다. 전체 성경 가운데 1/3이 예언이다. 그러나 한세대 차준희 교수가 한국교회 강단을 전수 조사한 논문에 의하면 한국교회 강단에서 구약은 35.6%만 사용하고, 그 중에도 예언서는 24.5%를 본문으로 사용한다는 통계가 나왔다. 그러니 성경의 1/3을 차지하는 예언서가 강단에서 사용되는 비율은 고작 8.7% 뿐이다. 한국교회 강단에서 예언서가 심하게 홀대받고 있다.

　필자가 학생이던 때는 유신체제가 절정이었다. 그 때는 각 학교에 구약학 교수, 특히 예언서를 전공한 분이 매우 드물었다. 예언서 자체가 워낙 사회현실을 비판하는 내용이라 성경을 그대로 가르치는 것만으로도 유신이라는 강압체제에 대한 공격이 되었다. 유신이란 터무니없는 상황이 학문마저 제대로 펼칠 여건이 되지 않았다. 학교 안에 사복경찰들이 상주하는 터라 양심껏 가르치면 탄압을 받았다. 그래서 학생들에게 존경받는 교수들은 감옥으로 붙들려가거나 해외로 피신하는 형편이었다.

이렇게 한번 비뚤어진 역사는 그것을 바로 펴는데 꽤 오랜 시간이 걸린다. 지금은 민주화되고 강단의 가르침이나 설교로 시비 거는 사람이 없을 터인데도 알아서 하는 것이 체질이 되었는지, 아니면 회복 불가능할 정도로 잘 길들여진 탓인지 구약성서의 대부분을 차지하고 있는 예언서는 한국강단에서 철저하게 소외된다.

필자도 같은 목회자 입장에서 그 심정을 이해할 수는 있다. 예언서의 내용이 심판, 경고, 징벌의 메시지이니 참 듣기 껄끄럽고 이것으로 설교하기가 여간 조심스러운 것이 아니다. '복 받는다, 잘 된다' 하는 소리는 얼마든지 좋으나 '망한다, 심판받는다.'는 말은 하기 어렵다. 예언서가 하나님 말씀의 중심을 이루지만 이를 무시하는 것은 한국교회 강단이 대중의 눈치만 보거나 신학자들이나 목회자들 자체가 시대에 길들여진 탓이다. 목사들 중에는 "목사가 비판적인 주제로 설교하면 나중에 교인들이 목회자를 비판하게 된다. 그래서 비판이 주 내용인 예언서는 되도록 이야기하지 않는 것이 좋다."고 말하기도 한다.

그렇게 해서 예언서를 잃어버린 오늘의 한국교회 모습은 어떠한가? 하나님 말씀을 선포하는 말씀선포의 기능은 사라지고 점점 예언자가 그 심판의 대상으로 지목하는 참혹한 모습을 빼어 닮아가고 있다. 이러한 사정은 아모스 때도 마찬가지였다.

> 너희는 나실 사람에게 포도주를 먹이고
> 예언자에게는 예언하지 말라고 명령하였다(아모스 2:12).

한국교회는 예언서를 버리고, 듣기 거북한 메시지는 걸러내고, 자기들이 좋아하는 메시지만을 요구했다. 그러고 보니 하나님도 더 이상 하나님이 아니게 되었다. 이미 그들의 마음에도 "이 하나님은 자기들의 입맛대로 주문 생산한 하나님"이라는 것을 잘 안다. 그는 단지 만들어낸 우상일 뿐이다.

하나님을 하나님으로 인식하기 위해서는 그분의 부르심에 복종해야 한다. 그분의 껄끄러운 메시지 앞에 부서져야 한다. 스스로 하나님의 말씀에 비추어 자기를 잘라낼 수 있어야 하는데 한국교회는 나를 살리기 위해 하나님의 말씀을 잘랐다. 그리고 하나님은 단지 내 배를 채우는 보조수단으로 사용한다. "더 채워 달라", "더 부어 달라"는 요구들로 하나님을 삼았다. 그런 요구에 답하는 하나님은 인간이 자기 욕심을 투영해 빚어낸 우상이지 결코 참 하나님이 아니다. 그들이 아무리 소리쳐 기도하더라도 만약 자기들의 욕구대로 주문하고 그에 부응하도록 주조된 하나님 앞에 드리는 기도라면 그것은 우상 숭배다.

한국교회 강단과 당대성

한국교회 강단에서 간과되고 있는 중요한 점은 당대성. 이 시대에 대한 메시지가 결여되었다는 것이다. 필자가 생각하는 설교의 가장 중요한 점은 이 시대의 모순과 고통 속에 있는 청중들에게 하나님의 말씀을 통해서 구원과 해방을 선포하는 것이다.

그러나 한국교회의 설교자들 중에는 교회가 세상일에 간섭하면 안된다면서 그들의 삶에서 고통을 가져다주는 근본 문제는 간과한 채, 현대인들이 가진 문제와는 전혀 소통하지 않는 모노드라마를 연출한다. 그들은 전혀 묻지 않은 문제들에 답하고 있다. 청중이 가려워하는 데는 놔두고 엉뚱한 곳을 긁어대니 한국교회가 외면당할 수밖에 없다. 그럼에도 불구하고 한국교회의 강단이 유지되는 것은 이미 몸에 배인 습관으로 체질화된 신자들의 충성심 때문이다. 시대와 활발한 소통을 하고 있는 젊은 세대들에게 한국교회는 무관심하거나 타도해야할 대상일 뿐이다.

오늘의 상황이 결여된다면 성서는 그 해석의 방향을 상실하고 만다. 성서해석에 다양한 방법들이 있다. 문자의 패턴이 흔하게 쓰이는 곳이 어디인지? 형태가 변형되는 데는 어떤 상황의 변화 때문인지? 편집자의 의도를 말하는 것인지? 정경으로 최종 편집한 사람의 의도인지? 타종교나 유사문헌과의 비교 속에서 드러나는지, 말씀의 정치경제적 상황은 어떤지 어떤 해석 방법에 초점을 맞추느냐에 따라 성경이 전하고자 하는 메시지는 다르게 나타날 수 있다.

필자는 성서해석에 여러 가지 방법들이 다양하게 나타나는 것은 각각 서로 다른 시대적 요청에 따른 응답이라고 생각한다. 그 시대의 상황이 단순히 문자적 의미를 넘어서는 해석이 요청되거나 이전까지 당연한 것으로 여겨지던 해석들이 새롭게 되어야 할 때 새로운 해석 방법론이 나타난다고 본다. 그러기 때문에 어느 하나의 방법이 절대적이라고 말할 수 없다. 때로는 중첩적으로, 때로는 선택적으로 그 시대가 처한 위기들에 최선의 답을 구하는 것이다.

칼바르트는 하나님의 말씀은 삼중적인 틀로 나타난다고 했다. 계시된 말씀인 예수 그리스도, 기록된 말씀인 성서, 그리고 선포된 말씀인 설교는 동일한 권위를 갖는다고 했다. 또한 바르트는 설교자는 한손에 성경을 한 손에는 신문을 들어야 한다고 했다. 설교가 이렇게 중요한 권위를 갖는 것은 당대성, 그 시대를 사는 사람들에게 하나님의 말씀을 전달하는 역할을 수행하기 때문이다. 설교자는 성서에서 오늘이라는 시대적 상황, 청중이 처한 삶의 정황 속에서 해답을 찾아내야 한다. 그리고 성서 안에서 당대의 사람들을 구원하고 해방하는 말씀이 울려오도록, 오늘의 상황과 성서를 연결하는 것을 사명으로 해야 한다. 그러기에 앞으로 진행될 예언서 강좌는 성서를 말하지만 동시에 우리 시대에 대한 정치학, 경제학이고 새로운 사회를 구상하는 밑그림이 될 것이다.

예언자와 점장이의 차이

성서의 예언자들은 각각 다른 시대에 서로 다른 삶을 살아간 사람들이다. 그러기에 서로 다른 예언자들을 마치 하나의 예언자로 뭉뚱그려서 공통된 특징을 찾아보려는 것은 위험한 시도일 수 있다. 그럼에도 불구하고 우리는 예언자들이 속한 각자의 시대에서 매우 독특한 역할을 했다는 것은 부정할 수가 없다. 이들은 바로 이스라엘 종교의 핵심적 인물로서 가장 순수한 형태의 신앙을 지켜나간 사람들이었다. 이들이 없었다면 이스라엘 신앙은 가나안 종교와 뒤섞여 버리고 말았을 것이다.

예언자들은 하나님의 영에 의해 섬광 같은 참 지식을 인식한 최초의 사람들이었다. 그들은 인간이 언젠가는 도달할 수 있는 최고의 영적 수준의 모형이다. 이들은 세상이 흘러가는 물결 속에서 언제나 신앙의 중심을 잃지 않도록 하나님께 묻고 또 묻는 사람들이다. 정해진 학습과정을 거친 사람들만도 아니다. 목동으로, 농부로 농사하다가 문득 하나님의 말씀이 충동해오는 그 소리에 견딜 수 없어 외친 사람들이다. 그들은 사회의 모든 방면을 개혁하도록 거룩하게 선택된 사람들이었다. 예언자들은 야훼신앙을 지켜온 장본인이며, 사회변동의 동인, 사회변혁의 추진 주체이기도 하다.

통속적으로 예언자라고 할 때 마치 점쟁이와 같이 앞일을 미리 맞추는 사람이라고 생각한다. 아마도 예언자라는 명칭이 이런 오해를 가져올 것이다. 사실 기독교인 중에는 아직까지도 기도원이나 사설 제단 등으로 소위 예언의 은사를 받았다는 사람들을 찾아다니는 사람들이 있다. 사람은 누구든지 자신의 미래에 대해 호기심을 갖고 무한한 궁금증을 갖기 마련이기 때문에 이런 사람들을 찾아다니면서 자신의 앞날을 예측해 보고 싶어 한다.

그러나 이것은 성서의 예언자와는 거리가 멀다. 구약 시대 예언자는 여러 가지 명칭으로 쓰였지만 그 중에서 대표적인 명칭은 히브리어로 "나비(nabi')"이다. 그런데 이 "나비"는 장래에 벌어질 일을 미리 맞추는 사람이 아니다. 이들, 즉 예언자는 심판을 말하는 사람, 패역한 시대에 하나님의 말씀을 대변하는 대언자(代言者)였다. 그러나 예언자들이 다가오는 미래가 하나님의 심판이라고 선포하더라도 그것은 백성들의 의지에 따라 선택 가능한 것이지 피할 수 없는 운명으로 온다는 것은 아니다. 언제나 '돌이켜 회개하면 하나님께서 심판을 거두시고 그들을 품어주실 것'을 함께 고지한다. 예언자의 선포는 조건적이고 가변적이다. 당대의 선택이 중요하다. 인간의 결단을 촉구하는 것이 주목적이지 인간에게 다가올 미래의 운명을 말하는 것은 아니다.

하나님께서는 모든 것을 운명처럼 정해 놓고 우리들의 의지와 상관없이 그 길을 가게 만드시는 분이 아니다. 하나님께서는 우리들의 선택을 중요하게 생각하신다. 그런 의미에서 개인의 일을 미리 맞추는 것은 이방신을 따르는 점쟁이나 주술사들이 주로 하는 일로, 예언자들이 비판하는 것이다. 예언자는 장래의 일을 미리 맞추는 사람이 아니라 하나님의 말씀을 대신 전하는 대언자이다. 하나님께서 모세에게 야훼의 말씀을 전하라고 하시니 모세는 핑계한다.

주님, 죄송합니다. 저는 본래 말재주가 없는 사람입니다…. 저는 입이
둔하고 혀가 무딘 사람입니다(출애굽기 4:10).

이에 하나님께서는 아론을 '대변자'로 내세워 파라오에게 말을 전하
도록 하신다.

그가 너를 대신하여 백성에게 말을 할 것이다. 그는 너의 말을 대신 전
달할 것이요.…(출애굽기 4:16).

이 때, 아론은 모세의 "나비"로 표현된다. 즉, 나비는 앞에서 말했듯
이 대언자, 대변자라는 뜻이다. 영어의 "prophet"(예언자)은 희랍어 "프
로페테스(prophetes)"에서 온 것으로, '말하다'(to speak, to say)는 뜻을
가진 어근 phemi와 '앞에'(before, forth)라는 뜻의 접두사 pro가 결합한
것이다. 통상적으로 아폴로와 제우스 신전에서 신으로 부터 오는 메시
지를 전하거나(speaks forth), 선포하는(proclaims) 사람을 의미했다.
성서에는 예언자라고 할 때, 대표적으로 쓰이는 "나비"(nabi) 외에도
'선지자', '선견자'로 번역하는 "로에(roeh)"와 "호제(hozeh)"가 있는데,
이 명칭은 이른바 '문서 예언자' 이전에 활약했던 예언자들, 즉 '열광 예
언자들'을 부르는 용어였다.
성서에 언급하는 초기 예언자들은 열광 상태에서 예언하는데, 이들
을 '하나님의 영을 받은 사람들'이라고 한다. 이들이 받은 소명을 묘사
할 때 성서는, "야훼의 영이 그에게 임하셨다"는 양식으로 표현한다. 그
러나 후대의 문서 예언자들, 아모스, 호세아 등 예언자의 이름으로 된
책이 있는 사람들은 하나님의 영 대신에 '하나님의 말씀을 받은 사람'이

라고 한다. 이들에게는 "야훼의 말씀이 그에게 임하셨다"는 소명 양식으로 변화한다. 초기의 예언 형태로 보이는 이른바 열광(엑스타시) 예언자들은 후에 문서 예언자들에 의해 비판받는다. 합리적인 행동과 윤리적인 통찰력이 뛰어난 후기의 문서 예언자들은 이러한 열광 예언자들이 거짓 예언자라고 날카롭게 비판한다.

> 주께서 나에게 말씀하셨다. "그 예언자들은 내 이름으로 거짓 예언을 하고 있다. 나는 그들을 예언자로 보내지도 않았고, 그들에게 명하지도 않았고, 그들에게 말하지도 않았다. 그들이 이 백성에게 예언하는 것은, 거짓된 환상과 허황된 점괘와 그들의 마음에서 꾸며낸 거짓말이다.(예레미야 14:14)

이스라엘은 점술가, 신접한 자의 열광 예언 등을 엄격하게 금했다. 사울도 모든 점쟁이와 신접한 자들을 그 땅에서 몰아내기 위해 그들을 찾아 정죄하고 죽였지만 정작 사울 자신이 불안해지자 신접한 사람을 찾아가 예언을 구하기도 했고 자신도 열광 예언 속에 빠져 "사울도 예언자 중에 하나였더냐?"고 조롱을 받기도 했다. 신명기는 이런 열광 예언을 엄격하게 금한다.

> 너희 가운데 예언자나 꿈으로 점치는 사람이 나타나서, 너희에게 표적과 기적을 일으킬 수 있다고 말하고, 실제로 그 표적과 기적을 그가 말한 대로 일으키면서 말하기를 '너희가 지금까지 알지 못하던 다른 신을 따라가, 그를 섬기자' 하더라도, 너희는 그 예언자나 꿈으로 점치는 사람의 말을 듣지 말아라. 이것은 주 너희의 하나님이, 너희가 정말 마음

을 다하고 정성을 다하여 주 너희의 하나님을 사랑하는지를 알고자 하셔서, 너희를 시험해 보시는 것이다. 너희는 주 너희의 하나님만을 따르고 그분만을 경외하며, 그분의 명령을 잘 지키며, 그분의 말씀을 잘 들어라. 그분만을 섬기고, 그분에게만 충성을 다하여라. 예언자나 꿈으로 점치는 자들은 너희를 미혹하는 자들이다. 그들은, 이집트 땅에서 너희를 인도해 내시고 그 종살이하던 집에서 너희를 속량하여 주신 주 너희의 하나님을 배반하게 하며, 주 너희의 하나님이 가라고 명하신 길에서 너희를 떠나게 하는 자들이다. 그러므로 그런 자들은 죽여야 한다. 그렇게 하여서 너희는 너희 가운데서 그런 악을 뿌리째 뽑아 버려야 한다.(신명기 13:1−5)

구약성서는 신접한 열광예언의 뿌리를 이방종교에 둔다. 그것은 당연한 결과다. 신접한 상태에서 나오는 말, 그 접신의 대상이 야훼일 리가 없다. 야훼 하나님께서 신접한 사람들을 통해 당신의 말씀을 전한다고 하면 그야말로 하나님을 잡신 정도로 만들어 버린다.

구약학자 김정준 박사는 예언이라는 명칭에서 오는 오해를 극복해 보기 위해서 예언자를 한자로 표기할 때, '미리 예'(豫)자를 쓰기보다는 '맡길 예'(預)자를 써서 預言者라고 표기하자고 제안하기도 하였다.

예언자는 뛰어난 개인인가?

우리는 통상적으로 예언자는 그 시대의 한계를 넘어, 시대를 앞질러서 감히 아무도 보지 못하는 새로운 세계를 전해 주는 위대한 영력과 통찰력을 가진 개인이라고 생각하였다. 흔히 예레미야를 '눈물의 예언자'라고 부른다. 그의 말씀이 범상치 않은 만큼 그의 생애도 수난의 연속이었다. 그의 친척들마저도 그를 죽이려고 했다.

> 저는 도살장으로 끌려가는 순한 어린 양과 같았습니다. 사람들이 나를 해치려고 "저 나무를, 열매가 달린 그대로 찍어 버리자. 사람 사는 세상에서 없애 버리자. 그의 이름을 다시는 기억하지 못하게 하자" 하면서 음모를 꾸미고 있는 줄을 전혀 몰랐습니다. … 그러므로 주님께서 아나돗 사람들을 두고서 이렇게 말씀하신다. "그들이 너의 목숨을 노려서 이르기를 '너는 주님의 이름으로 예언하지 말아라. 주님의 이름으로 예언을 계속하다가는 우리 손에 죽을 줄 알아라' 한다(예레미야 11:19-21).

예레미야는 자신의 출생을 저주하며 하나님께 울부짖으며, 세상에 자기 혼자만 있다고 하나님께 부르짖는다.

> 아! 어머니 원통합니다. 왜 나를 낳으셨습니까? 온 세상이 다 나에게 시비를 걸어오고, 싸움을 걸어옵니다. 나는 아무에게도 빚을 진 일도 없고, 빚을 준 일도 없는데, 모든 사람이 다 나를 저주합니다(예레미야 15:10).

엘리야도 마찬가지다. 엘리야는 하나님께 호소한다.

> 나는 이제까지 주 만군의 하나님만 열정적으로 섬겼습니다. 그러나 이스라엘 자손은 주님과 맺은 언약을 버리고 주님의 예언자들을 칼로 쳐죽였습니다. 이제 나만 홀로 남아있는데, 그들은 내 목숨마저도 없애려

고 찾고 있습니다.(열왕기상 19:14)

그는 "이제 나만 홀로 남아있다"는 절망감에 빠졌다. 그러기에 흔히 예언자는 시대를 뛰어넘는 사람들, 그 시대가 이해하지 못하지만 그 시대와 더불어 홀로 싸우는 사람들이라 여겼다. 그러나 최근 예언 현상에 대한 연구에 의하면 예언자가 개인의 이름으로 대표되기는 하지만 그 뒤에 지지 집단이 있고, 예언자는 자신의 지지 집단을 대표하는 인격이다.

사실 그 시대에 아무도 이해하지 못하는 소리를 혼자만 했다면 예언자는 정신병자 취급을 받았을 것이다. 그리고 그 예언의 말씀도 곧 사라져 버려서 후대에까지 전승되지 않았을 것이다. 그러나 많은 예언자의 이야기들은 예언자를 지지하는 집단들이 전승해 온 것이다. 성서에 예언자 개인 이름이 두드러져 있기는 하지만 이름 뒤에는 그의 이름과 운명을 같이하는 지지 집단 전체의 주장과 이해가 숨겨져 있다. 성서를 좀 더 자세히 읽다보면 예언자 학교가 있어 그의 제자들 가운데서 후계자를 뽑는 것을 본다. 이것은 예언자 뒤에 개인을 뒷받침하는 집단이 있음을 암시한다.

주변부 소외된 사람들을 대변하는 예언자는 '주변부 예언자'라고 하고 중앙사회, 중앙 정부가 지지 세력인 예언자는 '중앙예언자'라고 하는데 예언자의 지지집단이 어떤 성격을 가졌는가에 따라서 예언의 성격과 그 사회적 역할도 달라지며, 예언의 말씀과 기능도 변화한다.

* 우리 주변에 예언의 은사를 받은 분에 대해서 이야기해 보고 그와 관련된 경험이 있다면 나누어 봅시다.

* 성서가 말하는 예언자는 어떤 사람들인가, 오늘 우리 주변에서 발견되는 어떤 부류의 사람을 예언자라고 할 수 있는지 이야기해 봅시다.

* 예언자는 그 시대를 뛰어넘는 위대한 개인인가? 예언자의 주변에 어떤 사람들이 있는지를 말해봅시다.

* 신자유주의와 자유무역협정은 전통사회에 극심한 변화를 가져온다. 이런 변화 때문에 몰락하는 사람들은 어떤 사람들이며 부자가 되는 사람들은 어떤 사람들일까? 이에 대해 기독교신앙은 무엇이라고 답할까에 대해 이야기합시다.

생명시대 생명가족공동체

지금 한국 경제는 최대 호황을 누리고 있다. 우리나라는 OECD 국가 중 최고 성장을 하고 있다. 그러나 안타깝게도 빈부 격차와 양극화의 폭도 점점 더 심해진다. 경제발전이 이 정도 된다면 정부가 큰 소리 쳐도 좋을 만하지만 이상하게 국민들은 싸늘하다. 숫자로는 풍년이고 성장이지만 대다수 서민들은 제자리이거나 오히려 비정규직이 되어 살림살이가 더욱 어려워졌다.

구성원이 100명인 집단이 있다. 새로운 경제 질서로 인해 상위 10명이 월 1,000만원 수입에서 월 2,000만원 수입으로 늘어났다. 전체의 수입 증가는 월 1억 원이다. 그러나 하위 50명이 월 200만원 수입에서 월 100만원으로 수입이 줄었다. 하위 계층의 감소분은 5천만 원이다. 그러나 이 집단은 전체적으로 5천만 원의 부가 증가했다. 그럴 때 우리는 이런 선택을 해야 할까? 우리 신앙인은 이것이 신앙적인가, 공의로우신 하나님의 뜻에 맞는가를 따져보아야 할 것이다. 이제까지 경제에 대해서 말할 때 항상 경제의 총량을 이야기했다. 그래서 매년 경제는 성장했다고 하지만 서민들의 삶은 점점 더 나빠지고 있다. 이것은 속이는 것이다. 빌게이츠가 부자인 것이 내 삶과 무슨 상관이 있는 듯이 심리조작을 하는 것이다. 우리는 경제 총량이 아니라 삶의 질을 말해야 한다.

보수 정치인들은 새로운 경제체제에 대해서는 말하지만 늘어난 부를 어떻게 분배하겠다는 계획은 없다. 조세나 분배체계는 빼고 성장만을 말한다. 생존 위기에 몰리는 하위 50%더러 혜택을 누리는 상위 10%의 노예로 살라고 한다면 그것은 성장이 아니다. 이것은 성서의 예언자들이 신앙 양심으로 받아들일 수 없다고 하던 속임수다.

누가복음의 청지기 비유(16장)는 매우 난해하다. 주인 재산을 맡은 청지기가 주인 재산을 낭비한다는 소식을 듣고 주인이 해고하려 한다. 이를 눈치 챈 청지기가 자기가 관리하던 사람들을 불러서 그들에게 인심을 쓴다. 그는 "옳지, 내가 무엇을 해야 할지 알겠다. 내가 청지기의 자리에서 떨려날 때에, 사람들이 나를 자기네 집으로 맞아들이도록 조치해 놓아야지"(4절)라고 한다. 청지기는 기름 백말을 꾼 사람은 쉰 말로 고쳐 쓰게 하고, 밀 백 섬을 꾼 사람은 여든 섬으로 고쳐 쓰게 했다. 이 청지기는 약삭빠르게 주인의 것을 사기, 횡령한 셈이다. 그런데 이상한 것은 주인이 나타나서 이 청지기가 슬기롭게 행하였다고 칭찬한다.

상식으로는 이해가 되지 않지만 청지기가 주인에게 행한 사기 행각보다는 하나님의 재물을 제대로 쓰지 못하는 잘못에 더욱 비중을 둔다. 청지기는 창세기의 야곱처럼 거짓말, 교활함을 통하여 생존해 가지만, 그는 사람의 마음을 얻는 쪽을 선택했다. 비록 그가 좋지 않은 방법을 썼지만 그것이 더욱 값지다는 판단이다. "불의한 재물로 친구를 사귀라"는 주인 말은 재물의 목적을 분명히 한다. 재물을 통해서 사람을 얻고 마음을 얻으라고 한다. 재물을 자기를 위해서 쌓으면 불의한 재물이 되지만 그러나 그 재물을 사람을 얻고, 마음을 얻고, 사랑을 얻는데 쓰면 그것은 하나님의 경제가 된다. 불의한 청지기의 비유는 경제생활 원칙, "경제는 사람을 위해 봉사하는 것이어야지 재물 자체를 위해서 존재할 때 그것은 불의하다"고 말한다.

세계개혁교회연맹이 2004년에 신자유주의 경제세계화에 대해서 저항하는 아크라선언(The Accra Confession)을 발표한데 이어 세계교회협의회(WCC)가 2006년 2월 브라질의 포르토 알레그레에서 열린 제9차 총회에서 아가페문서(Alternative Globalization Addressing Peoples and Earth-민중과 땅의 문제를 해결하는 대안적 세계화, 일명 AGAPE 문서)를 발표했다. 아가페 문서는 무한 경쟁, 생존 전쟁을 부추기는 신자유주의 경제에 비해 하나님의 경제는 생명 경제, 생명 공동체의 경제를 펼쳐간다고 말한다. 이 두 체제가 대립하는 내용은 다음과 같다.

1. 거대자본과 지역공동체의 싸움이다.

IMF 위기 때 여러분은 어떤 변화를 가장 피부로 느꼈는가? 여러 가지 변화가 있지만 서민들에게 가장 먼저 다가온 것 중 하나가 갑자기 에너지 값이 폭등한 것이다. 당시 8백 원대 하던 휘발유 값이 갑자기 1300원대로 치솟았다. 그리고 그 이후 경제는 안정되었지만 결코 에너지 값은 내리지 않는다. 이것은 신자유주의가 정복하는 모든 지역에서 일어나는 공통 현상이다. 신자유주의는 지역 경제를 파괴시키기 위해 우선 에너지 값을 폭등시킨다. 거대자본은 엄청난 물량을 배나 비행기로 한꺼번에 실어 나른다. 그 규모가 거대하기 때문에 운반비가 개별 단가에 미치는 영향이 그리 크지 않다. 그러나 지역 경제에서는 된장 하나를 만들고도 용달로 움직이고 배추, 마늘…. 소소한 모든 것을 부지런히 운반해야 하기에 유류 가격과 밀접한 관련이 있다. 에너지 값을 높이면 지역 경제공동체의 생산물은 급격히 경쟁력을 상실하고 거대 자본이 유리한 고지에 서게 된다.

2. 자본가와 노동자의 싸움이다.

신자유주의 경제에서는 경쟁력이 최우선의 계명이기에 자본가가 최대 이익을 얻기 위해서 하지 못할 일이 없다. 최대 이윤을 위하는 일이라면 어떤 일이 생겨도 눈 하나 까딱하지 않는다. 그들은 효율성을 위해 구조조정하고 무제한 정리해고를 한다. 해고를 하면 안 되겠지만, 최소인원을 해고하는 것도 아니고, 필요한 인원 조차 남기지 않고 무더기로 해고한다. 필요한 노동력은 비정규직이나 일용직으로 고용하면 되니까... 이 과정에서 노동자의 임금은 정규직에 비해 이미 반 토막, 반의 반 토막이 나있다. 신자유주의 경제에서 자본가는 효율성과 최대 이익을 거두지만 거기에는 인간도 없고 공동체도 없다. 그러기에 신자유주의 경제 방식으로는 앞이 보이지 않는다. 이것은 고용 없는 성장이 특징이기 때문에 노동자에게는 특히 해악이다.

이에 비해 하나님의 경제는 성장을 적게 해도 함께 나누는 세상을 추구한다. 각자의 임금이 줄더라도 전체의 일자리를 늘리는 정책이어야 한다. 신자유주의 세계경제 질서에 대해 아가페 문서는 말한다.

첫째, 이웃과 함께 살라고 부르신 하나님의 말씀을 파괴한다.

둘째, 이들은 "구조조정은 미래를 위한 창조적 파괴이다." 또는 "장기적 이익을 위한 단기적 고통이다."라고 말한다. 그러나 여기서 언제나 희생을 당하는 것은 가장 보호받아야 할 민중이다.

셋째, 시장을 우상화한다. 이들은 "시장은 언제나 국가보다 효율적이다."라고 하며 국가 역할을 축소할 것을 말한다. 이들은 거대자본의 자유로운 소통을 강조한다. 시장은 스스로 자율성이 있다고 생각하며, 시장이 스스로 구원의 능력을 가지고 있다고 생각하는 우상숭배에 빠지고 있다.

넷째, 이들은 세계 경제로의 통합이 모든 국가에게 이익을 주고 개인을 부요케 한다고 말하지만 사실은 점점 더 양극화가 심해지고 대다수를 이루는 가난한 사람들은 저항과 거부운동으로 치달을 조짐이다. 신자유주의는 거대 자본과 제국적 권력을 가진 소수의 나라에게만 이익을 주고 있다.

다섯째, 이들은 인간이 권력과 자본에 끊임없이 탐욕을 가지도록 부추긴다. 이것은 기독교 정신과는 정면으로 대치된다.

여섯째, 그 어떤 나라도 자국 영토 안에서 소비되는 식량을 생산할 수 있는 수단을 확보하지 않고는 거주민들의 생존을 보장할 수 없다. 모든 나라는 자기의 식량을 자기가 생산할 수 있는 시스템을 갖추어야 한다. 아시아, 아프리카는 특정 작물을 부분적으로 생산하고 공급하는 시장이 되어 가고 있다. 어느 나라는 커피만, 어느 나라는 사탕수수만 생산하는 단지가 되었다. 그러나 사람이 커피나 사탕수수만 먹고 살 수는 없기에 기형적 착취구조 속으로 빨려 들어간다. 그들이 생산한 작물은 그 지역에서는 아주 흔하니까 싼 값에 팔아넘기고 자기들이 필요한 식량은 매우 비싼 값으로 수입하게 함으로 서민들은 생존 위기에 내몰린다. 다국적 기업들은 가난한 나라 농민들에게 지역 생산품을 수출용 작물로 바꾸라고 압력을 가한다. 이들은 생명체계의 통전성을 파괴하고, 유전자 조작 식품을 받아들여 실험의 대상이 되든가 아니면 그 나라 국민들이 굶어 죽도록 내버려 두는 선택을 강요한다.

일곱째, 생명 경제의 기본 원칙은 연대, 재분배, 지속가능성, 안전, 자결을 전제로 한다. 식량, 물, 생필품에 대한 민중의 권리를 확보하고 소생산자들이 생존하고 번영할 수 있도록 보호하는 것이어야 한다.

교회는 30억이 넘는 하나님 백성들의 고통에 주목해야 한다. 단지 세계화에 대한 비판을 넘어 하나님의 은혜가 이런 패러다임을 어떻게 변혁할 수 있는지를 밝히는 소명을 가진다. 하나님의 경제는 정의와 가난한 자에 대한 우선적 선택을 고려해야 한다. 누구를 희생시켜서 부의 총량을 늘이고자 하는 것은 하나님의 뜻이 아니다. 교회는 사적 영역으로 도피해서도 안 되며 이익지향적인 생활방식의 가치들과 싸워야 한다. 그렇지 않는다면 교회는 자신의 존재를 잃어버릴 것이다. 한국교회는 지금 거대한 사회구조에 대해서는 아무런 말도 하지 않는다. 단지 저마다 상위 10%에 들 수 있도록 개인적으로 기도하게 만들 뿐이다. 이것은 교회가 직무를 유기하는 일이며 하나님을 탐욕의 우상이 되도록 욕보이는 일이다.

돈에 미쳐 돌아가는 세상이다. 돈이 하나님이 되면서 인간은 중심을 잃고 흔들린다. 성서를 보면 초기의 세금은 현물로 받았다. 그 물목은

양털, 곡식, 우유, 기름 등에 불과했다. 현물로 거두어들일 때는 착취가 이루어진다고 하더라도 폐해는 미미했다. 부자들이 많이 가져가 봐야 제가 먹고 지내는 데는 한계가 있다. 그러나 왕정이 시작되고 급속히 도시화와 개발이 이루어졌다. 동시에 화폐를 도입했다. 썩지 않는 화폐를 얼마든지 쌓아 놓을 수 있게 되었다. 그러자 착취는 잔인하게 진행되었고 빈익빈 부익부의 격차도 끝 모르게 벌어졌다. 남이 이루어 놓은 돈과 재물을 갈취하기 위해 국가 공권력이 무자비한 군대를 육성하고 살육과 전쟁이 그칠 줄 모른다.

단순히 먹고 지내는 것으로는 부자나 가난한 자나 별 차이가 없다. 부자라고 해서 하루에 열 끼를 먹을 것도 아니다. 배고프면 자장면 하나라도 기막힌 진수성찬이 된다. 그 세계는 공평하고 평화롭다. 그러나 경제 논리는 하나님의 자리를 대신하고 인간에게 정말 소중한 것이 무엇인지를 헷갈리게 만든다. 그리고 모두를 맘몬의 노예로 만든다. 없어서건 있어서건 이렇게 자신의 소중함을 잃어버리고 살아가는 사람들을 향하여 예수의 말씀이 울려온다. 그는 들꽃 하나를 보고 말씀하신다. "온갖 영화로 차려입은 솔로몬도 이 꽃 하나와 같이 잘 입지는 못하였다(마태 6:29)." 예수는 경제 부흥의 정점에 있는 솔로몬의 영광에 대해서 들에 핀 꽃 하나만 못하다고 했다.

생명은 하나님의 것이다. 모든 생명의 주인은 하나님이다. 생명은 어느 것보다 소중하다. 경제 논리에 굴복하여 생명을 살육하게 하는 면죄부를 주어서는 안 된다. 거대한 생명의 살육을 통해서라도 개발해야만 경제적 이익이 된다는 논리는 이제 깨지고 있다. 당장 눈앞에는 경제적 이익으로 보일지 몰라도, 몇몇 사람의 한정된 주머니를 채우게 될지는 몰라도, 그것은 결국 죽음과 살육과 재앙의 무덤을 만들어 놓고 기다리는 것에 불과하다. 그래서인지 이익에 민감한 경제계조차도 이대로 가면 장기적으로는 커다란 손실과 희생을 후손에게 강요하는 것이 된다는 전망을 내놓을 정도이다.

(강남향린강단 "생명시대 생명가족공동체" 중에서)

02

예언의 사회적 기능

　우리는 예언자라고 할 때 모든 예언자가 마치 재야인사나 시민운동가와 같이 비판을 주로 하는 사람이라는 선입견을 가진다. 예언자는 현실 정치에 있어서 비판적인 세력으로만 역할을 한 것으로 안다.

　그러나 예언자 중에는 왕정 관리 중에 하나로서 중요 정책을 수립하고 자문하는 역할을 한 경우도 있다. 우리는 이런 예언자를 '중앙 예언자'라고 부른다. 그 대표적인 예는 사무엘이나 나단이다. 나단은 다윗 왕정에 가깝게 밀착되어 있다. 그가 다윗을 호되게 질책하기는 하였으나 나중에는 다윗 왕조의 기본 틀거리인 다윗왕조신학을 제공하였다. 반면에 사회 주변부에서 소외된 사람들을 대변하는 '주변 예언자'가 있다. 이들은 중앙 사회에 대해서 비판적이며 나름대로 대안을 제시해 가면서 사회 변혁을 추구하는 세력이다. 대표적인 예로는 엘리야, 농민을 대표하는 예언자 미가, 아모스, 예레미야를 들 수 있다.

예언자와 지지 집단
　예언자는 그 지지 집단의 성격이 변화함에 따라 그 경계를 넘나드는 예언자들이 있다. 엘리사는 주변 예언자였으나 예후를 세워서 그가 계획한 혁명이 성공한 후부터는 중앙 예언자가 된다. 이사야의 경우는 아주 복잡한 변화 과정을 겪는다. 그는 전형적인 중앙 예언자였다. 아하스 왕과 쉽게 접촉할 만큼 친분이 있으며(이사야 7장) 왕실의 외교정책에 밝고 왕실 주변의 많은 인물들과 두터운 친분을 가지고 있다. 그러나 그의 외교정책이 아하스 왕에 의해서 거부되자 이사야는 주변 예언자의 역할을 수행한다. 주변부 예언자가 된 이사야는 왕정에 대해서 아주 혹독한 비판을 퍼붓는다. 그러나 히스기야가 왕이 된 후에 이사야는 다시 중앙 예언자로서 등용된다. 히스기야가 강력한 개혁 정치를 펼쳐 나가기 위해 이사야의 도움이 필요했다. 이후로 이사야는 왕의 중요한 자문 역할을 맡는다.

주변 예언자의 사회적 기능

예언자에 대한 사회학적 연구가 활발하게 진행 중이다. 이것은 성서 시대의 사회, 정치, 경제적 상황을 면밀하게 살피고 각 계층, 집단 간의 이애 충돌이의 관계를 고려한다. 그리고 현대 사회에서 성서와 비슷한 조건을 가진 집단 안에서 일어나는 역학 관계를 그 시대에 적용하는 연구 방법이다. 여기서는 이러한 연구 방법을 예언서에 적용한 로버트 윌슨의 연구 결과를 중점으로 소개하겠다.[1]

주변부의 소외된 사람들을 대변하는 주변 예언자는 다음과 같은 사회적 기능을 가진다.

---

1) Robert R. Wilson, "Prophecy and Society in Ancient Israel", 『고대 이스라엘의 예언과 사회』, 최종진 역 (서울 : 예찬사, 1991).

1. 힘없는 개인들의 이익을 대변한다.

중앙사회는 정치가 안정되고 굉장한 의지와 자신감이 있지 않은 한, 힘없는 개인들의 주장을 인정하지 않는다. 변화를 요구하는 개인의 주장은 묵살하기 마련이다. 왜냐하면 집권자인 중앙 사회는 안정을 유지하는 것을 가장 중요하게 생각하기 때문이다. 개개인의 말에 이끌려 정책이 오락가락한다면 문제이다. 그러므로 중앙 사회는 되도록 변화를 최소화하려는 경향을 가진다. 그러나 주변부의 힘이 강력하다면 문제는 달라진다. 주변부의 요구를 받아 주지 않을 때 오히려 안정에 대해서 위협이 된다고 판단하면, 중앙 사회는 주변부 집단의 요구에 응하게 된다. 이때, 한 집단의 대표로 그들을 대변하는 사람을 예언자(중재자)라고 한다.

주변부의 소외된 사람들은 그들을 통해서 자신들의 사회적 지위를 향상시키고 이해를 관철시켜 나간다. 주변부 사람들의 관심이 자신들의 생활 향상에만 있었다면 그들의 요구가 수용된 후에 중재의 역할은 중단될 것이다.

2. 사회 변동을 촉진한다.

예언자들의 관심은 자신이 속해있는 주변부 소외된 사람들의 이해관계를 대변하는데서 출발했지만 단지 자신들의 이익을 확장하는 데에만 있지 않다. 이들이 자신의 주장을 관철시키는 과정에서 사회에서 보다 넓은 동조자를 획득해야 하기에 전체 사회의 지지를 얻는 과정에서 자신들의 요구를 거룩하게 해야 한다. 소외된 개인들이 가지고 있던 불만과 자신들 만의 이해에 치우쳤던 주장들을 사회화한다. 이런 과정을 통해 주변부의 요구는 전체 사회에 지지를 얻고 한편으로는 전체사회가 나아가야할 방향을 제시한다. 이러한 과정을 통해서 주변 예언자는 비슷한 처지에 있는 사람들과 연대하며 보다 큰 사회의 변화를 요구한다.

이는 그 사회를 이끌어 나가는 동력이 어디서부터 비롯되어야 하는가를 명백하게 보여준다. 현대 사회는 민주사회라는 허울을 가지고 있지만 소수의 기득권자들이 카르텔을 형성해서 정치, 경제, 언론을 독점한다. 이들은 다수 국민들을 소외시키고 자기들끼리 서로 챙겨주는 기득권의 담합을 이루어 계속 모양을 바꾸면서 집권한다. 사람은 그 사람이지만 수많은 정당, 정파의 이름으로 나타나 기득권을 유지하는 신 신분제 사회를 형성한다. 경제적 신분제는 새로운 계급사회가 되어 그 신분이 세습된다. 이는 민주주의로 포장되어 합법성을 부여받은 채, 어떠한 변화도 용인하지 않는 닫혀진 사회가 된다. 기득권의 카르텔은 주변부 민중의 의사 결집을 방해하고 그들의 정치적 진출을 막아 권력을 독점한다. 이러한 현상이 민주주의의 산실이라고 하는 선진 서구사회를 지배한다. 그러나 참다운 민주주의 사회라고 한다면 주변부 민중의 요구가 자유롭게 표출될 수 있는 시스템과 그들로부터 정책이 나오고 사회 변화의 방향이 그들로부터 설정되어야 한다.

새로운 변화를 추구해가는 과정에서 주변부 예언은 신의 새로운 뜻을 천명한다. 전혀 새로운 행동 양식을 주장하며 사회를 새롭게 건설할 계획을 내세운다. 이런 계획은 권력에 의해서 소외되었던 사람들을 사회의 중심으로 끌어오게 하며 전체 사회의 변화와 새로운 질서를 이루려 하기 때문에 급격한 사회변혁을 요구한다.

3. 사회 안정을 유지한다.

사회 안정을 추구하는 것은 중앙 사회의 전형적인 기능이다. 그러나 그와 대립적 위치에 있는 주변 예언자들 역시 사회 안정을 유지하는 기능이 있다. 주변부의 소외된 사람들은 자신들의 욕구불만을 전체 사회에 알릴 수 있는 기회를 얻는데, 그들은 강력한 예언자(중재자)를 중심으로 집결하여 중앙사회에 자기들의 주장을 관철하려고 한다. 중앙 사회는 주변부의 요구가 강력할 때, 이를 수렴해 나감으로써 그들 사회가 가진 욕구불만을 경감시킨다. 이것은 결국 사회 전체의 불안요인을 줄이고 안정을 가져온다.

주변 예언자들의 요구는 개인적으로는 심리적인 불만을 배출하는 역할을 한다. 중앙 사회는 주변부 집단과 대화함으로써 집단적인 불만을 줄일 수 있다. 주변부에 불만을 가진 사람들도 전체 사회가 용인할 수 있는 방법으로 자신들의 불만을 표출해야 하기 때문에 그 과정에서 지나치거나 과격한 요구는 일차적으로 다듬어 진다. 이런 과정을 통해 사회적 불안요소는 현격하게 줄어든다.

사회 안정은 무조건 변화를 두려워한다고 이루어지는 것은 아니다. 변할 때는 변해야 한다. 사회의 안정은 주변집단의 요구와 중앙사회의 요구가 균형을 이룰 때 달성된다. 중앙사회는 그 변화를 최소화하려고 하기 때문에 집단의 요구를 부분적으로 수용한다. 이러한 교환 과정을 통해서 상대적인 사회 안정과 질서 있는 사회 변동을 가져온다.

이렇게 집단과 집단의 의견을 조정하고 설득하며 전체적인 대의를 이루어가는 것이 '정치'이다. 정치는 대화와 타협이다. 그러나 과거 군사독재 정권은 총화니 안보니 하면서 잘 훈련된 전경부대 하나로 국민의 모든 의사표시를 힘으로 때려 막았다. 그들이 만병통치의 처방으로 쓴 것은 폭력이었다. "전투경찰"은 국민을 전투의 대상으로 삼았고 걸핏하면 "원천봉쇄"를 일삼아왔다.

농민들이 거리로 나와서 생존권을 부르짖을 때도, 노동자들이 자신의 권리를 위해 파업을 할 때도, 학생들이 우리 사회의 근본적인 문제를 제기할 때도, 전투 훈련을 받은 전경부대는 때려 막고, 봉쇄만 하였다. 오직 경찰과 군인의 힘으로 국민을 감시하고 억압하고 힘으로 막는 사회에서 정치는 실종된다. 단지 일방적인 무력행사로 유지하는 권력은 이른바, "파쇼정치", "파쇼권력"이다.

이러한 정치부재 사회에서는 여러 가지 병리 현상이 일어난다. 이런 사회는 겉으로 보기에는 평온한 것 같지만 주민들, 특히 사회적 약자들은 정신병적 상황 속에 내몰리게 된다. 사회 안정을 지키는 강력한 공권력이 있지만 그런 가운데서도 인신매매, 성노예, 파렴치범, 집단살해, 종교의 자유라는 허울을 뒤집어 쓴 사이비 이단 등 반인륜적인 행위가 늘어난다. 백화점 고객 명단을 보고 차례로 살해한다든가, 외제차를 타고 다니는 사람들을 무작위로 죽이는 '막가파'니 '지존파'니 하는 사례들은 이러한 병리적 현상들을 드러낸다. 수많은 사이비 이단 종파들이 창궐하기도 하고 심지어 한국에서는 이만희의 신천지같이 이단 종파와 정치권력이 결합하기도 한다. 이명박 집권 초기에 국보 1호인 숭례문을 방화한 사람도 토지보상에 따른 불만으로 엄청난 일을 저지르고 말았다.

문화 예술계에 블랙리스트를 만들어 관리하는 시대에는 예술 혼이 살아 움직일 수 없었다. 촛불혁명 이후에 오랜 세월 군사독재시대와 권위주의 정권 아래 억눌렸던 예술혼이 살아 움직이니 그 짧은 시간에도 한류, K-pop등 우리 민족의 혼이 세계 문화의 선봉으로 나서고 있다.

우리 사회 소수자, 약자들의 요구를 봉쇄하고 그들의 희생 위에 누리는 '일사불란'한 시대는 결코 이상적인 사회가 아니다. 과거 권위주의 정권 아래서 공권력이 폭력을 행사하면서 유지하는 안정은 쥐 죽은 듯 죽어있는 것일 뿐 안정이 아니다. 정치가 각 집단의 불만을 소화하며 타협 조정하는 자신의 고유기능을 잃어버리게 되면 사회는 어디로 튈지 모르는 럭비공처럼 극도로 불안해질 수밖에 없다.

우리 사회에는 아직도 권위주의 시대를 그리워하는 사람들이 상당수 있다. 촛불의 성지인 광화문이 지금은 이런 향수를 가진 자들로 폭력의 장이 되고 있다. 그들에게서 나오는 소리들이 얼마나 반사회적이고 폭력적인가 들어보라. 문제는 기독인들이 미혹되어 동원되는 것이 가슴 아프다. 필자가 책을 내고 유투브 방송을 시작하는 것도 일부의 기독인들이 성경을 제대로 이해하지 못한 채 적그리스도적인 행위에 넘어가지 않기 위해서이다.

오늘의 언론인, 시민운동가, 지식인, 종교인들은 그 시대 주변부 예언자의 기능을 감당하는 사람들이다. 이들은 분명 사회를 비판하는 기능을 가졌다. 그들이 자유롭게 비판 할 수 있을 때 우리사회는 건강하다. 그러나 그것이 아무런 방향성 없이 비판을 위한 비판일 때, 우리사회는 건강한 방향을 갖지 못한다. 노무현 정부에서 우리는 이러한 비판을 경험했다. 언론, 시민사회, 노동자, 농민이 적대적인 요구들을 쏟아부었다. 그 결과 지지율은 폭락했다. 정권말기에 노무현 대통령은 온갖 비웃음의 아이콘이 되었고 압도적인 지지율로 이명박근혜 정권을 불러들였다. 방향성을 잃은 맹목적인 비판이 가져온 역사의 교훈이다. 무릇 비판은 그 비판 자체의 방향이 서있어야 한다. 그것이 주변부 사회로부터 나오는 변화여야 하며, 이는 지금 현저하게 기울어진 판에 정의를 회복하고 모두가 생명과 평화를 누리는 세상으로 나아가는 방향성이 분명하게 서있어야 한다. 목표를 상실한 비판은 결국 특권 유지를 위해 안간

힘 쓰고 있는 기득권에 봉사하기 쉽다. 그럴 때 까딱하면 기레기가 되고 입진보가 되는 것이며 민중의 눈으로 볼 때 변절자가 되는 것이다.

중앙 예언자의 기능

예언자가 모두 주변부 소외된 사람을 대변하는 것은 아니다. 중앙 사회 역시 전체 사회를 이끌어 가는 정신적, 도덕적, 종교적 권위가 필요한데 이를 감당하는 역할을 중앙예언자가 감당한다. 중앙 예언자는 중앙 사회, 즉 정부나 조정이 지지집단이 되는 경우를 말하며 다음과 같은 사회적 기능을 갖는다.

1. 사회를 보호하는 기능이 있다.

중앙 예언자는 그 사회를 유지하는 기본 이데올로기를 생산하고 다른 이데올로기들로부터 방어하는 역할을 한다. 어느 집단이든지 사회나 국가가 존립하는 마땅한 이유가 반드시 필요하다. 중앙 예언자는 사회의 중심 이념을 생산하고 지켜나간다. 나단은 다윗왕조 이데올로기를 만들어 영원히 다윗의 후손에서 왕이 나올 것이라는 왕조신학을 만들었다. 이 이데올로기는 천년 이상을 유대사회를 지배했다. 예수가 예루살렘을 입성할 때도 민중은 "호산나 다윗의 이름으로 오실 왕이시여"라고 칭송한다.

이명박 정부 초기에는 스스로 '실용적 정부'라고 기치를 들고 나왔다. 이는 이데올로기로부터 자유하겠다는 뜻이었다. 사회의 중심 기조를 어떤 이념으로 삼기 보다는 '경제적 실용성'을 중요한 핵심으로 삼겠다고 했다. 원래 중앙의 집권자는 사회의 안정을 유지하는 것이 주된 기능이다. 그러기 위해서는 사회의 양극을 포용하면서 사회가 긴장과 대립을 최소화하도록 해야 한다. 그러나 그들이 가진 보수성이 결국은 어느 때 보다 강한 이념 편향성에 머물게 했다. 결국 5.24조치로 남북관계를 파탄나게 했고, 우리사회를 주사파니 종북이니 하면서 극도의 대립으로 몰고 갔다.

2. 중요한 정치적 결정에 신적인 지지를 부여한다.

중앙 예언자는 국가가 정치적으로 중요한 결정을 내려야 할 경우, 그 정치적 결정을 수행해야하는 합법성과 당위성을 생산하고 부여하는 기능을 수행한다. 때로는 국가의 위기 상황, 예를 들면 통치자가 죽거나 폐위되었을 때는 그 도덕적, 정신적 권위를 발휘하여 후계자를 임명하기도 한다. 또한 통치자의 상담자가 되어 중앙 사회에서 결정하는 정책을 자문하고 국가 정책에 대해서 신적인 지지를 제공함으로 전체 사회가 통합해 나가도록 돕는 역할을 한다.

3. 사회 안정을 위해 변화가 일어나는 속도를 조절한다.

중앙 예언자는 기존 사회질서에 초자연적인 합법성을 부여하고 과격한 혁신을 피함으로 사회 안정을 유지하게 한다. 이들은 전통적인 행동 양식에 부응할 것을 주문하며 안정을 해칠 말과 행동을 삼가라고 한다. 그러나 사회 변동을 전적으로 반대할 수는 없다. 시대가 변하는데 변화하지 않는다면 낙후될 수밖에 없다. 변화를 거부하기보다는 단순히 변화가 일어나는 속도를 통제한다. 이들은 점진적이고 질서 있는 변화가 일어나기를 바라며 사회 전통과 안정을 유지한다.

중앙 사회는 되도록 변화를 최소화하려는 경향을 보인다. 그러기에 웬 만큼 민주화된 사회 아니면 기득권이 교체되기란 쉽지 않다. 일본은 경제대국이지만 잠깐의 예외를 제외하고는 70년이 넘도록 자민당 한당이 집권했다. 한국사회도 김대중, 노무현 정부를 제외하면 해방 후 계속 이념을 앞세워 통치하는 극우세력이 지배해 왔다. 지금 문재인 정부는 촛불의 힘에 의해 다시 개혁세력이 집권하게 되었다는 데서 그 전의 민주정부 보다도 훨씬 민(民)의 의지를 반영하기 좋은 조건에서 출발하였다.

그러나 정권이 출발하면서 촛불의 주역이었던 민주노총이나 시민사회 진보적 성향의 정당들, 전교조 등과 명백한 선긋기가 진행되었다. 남북문제를 풀어가고자 했으나 여전히 미국의 품 안에서 하고자 함으로 바람만 잔뜩 들게 하고 아무런 성과도 이루어 내지 못하고 있다. 함께 촛불을 들던 사람들 중에 실망하는 사람들이 적잖이 생겼다.

사드, 노동문제, 원자력, 환경문제 등에서 후보 때의 공약과는 다르게 후퇴했다. 그러나 문재인 정부가 변절했다며 흥분할 필요는 없다. 섭섭한 감정은 보다 냉철한 이성으로 방향을 잡아야 한다. 이것은 개인의 변절이나 인격의 문제로 비화해서 서로의 감정을 상하게 할 것은 아니다. 이런 변화는 사회적 역할이 바뀌고 기능이 달라지는 데서 오는 변화이다.

지금 문재인 정부가 적극 추진하고 있는 검찰개혁은 예전 정부들이 몇 차례 실패해온 우리 사회의 가장 어려운 난제이기도 하다. 남북문제도 국제적인 여건이 따라오지 못해서 그렇지 문재인 정부의 의지는 확고한 것으로 읽혀진다. 개혁에 역행하는 쪽으로 나가는 것이 아니라면 오히려 보다 성숙한 조건을 갖추는데 힘을 합해야 할 것이다.

4. 사회 결속을 유지하는 것을 중요한 기능으로 한다.

사회가 어느 특별한 문제를 놓고 백중지세(伯仲之勢)로 나뉘어져 있는 한, 중앙 사회는 어느 한쪽의 의견을 표명할 수 없다. 그렇게 하면 사회 일치를 가져올 수 없기 때문이다. 그럴 때 사회는 어느 쪽으로도 나아갈 수 없어 혼란이 계속될 뿐이다. 그러나 의견이 어느 한 쪽으로 기울기 시작한다고 판단하면 다수의 견해에 대해서 신적인 지지를 부여함으로 사회 일치를 강화하게 한다. 이렇게 함으로써 분열을 일으킬 만한 문제를 해결하고 집단 유대를 유지해 나갈 수 있다.

사회운동에 열심인 사람 중에는 문재인 정부가 이명박근혜 정부와 다른 점이 무엇이냐고 흥분하는 사람도 있다. 물론 섭섭함의 표현이겠으나 정말 문재인 정부나 이명박근혜 정부와 다른 점이 무엇이지 모른다면 사회운동을 할 자격이 없다. 변절했다며 욕하고 감정의 골을 깊게 하는 것은 이 땅의 공고한 기득권 세력들이 이용하기 딱 좋다. 다시는 노무현 정부 때와 같은 실수를 범하지 말아야 한다.

어차피 중앙 사회는 안정을 위주로 하기에 변화의 속도를 조절해 나갈 수밖에 없다. 사회개혁이 뒷걸음질 치거나 멈추어 있는 것이 아니라면 협력하며 연대의 끈을 놓지 말아야 한다. 오랫동안 아무 것도 하지 못하고 공전해 오던 20대의 식물국회가 여당이 4개의 작은 야당과 함께 하면서 여러 가지 개혁안을 통과할 수 있었다. 절대 다수를 차지하는 거대 야당에게 기대할 것이 없다면 서로 통할 수 있는 가능성이 있는 사람들은 연대를 훼손하지 말아야 한다. 개혁이 진전되려면 정치적 여건, 물질적 조건이 조성되어야 함을 이해하고 인내해야 한다.

오랜 기득권 세력을 상생의 장으로 끌어 내오려면 개혁 세력 끼리 분열과 적대적 전선을 만드는 것은 치명적이다. 그 피해는 고스란히 국민들의 고통으로 연결되고 역사는 후퇴한다. 다중사회 속에서 가까이 해야할 사람들과 불필요한 전선을 만드는 것은 적폐세력을 손들어 주고 돌이킬 수 없는 역사의 죄인으로 전락하기 쉽다.

마법 정죄-제거를 위한 프로그램

'마법 정죄'는 종교사회학 용어라서 생소하다. 그래서 제거를 위한 프로그램이라고 부제를 달아 보았다. 마법정죄는 주변 예언자의 요구가 지나쳐 중앙 사회가 더 이상 받아들일 수 없다고 판단할 때, 내리는 조치다. 이는 주변 집단을 제거하기 위한 행위이다. 마법정죄는 존속살해, 영아살해, 식인, 근친상간 등 어느 시대 어느 사회에서건 매우 부정적인 의미로 쓰이는 명제들로 정죄해서 한 집단이나 지도자를 제거하거나 축출해 버리는 프로그램이다.

주변 집단은 그들의 요구가 받아들여지지 않을 때 불만이 커진다. 중앙 사회에 대한 적대 의식이 증가하여 서로의 긴장이 최고조에 이르게 되면 중앙 사회는 주변 집단을 사회 안정에 대한 위협으로 간주하게 된다. 그러면 사회적 긴장을 줄이고 사회질서를 회복할 태세를 갖춘다. 이렇게 중앙 사회가 주변 집단의 요구가 지나치다고 생각할 때 제거하기 위한 수단으로 '마법 정죄'를 내린다.

마법 정죄는 중앙 사회나 주변 집단 상호간에 쓸 수 있다. 하지만 아주 극단적인 방법이기 때문에 피차에 위험부담이 된다. 때로는 예언자(중재자)를 죽이거나 추방하며 그 집단 자체를 사회 밖으로 몰아내기도 한다. 중앙사회는 제거하고자 하는 집단을 암적 존재로 인식한다. 그러나 이러한 정죄가 성공하여 상대를 제거한다고 하더라도 사회 개혁을 요구하는 집단적 요구가 없어지는 것은 아니다. 한편 이런 위험 때문에 주변부 예언자와 이들 지지 집단은 사회가 자신을 마법으로 정죄하는 정도까지는 가지 않으려고 애쓴다. 일단 마법정죄를 받으면 그 집단의 희망이 사라지기 때문이다.

성서에서는 바알 예언자와 엘리야 사이에 이러한 긴장이 극도로 나타난다. 한편 예언자 아모스도 마법 정죄의 피해자로서 북 왕국에서 추방될 수밖에 없었다. 그리고 예레미야와 하나냐 사이에도 서로 거짓 예언이라고 정죄하는 극도의 긴장이 나타난다.

오늘 우리 사회에서 사용되는 마법정죄는 종교 집단에게는 사이비, 이단이라고 하는 딱지가 있고, 사회적으로는 빨갱이니 좌경이니 하는 정죄가 대표적이다. 또는 중세는 교권세력에 도전하는 세력들을 마녀사냥으로 처단했다. 이는 기득권 세력이 민중을 길들이기 위해 행한 가장 대표적인 마법 정죄이다. 정죄의 대상은 사회적으로 약한 고리에게 행해진다. 중세는 주로 여성들을 골라서 마녀로 처형했다. 그리고 그들과 친분이 있는 사람들에게 확대되어 이백만 명 이상이 처형당했다. 그렇지 않아도 흑사병으로 뒤숭숭해진 민심을 적개심으로 돌파한 것이다. 마녀라는 적을 만들어 내부의 불만을 잠재웠다. 지금 코로나 19로 힘들어진 지구촌에도 이런 저급한 처방이 다시 나오지 않으리란 법이 없다. 우리는 누가 적개심을 부추기는 가를 지켜보아야 한다. 대다수의 민중이 건강한 생각을 유지하고 속아 넘어가지 않는다면 이런 유아적인 공격은 무용지물이 된다. 마녀사냥은 중세의 거대권력을 유지하기 위해 공포정치를 하고, 반대자들을 제거하기 위한 수단으로 쓰였다.

마법 정죄는 좌우에 날선 검과 같다. 때로는 주변집단이 사회적 긴장을 고의로 고조시켜 사회가 마법정죄 방법을 사용치 않을 수 없도록 만들어 놓고 그 파괴에 대한 책임을 중앙 사회로 돌리기도 한다. 그리고 주변 예언자가 중앙의 취약한 개인을 마법으로 정죄하기도 한다. 박종철, 이한열 사건은 공권력에 의해 파괴된 이들이 중앙 사회를 붕괴시키는 큰 힘으로 작용했다.

마법 정죄는 극약 처방으로써 사회를 분열시키는 결과를 가져온다. 그래서 이 방법은 일정한 희생을 감수하는 조치이다. 사회분열이 필연적이라고 판단할 만큼 긴장이 최고조에 달했을 때에만 쓸 수 있다. 정죄를 당한 집단은 결국 독립된 집단으로 쪼개져 나가겠지만 여전히 존재하므로 그 긴장이 없어지지는 않는다. 마법 정죄는 사회 불안정성의 지표이다. 건강하지 못한 사회에서 일어나는 현상이다. 중앙 사회가 주변 집단을 성공적으로 잘 통합하고 있다면 이런 방식은 필요 없어진다.

지지 집단의 종류와 성격

예언자는 그 지지 집단의 성격에 따라 분류할 수 있다. 앞서 말한 대로 중앙 예언자는 중앙 사회의 지지를 받고 활동하는 예언자이다. 반면, 주변 예언자는 그를 지지하는 집단이 주변부에 소외된 사람이지만 그 주변부 집단도 성격에 따라 두 가지로 나눌 수 있다. 단순 지지 집단과 천년왕국 집단으로 구분할 수 있는데, 이것은 그 집단의 결속 정도에 따라 구분한다.

1. 단순 지지 집단

단순 지지 집단은 느슨한 정도의 결합력을 가진 집단이다. 이들은 단지 공동으로 특별한 중재자를 지지할 뿐 특정한 목표를 공유하거나 일정한 행동양식을 가지지 않는다. 집단의 구성원은 유동적이고 그 구성원은 전혀 자신을 집단의 성원으로 의식하지 않을 수 있다. 중재자의 역할이 뚜렷하지 못하며 중재자는 집단의 기대를 충족시키기는 하지만 대변자는 아니다. 이 집단은 강력한 구조를 가지지 못해 사회 밖에서 독립적으로 존재하지 못한다.

2. 천년왕국 집단(Millenarian Groups)

천년왕국 집단은 주변부 집단 중에서 강한 결속력을 가진 집단을 말한다. 천년왕국 운동은 그 용어에서 느낄 수 있듯이 이스라엘의 예언 연구보다는 묵시문학과 더 깊은 관계가 있다. 천년왕국 운동과 천년왕국 집단을 특징짓는 몇 가지 특성은 다음과 같다.

첫째, 천년왕국 운동에 참여하는 사람들은 사회 주변에 있는 사람들이다. 그들은 사회로부터 억압당하고 있다거나 마땅히 누려야 할 것을 박탈당했다고 느낀다. 이들은 정치적, 사회적 힘을 갖지 못한 약자들이다. 이들은 더 이상 사회나 정부에 대해 자신들의 입장을 밝힐 방도가 없으며 자신의 삶과 수준이 과거보다 못하다고 생각한다. 이런 상황은 특히 급격한 사회 변동기에 잘 나타난다. 전쟁, 기근, 기상 이변, 국가 경제의 후퇴, 급작스런 타문화와의 접촉에서 오는 충격으로 삶의 기반을 잃은 사람들이 급증하거나 빈부의 격차가 커져서 상대적인 박탈감이 심화될 때 천년왕국 집단이 많이 나타난다.

둘째, 이들은 결속력이 강한 집단을 구성한다. 이들은 공통의 신념, 관점, 목표를 가지고 있고 한 지도자에게 충성을 맹세한다. 이 그룹은 집단의 노력을 조정하고 집단의 유지를 위한 체계적이고, 가시적인 통치 체제를 가지고 있다.

셋째, 이들은 집단의 성원들이 겪고 있는 어려움에 대처할 모종의 프로그램을 가지고 있다. 이들은 집단의 목표를 실현시킬 사회변혁의 단계적 프로그램을 제시하기도 한다. 그런가하면 한편으로는 실제 행동 없이 묵시적, 초자연적 수단으로 도피해서 사회와 분리된 채로 별도의 집단을 구성하는 소극적인 방법을 쓰기도 한다. 이 프로그램을 제시하는 과정에서 강한 지도력이 형성된다.

넷째, 이 집단은 강한 결속력을 가지고 있기 때문에 사회 밖에 독자적인 단위로 존재가 가능하다. 이들은 새로운 종교 또는 정치적인 분화를 거쳐서 독자적인 정치 단위를 이루기도 한다. 통일교, 신앙촌이나 신흥종교 집단은 이러한 예라고 볼 수 있다.

단순 지지 집단이 그 결속력이 강화되어 천년왕국 집단으로 변하기도 하고 이들이 광범위한 세력을 얻게 되면 중앙 예언자로 발전할 수 있다. 성서의 예언자 중에도 주변 예언자였다가 지지 집단을 확대하거나 혁명 등의 방법에 의해 중앙 예언자가 되기도 하고, 중앙 예언자가 자신이 제시한 정책이 받아들여지지 않아 주변 예언자로 전환하는 변화가 나타난다.

사회가 나아갈 명백한 대안의 청사진도 제시하지 못한 채, 단지 누구는 종북이고 빨갱이라는 마법정죄만을 위주로 하는 저급한 정치는 이제 종식되어야 한다. 한국사회에서도 건전한 대안으로 사회의 미래를 논하는 수준 높은 정치가 필요하다. 증오를 토대로 한 정치가 융성하면 사람들의 심성마저도 서로를 의심하고 적대하며 우리의 삶도 전쟁터의 연속이 된다. 인격적으로 남을 존중하고 평화롭게 함께 살아가고자 하는 사람들은 점점 길을 잃고, 편법과 악행을 일삼는 자들이 득세하는 세상으로 변해간다. 단지 증오와 혐오를 일삼는 정치는 성공하면 할수록 사회의 긴장과 갈등을 부추긴다. 이런 집단이 힘을 얻게 되면 끊임없는 정죄와 잘라내기, 이를 저지하기 위한 사투로 죽거나 죽이는 불안정치, 저급한 삶, 비열한 인격형성으로 이어지는 시대의 악순환이 시작된다.

* 우리 사회에서 주변부에 힘없는 사람들을 위해 일하는 사람들을 생각나는 대로 이야기해 봅시다.

* 예언자들의 메시지 중심은 주로 비판이다. 그러나 우리 사회는 선과 악이 자명하지 않다. 칼 맑스는 "지옥으로 가는 길도 아름다운 보석으로 포장되어 있다"라고 말했다. 이것은 어떤 악마적인 입장을 가진 사람들도 자기 스스로 선하다고 생각하거나 또는 그렇게 포장하고 있다는 말이다. 혹시 대표적인 사례가 생각나면 서로 열린 마음으로 이야기해 봅시다.

* 우리사회에서 서로에게 내리는 마법정죄로 생각되는 것이 어떤 것이 있을까 이야기해 봅시다.

* 서로가 서로에게 마법 정죄를 내리기에 혈안이 되어있는 우리 사회 문제들을 보면서 서로가 반대자를 정죄하기 위해 내세우는 논리들에 대해서 우리들은 어떤 기준으로 판단해야 하겠는가? 신앙인들의 판단의 기준을 어디에 두어야 할까 이야기해 봅시다.

화해 없이 평화 없다

〈우리가 오경을 공부하며 가졌던 중심 메시지가 바로 그러한 원칙이 될 것이다. 예언자들의 비판적 메시지의 중심은 오경이며 그들의 판단 기준이다. 이들의 메시지는 비판으로 채워져 있으나 그 중심은 모든 사람들이 공평하게 서로를 존중하는 사회이다. 이것을 성서는 샬롬(평화)이라고 부른다. 마치 시계 안을 들여다 볼 때 각각의 톱니바퀴들이 서로 다른 방향으로 돌아가고 있지만 이렇게 상반되는 움직임들이 조화를 이루어 일정한 시간을 표시하는 역할을 하는 것과 같이 각기 다른 역할이지만 그것이 합하여 하나님의 영광을 드러내는 상태를 "샬롬"이라고 말한다. 오경은 샬롬의 상태, 하나님의 정의와 평등을 지켜가기 위한 법들이며 예언자들은 이를 규범으로 사회를 비판한다.〉

스웨덴 스톡홀름 평화연구소에서 발표한 2019년도 전 세계의 모든 나라들이 1년간 사용한 군비는 우리나라 돈으로 약 2,352조원 이다. 미국은 7,320억 달러로 단연 세계 1위이며, 한국도 439억 달러를 사용해서 세계 10위의 군비를 지출하는 나라이다. 그런데 2018년도에 비해 가장 군사비 지출이 급격하게 늘어난 나라는 바로 한국이다. 미국이 전년 대비 5.3%가 증가한데 비해 우리는 무려 7.5%가 늘었다. 만약 전 세계가 이 돈을 몇 년 만이라도 세계 평화를 위해 쓴다면 우리가 사는 세상은 놀랍게 변화할 것이다. 그런데 이렇게 천문학적인 군비를 들이면 과연 평화는 지켜지는 것인가?

마치 영화처럼 미국의 세계 무역 센타 쌍둥이 빌딩과 펜타곤이 무너져 내릴 당시에 미국의 연간 국방 예산은 3,000억불이 넘었다. 자기 본국을 방비하기 위해 매년 우리 돈 300조원 이상을 퍼부어가며 지키고자 했던 미국의 방위는 고작 면도칼에 무너졌다. 그래서 그 이후에 지금까지도 공항마다 면도칼을 수색하고 양말까지 뒤집어 보느라고 정신이 없다. 9.11 사건을 통해서 우리가 알 수 있는 것은 인간의 안전은 전쟁 무기, 군인, 경찰력, 제 아무리 첨단을 자랑하는 요격기술로도 지켜지지 않는다는 것이다. 그것보다 더 중요한 것은 "사람의 마음"을 지켜야 한다. 그러나 미국은 9.11을 계기로 지금은 군사비 지출을 약 2.4배나 늘려 놓았다.

만리장성은 중국인들의 자랑으로, 달나라에서도 육안으로 확인할 수 있는 유일한 건축물이라고 한다. 물론 달나라에 가서 확인할 수 없으니 과장하는 말이겠지만, 그 위용은 대단하다. 높은 산등성 위에 홑겹의 성벽도 아니고 성벽과 성벽 사이에 마차나 대군이 은폐해서 고속으로 움직일 수 있을 정도의 건축물이다. 그 옛날 모든 것을 인력에 의존하여 공사할 때, 이러한 구조물을 실제로 일만 리가 넘게 구축하여 놓았으니, 험한 산세를 넘어 산 정상에 놓은 고속도로나 다름없는 시설을 보고 놀랄 수밖에 없다. 누가 그 성을 군사 공격으로 넘어뜨릴 수 있겠는가? 아무도 그 성벽을 무너뜨린 사람은 없었다. 그러나 만리장성마저도 세 차례나 뚫렸다. 어떤 방법으로 그 만리장성이 무너졌을까? 간단하다. 성문을 지키는 문지기를 돈으로 매수해서 대군이 당당하게 성문으로 만리장성을 넘었다고 하니 사람의 마음을 지키지 못한다면 그 어마어마한 건축물로도 평화를 지킬 수 있는 것은 아니다.

우리를 가장 빈곤하게 만드는 적은, 우리가 만나는 가장 큰 위기는 다름 아닌 우리들 안에 있는 증오와 미움이다. 예수께서는 공생애 끝에 예루살렘 성에 입성하실 때, 예루살렘 도시를 바라보며 눈물을 흘리셨다. 그 때 예수는 "오늘 너도 평화에 이르게 하는 일을 알았더라면(눅 19:42)"하고 슬피 우셨다. 이러한 예수의 통곡은 오늘날까지도 계속 이어지고 있다. 날이 갈수록 평화의 길에서 멀어지고 있는 현대사회는 크리스천의 숫자는 많아질지언정 점점 예수께서 가르쳐주신 "하나님 나라"의 모습과는 멀어지고 있다.

정의는 무엇인가? 우리 사회에서 모두가 자신이 정의롭다며 싸운다. 예레미야는 여호야김 왕에 대해 평가하면서 여호야김은 하나님을 알지 못한다고 한다. 예레미야는 여호야김의 아버지 요시아는 법과 정의를 실천하면서도 형통하였고, 가난한 사람과 억압받는 사람의 사정을 헤아려서 처리해 주면서도 잘 살았다고 하면서 바로 이것이 나를 아는 것이 아니겠느냐고 말한다.(예레미야 22:16) 예언자는 "하나님을 아는 것은 정의를 행하는 것"이라고 한다. 그러므로 사회가 정의로우냐 아니냐 하는 것은 가난한 자와 약자들이 내리는 판단이지 강자들이 내릴 수 있는 판단이 아니다. 정의는 사회체제와 구조의 상호관계를 판단하는데서 나오는 구체적인 것이며, 결코 추상적인 개념이 아니다.

오늘은 6.25민족화해주일이다. 지난 주간에 우리는 남북 정상의 함께 이룬 4.27선언의 상징물이 비참하게 폭파되는 것을 경험했다. 통일부 장관이 사퇴를 했고 그가 그만두는 자리에서 "증오로는 증오를 이기지 못한다."고 마치 종교인 같은 이야기를 하고 통일부를 떠났다. 아래는 남북연락소가 파괴되는 날 제 페북에 올린 글이다.

북이 핵과 군사력을 우선으로 하던 원칙에서 경제를 병행하겠다며 주된 방향의 전환을 한 후에 남북화해 북미화해의 평화의 흐름이 열렸다. 트럼프는 계속 빈손으로 손님을 응대하였고 하노이에서는 북의 체면을 심대하게 손상케 하였다. 그나마 성과라면 남북정상이 만나서 한 4.27선언이 유일하다. 북은 비핵화 약속을 하고 일부 실행하였다. 하지만 남과 미국이 북에게 그에 상응하는 경제적 실익을 준 것은 아무것도 없다.

북의 입장에서 4.27선언은 오히려 자신들의 족쇄가 되었다. 미국은 4.27선언 뒤에 숨어 비핵화 약속의 안전판을 확보한 후에 아무런 조치 없이 북이 일방적 양보만을 요구했다. 트럼프와 볼턴이 하노이 결렬의 책임을 서로 미루지만 똑 같다. 핵을 포기하기 전에 아무 것도 할 수 없다는 볼턴의 리비아식 해결이 지금 트럼프가 충실하게 따르는 원칙이다. 아마도 내심 북의 붕괴를 기대하는 옛 전술을 연장하고 있을 지도 모른다. 전에는 으르릉 거리며 붕괴를 기대했으나 이제는 좋은 말로 어르며 기다리는 전술이며 남쪽도 크게 다르지 않다고 북이 판단한 듯하다.

필자가 여러 차례 문재인 정부가 과감하게 미국을 넘어선 독자적 행동의 영역을 만들어야 할 것을 촉구했다. 하지만 이제 북은 남측이 미국을 넘어서서 독자적으로 움직일 의지가 없는 것으로 판단한 듯하다. 그러니 아무 실익 없는 4.27선언을 되돌리려는 것으로 보인다. 다음 미국 정권이 다시 트럼프가 되건 민주당 정권이 되던, 선거로 분주한 시기에 북은 새로운 주인과 담판을 지을 카드를 만들어야 한다. 핵과 ICBM을 본격적으로 진전시켜야 하는데 그 걸림돌이 되는 것은 바로 스스로가 약속한 4.27 선언이다. 그러니 4.27 이전으로 되돌리고 북 특유의 벼랑 끝 담판을 준비하는 수순에 들어간 것으로 보인다.

첫째, 남이 더욱 강해져서 독자적으로 서서 4.27선언을 이행해 가거나

둘째, 열세한 대선 판도를 뒤집을 화끈한 트럼프의 행동을 끌어내거나

셋째, 다시 벼랑 끝 위기의 혹독한 정세로 가거나의 선택이다.

하지만 다음 판은 녹록치는 않을 것이다. 미국이 움찔할 정도의 핵과 미사일의 난장을 지나는 동안, 한반도는 전쟁위기로 남이나 북, 전체의 목숨이 외세에 의해 들었다 났다를 몇 번 반복해야한다. 그 대가는 더욱 호될 것이며, 그 과정에서 남이 치러야할 정치적 혼란과 상처는 탈북자를 국회의원으로 내세우는 세력들에게 다시 정권을 넘겨야 할지도 모른다. 기회가 올 때 조금더 과감해야 하는 데… 우리의 두려움을 극복하지 않고는 그 두려움에 갇힐 수밖에 없다. 우리의 두려움을 넘어 상대를 사랑할 수 있는 기회는 평생 한번이나 두 번 있을까 말까이다.

(강남향린교회 강단, "화해 없이 평화 없다" 중에서)

03

예언자는 어떤 사람들인가?

　우리가 예언자의 메시지를 이해할 때, 몇 가지 주의해야 할 것이 있다. 그 중에 하나는 어떤 예언자를 다루든 그 예언자의 메시지를 "첫째는 정의요, 둘째는 평화요, 셋째는…." 하는 식으로 이해하는 것이다. 이것은 마치 성서에 대한 이해가 부족한 설교자가 어떤 성서를 본문으로 택하든지 항상 그 메시지의 결론을 "첫째는 사랑이요, 둘째는 믿음이요, 셋째는…." 하는 식으로 말하는 것과 같다. 이것은 사실상 성서를 해석한 것이 아니라 해석자 자신의 생각을 투영한 것이다.

　예언자 이해에 있어서 흔하게 발견되는 또 다른 잘못은 예언자를 특징화하고, 단순화하는 것이다. 예를 들면 "아모스는 정의의 예언자, 호세아는 사랑의 예언자, 이사야는 심판의 예언자…." 라는 식으로 판에 박힌 결론을 내리는 것이다. 이런 예언자 이해는 처음 성서에 관심을 갖는 사람들에게 암기용으로 도움이 될지 모르겠으나 예언자가 처한 각기 다른 사회상황을 이해하는 데는 큰 방해가 된다.

고통과 아픔을 읽어내는 감수성

성서에서 오경이나 시편, 잠언(격언) 등은 여러 시대를 거치면서 형성된 것들이기 때문에 그 하나하나가 어느 시대를 반영하는 것인가는 정확하게 알 수 없다. 반면에 예언자는 소명을 받아 예언한 기간을 정확하게 알려준다. 물론 예언서도 후대에 그 지지자들에 의해 편집되었지만 비교적 관련된 시대 상황을 정확하게 반영한다. 그래서 어떤 경우에는 구약을 공부할 때 각 시대의 특징과 역사 개요를 익히기 위해 오경이나 성문서보다는 예언서를 먼저 공부하기도 한다.

한편 예언서의 주인공들인 예언자는 서로 다른 시대를 살아왔으며 각기 다른 사회적 경험을 가지고 있다. 그들은 서로 다른 시대, 서로 다른 사회적 문제에 부딪히고 있으며, 그들이 가진 뛰어난 영성은 그들이 속한 사회의 고통을 참지 못하는 그들만의 예민한 감수성에서 비롯한 것이다. 이것은 인간의 아픔을 지나치지 못하시는, 그래서 그들이 울부짖는 소리를 들으실 수밖에 없는 야훼 하나님과의 교감에서 오는 신앙적이며 영적인 반응이다.

하나님께서 인간의 사정을 살피고 들으시는 경우는 언제인가? 어떤 때 들으시나? 우리는 대부분 우리가 기도하면 하나님께서 들어주신다고 배워왔다. 그러나 오히려 성서에는 기도하면 들으신다는 말보다는 '우리가 괴로워서 부르짖을 때(차아크 tsa'aq)' 하나님께서 들으신다고 한다. 사실 기도하면 하나님께서 들으신다는 표현은 교회 전통이 요구하는 것일 뿐이다. 우리는 의지가 약해서 어떤 형식 가운데 묶여있지 않으면 곧 그 내용에서 이탈할 수밖에 없다. 그런 이유로 종교적인 형식을 강조하는 것인데, 그 중요성에도 불구하고 형식 자체를 신봉하고 그것 자체가 목표가 된다면 종교는 곧 타락하고 만다.

성서를 보면 오히려 하나님께서 들으시는 통로로 기도보다는 이 "부르짖는다"라는 동사를 쓰고 있다. 이집트에서 노예 생활하던 사람들이 하나님께 부르짖었고, 하나님은 그 백성들이 부르짖는 소리를 듣고 반응하신다. 출애굽기 22장 22-24절에 의하면 "너희는 과부나 고아를 괴롭히면 안 된다. 너희가 그들을 괴롭혀서 그들이 나에게 부르짖으면, 나는 반드시 그들의 부르짖음을 들어주겠다. 나는 분노를 터뜨려서 너희를 칼로 죽이겠다. 그렇게 되면 너희 아내는 과부가 될 것이며, 너희 자식들은 고아가 될 것이다."라고 한다. 얼마나 무서운 말씀인가? 야훼 하나님은 고아나 과부가 부르짖으면 듣지 않을 수 없는 분이시다. 이 부르짖음과 하나님의 응답은 이방인에 대해서도, 품꾼에 대해서도 동일하다.

아마 교회의 전통은 이 부르짖음을 음성적 부르짖음으로 이해하고 기도라는 종교적 행위로 제한시킨 것 같다. 그러나 이 부르짖음은 음성이나 언어의 표현만을 말하지 않는다. 오히려 인간이 당하는 억압과 고통, 그 눈물을 뜻한다. 기도라는 종교적 행위만으로 들으시는 하나님이 아니라 하나님은 인간의 고통 그 자체를 들으신다. 고통 자체가 기도이며 인간이 당하는 고통을 참지 못하시는 분이 하나님이시다. 이 부르짖음은 우리들의 삶의 현장에서 오는 소리이고 우리들의 생활 속에서 나오는 언어이다. 교회는 현장의 '부르짖음' 대신 '기도'라는 종교적 행위를 대신 들어앉힘으로 역사와 삶의 현장 한가운데 계신 하나님을 교회 안으로, 기도라는 종교인들의 종교적 행위 속으로 가두어 버렸다. 하나님은 인간의 아픔 그 자체를 듣고 역사에 함께 하시지, 그것을 꼭 기도라는 형식을 가진 교회의 언어로 번역해야만 들으시는 분이 아니다.

예언자들의 영성

예언자들은 먼저 그 시대의 아픔에 주목한다. 남의 아픔에 주목할 수 없는 신앙은 거짓신앙이다. 사람이 타인과의 관계에서 문을 닫아버리면 곧바로 자기 고집과 이기적 욕심을 하나님으로 만들어서 섬기게 된다. 물론 그런 사람들도 종교적 헌신성은 둘째가라면 서러울 정도이다. 그러나 예언자들은 이웃의 아픔에 함께하지 못하는 신앙 형태에 극도의 알레르기 증상을 일으킨다. 그것은 야훼신앙이 아니고 거짓 우상을 섬기는 것이라고 한다.

우리가 '영성'이라고 하는 것은 바로 이 '아픔을 느끼는 감수성'이다. 영성은 이상한 신비의 영역 안에 있는 것이 아니다. 산이나 기도원에 들어가서 부르르 떨고 이상한 언어를 말하는 것이 영성이 아니다. 이웃의 아픔에 민감할 수도 있고 그것을 무시할 수도 있다. 그들의 아픔에 참여하지 않고도 우리는 얼마든지 잘 살아갈 수 있다. 오히려 이런 저런 일에 신경 쓰지 않는 것이 더욱 편안하게 살아갈 수 있다고 생각한다.

그러나 예언자들이 가졌던 영성은 그렇지 않다. 그들은 무시해도 되는 타인의 아픔, 그 시대 민중이 가지는 아픔에 통렬하게 공감한다. 이것이 그들이 가진 '영성'이다. 그 시대의 아픔, 이웃의 아픔에 함께 하지 못하는 신앙은 공허한 사변이며, 분열적이고 파괴적인 궤변에 불과하다. 예언자의 신학은 바로 '그 시대의 아픔을 신학화한 것'이다. 예언자들이 주로 비판하는 역할을 감당하지만 우리는 그들이 쏟아내는 비판의 언어만을 주목해서는 안 된다. 비판 뒤에 도사리고 있는 아픔을 보아야 한다. 그들의 비판이 아픔에서 공명하여 생겨난 것이 아니라면 그것은 단지 자기 분을 이기지 못하는 분풀이요 욕설일 뿐이다.

그 시대의 아픔이 있는 밑바닥에 예언자가 있고 그들의 고통이 있다.

그들은 사람들이 당하는 고통을 진단한다. 그것이 어디에서 왔는가를 살핀다. 그리고 그 진단에 따라서 그 시대가 처한 근본적인 모순들을 찾아낸다. 예언자들의 경험이 각각 다르기 때문에 예언자가 문제로 삼는 사회적 모순도 서로 상이할 수 있다. 같은 시대, 같은 지역에서 활동한 예언자라도 그들 자신이 처한 정황, 지지집단의 성격에 따라 서로 다른 사회적 모순을 진단할 수 있다.

당대에 대한 진단과 처방

예언자는 그 시대에 대한 진단에 따라 자기 나름대로 처방을 내린다. 예언자는 자신이 진단한 모순을 통렬한 언어로 폭로한다. 바로 이것이 우리가 접할 수 있는 예언의 언어이다. 이것은 시대에 대한 비평이며, 그 시대가 가지고 있는 모순구조의 폭로이다. 친절한 예언자들은 여기서 더 나아가서 그 모순을 극복하는 대안적인 구상들을 제시하기도 한다. 에스겔과 같은 예언자는 아주 분명한 대안들을 청사진으로 제시한다. 이사야는 우리가 잘 아는 희년의 구상을 선포한다. 이 구상을 제사장 그룹에서 법률로 구체화하여 발표한 것이 레위기의 희년법이다.

각각의 진단이나 모순의 설정은 서로 다를 수 있다. 따라서 비판도 상이하고 대안도 전혀 다르게 내릴 수 있다. 하나님은 한 시대에 한 메시지만 주시지는 않는다. 서로 다른 처방이지만 각각의 처방들 안에 공통적인 요소가 있다. 그것은 야훼 하나님과의 만남, 그분에 대한 체험과 그분의 말씀으로부터 요동치듯 밀려오는 하나님의 음성이다. "나는 내 백성이 울부짖는 소리를 들었다"라는 하나님의 선언이 공통의 경험요소이다. 이것은 시대의 아픔에 대한 공감에서 나온다. 이러한 예언의 형성 과정을 요약하면 다음과 같다.

시대의 아픔→진단→모순→비판(모순구조의 폭로)→대안

희랍적인 신관과 히브리적인 신관

현대 사회는 심각한 것을 싫어한다. 그러기에 이웃의 아픔에 대해 무감각하고 무관심하다. 우리 삶의 현장에서 일어나는 고난 이야기는 기피한다. 가슴 아픈 이야기는 아예 전하지 않는 것이 좋고 피해갈 수 만 있다면 피하는 것이 유익하다고 여긴다.

그리스의 귀족 문화가 한참 꽃필 때에 이와 비슷한 정서가 있었다. 그들은 고통에 대한 무관심을 철학적이고 신학적인 체계로 표현하였다. 플라톤은 "신들은 쾌락과 고통을 초월해 있고 어떠한 재앙도 입지 않는다. 그러므로 신들 자신이 희생제물이 된다는 것에 나는 분개하고 반대한다."고 했다. 아리스토텔레스는 "신은 세계 밖에서 홀로 자기 명상을 하면서 고독하게 서있다."고 했다.

신은 볼 수 있는 것이 아니라 볼 수 없는 것으로, 태어나는 것이 아니라 기원이 없는 것으로, 죽는 것이 아니라 불사적인 것으로, 육체적으로가 아니라 영적으로 그리고 무엇보다도 고난을 당하지 않는 분으로 생각하였다. 신은 시작도 없고 끝도 없고 휴식도 모르고 어떤 정적 상태에서 깨어나 움직이지도 않는다. 신은 전지전능, 절대자유하기 때문에 인간의 고통문제에 관여하지 않는다.

반면 희랍(그리스)적인 사고에 의하면 인간의 고통에 관여하여 함께 아파하고, 때로는 분노하고, 질투하기까지 하는 신, 성서의 야훼 같은 신은 아주 저급한 단계의 신에 불과했다. 그래서 후에 그리스 철학에 영향을 받은 영지주의자들은 그리스도의 성육신을 부인했다. 어찌 거룩한 존재가 더러운 육신을 입을 수 있겠는가? 이들은 육신을 입은 예수는 단지 신적 존재가 가짜로 나타난 환영에 불과하다는 가현설(假現說)을 주장했다.

또한 그리스 철학에서 철인은 늘 평정 상태를 유지해야 한다. 고난 속에서도 마음의 동요가 일어나지 않아야 한다. 그들은 이러한 무감각, 무격정의 상태에 이르도록 자신을 수련한다. 동요가 없는 무격정의 상태는 최고 신성에 가까운 이상이 되고 결국은 이웃의 고통에도 무관심하게 된다. 이런 상태는 도와야 할 사람들은 냉담에 이르게 하고 도움을 받아야 할 사람들은 체념에 이르게 한다. 이런 사회에서 가난한 자, 노동자들이 자신의 사회적 고난을 개선해 나가는 방안은 오직 개인의 문제일 뿐이다. 이러한 전통은 인간에게 고통을 가져오는 근본 원인이나 구조에 대해서 성찰하거나 '동시에 모든 사람에게 유익한 변화'에 대해서는 관심이 없다. 단지 개인의 신분 상승만이 유일한 해결일 뿐이다. 이들은 집단적이고 사회적인 변화는 아예 꿈꾸지도 못할 불순한 사상으로 여긴다.

제국의 신앙과 기독교의 신앙

이러한 무감각, 무관심은 문화적으로 볼 때 상류 계층의 이상이다. 이들의 신은 힘 있는 자를 축복하는 신이며 그들이 가진 권력과 물질적 풍요는 축복의 증거로 미화된다. 이런 때 신은 억압의 면전에서 체념을 요구하고 현실 질서를 보존하고 현상유지를 원한다. 신은 변화나 개혁에는 무관심하다고 여기며, 이런 신이 우리에게 베푸는 것은 오직 내면적이고 타계적인 해방일 뿐이다. 그는 하늘과 성전에 사시며 이 세상에는 더 이상 살지 않는다.

지금의 기독교는 오랫동안 서구문화의 틀 속에서 자라나면서 그리스의 이원론에 깊이 착색되어 있다. 이들의 신앙 여정은 우리를 지혜로 이끌거나 배움으로 이끌어 가는 지극히 개인적인 과제들이다. 그러나 예언자들이 보는 하나님은 인간의 불행을 팔장끼고 지켜보는 하나님이 아니다. 야훼 하나님은 인간이 지은 죄로 인하여 가슴 아파하고 후회하고 근심한다. 때로는 분노하기도 하고 질투하기도 하기에 적극적으로 인간의 역사에 개입한다.

종교가 가진 자의 편에 서서 함께 그 지위를 누리게 되면, 그 종교는 타락한다. 콘스탄틴 이후 1700년 동안 기독교는 지배자의 종교로 군림하였다. 이들이 믿는 하나님은 하나님의 이름을 사칭한 교회의 우상일 뿐이다. 그것이 우리가 알고 있는 서구의 기독교의 역사이다. 그리고 그들이 믿어온 하나님이 과연 우리가 믿는 하나님과 같은 분인지, 아니면 그 이름을 사칭한 교회의 우상인지 판단해 보아야 한다.

예언자들의 신관

우리에게 만약 예언서가 없었다면, 예언자들이 쏟아 내는 귀 따가운 심판과 비판의 메시지가 아니었다면, 우리는 아마 이런 우상들에 대해 대항할 올바른 판단의 근거가 없었을 것이다. 예언자들이 이스라엘과 유다의 왕은 물론 세계 열방에 내리는 심판, 주류 종교 체제인 성전 체제와 희생제사 제도에 대해 가하는 냉혹한 비판들은 오늘 우리 시대의 우상들을 명백히 드러낸다.

예언자들의 이러한 저항 전통은 오늘날 통속적인 기독교가 가지고 있는 예수에 대한 이해에도 중요한 시사점을 제시한다. 통속 신앙이 떠받드는 예수는 하늘에 뜬 우상적 존재일 뿐이다. 발이 땅에 닿지 않아 이리저리 하늘을 날아다니는 슈퍼맨 같은 초월한 존재이다. 그는 출생

부터 우리와는 다르게 성령으로 잉태되시고, 요란한 하늘의 징조 가운데 오시고, 우리가 할 수 없고 도달할 수 없는 일들을 말씀으로 척척 해치우고, 하늘과 땅을 잠잠케 하시고, 죽으셨지만 부활하시고, 하늘에 오르시고, 하나님 우편에 앉아 계시고, 구름을 타고 다시 오실 존재라고 한다.

반면 예언자들이 가졌던 아픔의 신앙은 전혀 다른 예수의 모습으로 우리를 인도한다. 그분은 인간을 위해 성육신하셨고 우리 삶의 고통과 죽음을 하나님 안에서 경험하신다. 그러나 우리는 예수를 다시 하늘로 올려 보내 구름 위를 날아다니는 도깨비로 만들어 버린다. 이런 예수를 위해 우리가 할 수 있는 일은 무엇인가? 고작 하늘을 향해 하나님 찬양, 예수 찬미를 외치며 두 팔을 벌리고 박수 치는 일이나 할 수 있을 뿐이다.

하나님 쫓아 내기

그러면 왜 교회는 이렇게 박제화된 하나님, 초월적인 예수의 모습만을 강조하게 되었을까? 그 이유는 진리가 자신의 물질적 생활에 영향을 미치는 것을 방지하고 하나님을 자신들의 정치, 경제적 이해관계 밖으로 쫓아 내는 것이 유익하기 때문이다. 그들은 영적인 일에만 관심이 있다고 하지만 사실은 자신들의 정치, 경제적 현상 유지에 더 큰 관심이 있다.

그들이 정치와 종교를 분리시켜야 한다고 말하는 배후에는 사실은 현상 유지를 뒷받침하는 편리한 종교를 불러들이는 것이다. 그들은 자기들에게 걸림돌이 되는 말씀, 도전적인 가르침은 개인적, 심리적인 관심사로 돌려버리고 그것을 영적 교훈이라고 얼버무린다. 그러므로 맘몬

(돈)은 단지 경제적 영역에만 있는 것이 아니라 하나님과 맘몬 사이에서 선택해야할 새로운 종교이기도 하다.

인간의 아픔을 표현하라고 빌려주신 말

하박국은 유다의 말기의 예언자다. 그는 유다가 멸망하기 직전 바벨론이 세력이 강해져서 유다를 침공해 오는 시기에 살았다. 당시 세계를 지배하는 바벨론의 위용은 엄청났다. 바벨론은 두려움의 대상이었고 겁을 먹기에 충분했다. 그들은 사납고 성급한 민족이어서, 천하를 주름잡고 돌아다니며, 남들이 사는 곳을 제 것처럼 차지한다.(하박국 1:6) 그들은 두렵고 무서운 백성이어서 굶주린 늑대보다도 사납고 먹이를 덮치는 독수리처럼 날쌔다.(하박국 1:8)

유다 사람들은 예루살렘 성전이 하나님이 거하시는 세계의 중심지라고 생각했는데 그야말로 세상 물정 모르는 우물 안 개구리의 생각이었다. 최고라고 자랑하던 예루살렘 성전은 바벨론 건축물에 비하면 조그만 헛간 정도에 불과했다. 변방 땅, 유다의 촌놈들은 바벨론의 잘 지어놓은 건축물, 위대한 조각상, 높은 예술의 경지들을 보고 입이 다물어지지 않았다. 누구에게나 남의 눈길을 끄는 당당한 것, 화려한 것, 번지르르한 것을 숭배하는 마음이 있다. 그러나 하박국의 눈에는 단지 그것을 건설하기 위하여 축적한 불의와 죄악의 상징일 뿐이다. 그들이 자랑하는 도성의 크기만큼 그들의 죄악 또한 크다. 하박국은 노래한다.

> 부유한 재산은 사람을 속일 뿐이다... 그들이 모든 나라를 정복하고 모든 민족을 사로잡지만, 정복당한 자 모두가 빈정대는 노래를 지어서... '남의 것을 긁어모아 네 것을 삼은 자야, 너는 망한다!' 할 것이다. 빼앗

은 것으로 부자가 된 자야, 네가 언제까지 그럴 것이냐?… 네가 수많은 민족을 털었으니, 살아남은 모든 민족에게 이제는 네가 털릴 차례다… '네 집을 부유하게 하려고 부당한 이득을 탐내는 자야, 높은 곳에 둥지를 틀고 재앙에서 벗어나려 하지만, 너는 망한다!' 할 것이다… 담에서 돌들이 부르짖으면, 집에서 들보가 대답할 것이다. 그들이 너를 보고 '피로 마을을 세우며, 불의로 성읍을 건축하는 자야, 너는 망한다!' 할 것이다.(하박국 2:5-12)

하박국의 눈에는 그 건축물의 위용에 마음을 빼앗기기는커녕 그 화려함 뒤에 숨어 있는 약소국, 약자들에 대한 약탈과 착취가 보일 뿐이다. 우리들은 지레 겁을 먹고 움츠러들어 세상의 권세자들을 스스로 세워주고 그 앞에 복종한다. 바벨론의 어마어마한 신전들, 엄청난 건축물의 위용… 유다 사람들 중에서 더러는 야훼를 버리고 바벨론의 신 마르둑을 섬기는 배교자들도 생겨났다. 하지만 예언자의 눈에는 그것은 단순한 돌덩어리 나무 조각일 뿐이다.

우상을 무엇에다 쓸 수 있겠느냐? 사람이 새겨서 만든 것이 아니냐? 거짓이나 가르치는, 부어 만든 우상에게서 무엇을 얻을 수 있겠느냐? 그것을 만든 자가 자신이 만든 것을 의지한다고 하지만, 그것은 말도 못하는 우상이 아니냐? 나무더러 '깨어나라!' 하며, 말 못하는 돌더러 '일어나라!' 하는 자야, 너는 망한다! 그것이 너를 가르치느냐? 기껏 금과 은으로 입힌 것일 뿐, 그 안에 생기라고는 전혀 없는 것이 아니냐? 나 주가 거룩한 성전에 있다. 온 땅은 내 앞에서 잠잠하여라.(하박국 2:18-20)

아모스도 드고아의 촌사람이다. 그는 북 왕국의 수도 사마리아에 갔다. 그는 그 궁전의 장엄함 대신 도덕적 문란과 억압을 보았다. 예언자는 대경실색하여 말한다.

> 나는 야곱의 교만이 밉다. 그들이 사는 호화로운 저택이 싫다. 그들이 사는 성읍과 그 안에 있는 모든 것들을 내가 원수에게 넘겨 주겠다.(아모스 6:8)

세계를 제패한 아시리아 왕이 자랑한다.

> 내가 민족들의 경계선을 옮겼고, 그들의 재물도 탈취하였으며, 용맹스럽게 주민을 진압하였다. 나는 나의 손의 힘과 나의 지혜로 이것을 하였다. 참으로 나는 현명한 사람이다.(이사야 10:13)

에브라임도 자랑한다.

> '아, 내가 정말 부자가 되었구나. 이제는 한 밑천 톡톡히 잡았다. 모두 내가 피땀을 흘려서 모은 재산이니, 누가 나더러 부정으로 재산을 모았다고 말하겠는가?'(호세아 12:8)

하지만 이에 대해 예언자는 말한다.

> 너희는 밭을 갈아서 죄악의 씨를 뿌리고, 반역을 거두어서 거짓의 열매를 먹었으니, 이는 네가 병거와 많은 수의 군인을 믿고 마음을 놓은 탓

이다. 그러므로 네 백성을 공격하는 전쟁의 함성이 들려 올 것이다… 너의 요새들이 모조리 파괴될 것이다. 그 날에 자식들이 박살 난 바로 그 바위 위에서 어머니들마저 박살나지 않았느냐? (호세아 10:13-14)

예언자들은 정의가 반드시 이긴다는 신념의 사람들이다. 그들에게 적당한 타협은 없다. 세상물정이라는 말로 얼버무리지 않는다. 그것이 하나님의 뜻인가 아닌가의 문제만 있을 뿐이다.

고대 사회에서 특히 소중하게 여기는 세 가지가 있다. 지혜, 건강, 힘이다. 그러나 예언자들은 그런 것들에 열중하는 것이 부끄러운 일이고 우상을 숭배하는 일과 같다고 비판한다.

"나 주가 말한다. 지혜있는 사람은 자기의 지혜를 자랑하지 말아라. 용사는 자기의 힘을 자랑하지 말아라. 부자는 자기 재산을 자랑하지 말아라. 오직 자랑하고 싶은 사람은 이것을 자랑하여라. 나를 아는 것과 나 주가 긍휼과 공평과 공의를 세상에 실현하는 하나님인 것과 내가 이런 일 하기를 좋아한다는 것을 깨달아 알만한 지혜를 가지게 되었음을 자랑하여라."(예레미야 9:23-24)

오직 자랑하려면 야훼를 아는 것, 그분이 긍휼과 공평과 공의를 세상에 실현하는 분이며 그런 일 하길 좋아하는 분이라는 것, 그것만이 참 지혜이며, 우리가 자랑할 수 있는 참 지식이다. 이러한 진리를 굽게 하며 이상하게 변증해서는 안 된다.

가난한 사람의 사정을 무시하는 것은 우리에게는 단지 복지의 문제이다. 그러나 예언자들에게는 사람의 생명이 좌지우지 되는 일이다. 나의 약은꾀로 다른 사람을 속이는 것은 단지 사람에게 한 것이 아니다. 예언자들은 이를 하나님을 배반하는 행위로 본다. 예언자들이 몇몇 보잘것없는 가난뱅이들이 불의한 일을 당했다고 해서 영광의 도시 예루살렘이 파괴되고 온 민족이 포로로 끌려가는 것이라고 말했을 때, 사람들의 눈에 이런 비난은 터무니없는 소리로 여겨졌다. 그러나 이것이 바로 예언자들의 역사관이었고 세상을 보는 눈이었다.

그러나 당시 지혜 있다는 지식인들이 보기에는 이런 주장은 도대체 세상 물정 모르는 철부지들이 떼쓰는 것이라고 여겼다. 어떤 것이 진리인가? 예민하게 가난하고 고통 받는 사람들의 아픔을 듣는 것, 그 자리에 함께 선다는 것, 그것이 하나님을 아는 것이고 예언자들이 가는 길이다. 그들이 잔뜩 흥분된 마음에서 쏟아 놓는 말들, 불같이 끓어오르는 마음, 그들이 가진 가난, 불의에 대한 진지한 감수성, 이런 것들을 히스테리라고 말한다면 그들이 그렇게 아파한 것들에 대해서 도통 무감각한 우리들은 도대체 어떤 사람들인가?

예언자들은 무엇 때문에 그 당시 사람들이 그렇게 소중하게 생각하는 질서와 관행들을 무시하고 공격하고 사제와 왕에게 모욕적인 언사를 서슴지 않았을까? 아무것도 가진 것 없는, 인간적으로 볼 때 초라하기만 한 예언자들이 어떤 상황에서도 꺾이지 않고 항거할 수 있는 힘을 얻게 한 것은 무엇일까? 자신들의 인간적인 모습으로 보면 기가 죽을 만도 한데 왕이건, 제국의 황제건, 화려한 의상을 걸친 제사장이건, 학식이 높은 지혜자이건, 진리 아닌 것에는 가차 없이 비판하고 뭉개 버릴 수 있는 힘은 도대체 어디서 나오는 것일까? 그들이 그렇게 할 수 있는 원칙, 그 중심에는 무엇이 있는 것일까?

아픔! 그 안에 깊이 함께 하는 아픔,
눈물! 한없이 가슴을 여미는 안타까움,
아픔이 있는 곳에 함께 하는 것.
바로 이런 것이 정의의 출발점이고
예언자들이 서있는 계시의 자리이다.
바로 그 자리가 우리가 하나님을 만나는 자리이다.
그러므로 하나님은 우리가 잘 나갈 때는 느껴지지 않는다.
그러나 커다란 어려움을 겪을 때
하나님은 더욱 깊이 우리를 품으신다.

> 그날이 이르면, 몸에만 할례를 받은 사람들에게 내가 모두 벌을 내리겠
> 다.(예레미야 9:25)

왜? 그들이 몸에는 할례를 받았으나 마음에 할례를 받지 않았기 때문
이다. 우리가 하나님을 향해 철저하게 돌아서야 마음의 할례가 이루어
진다. 온 마음으로 하나님을 향해야 한다. 하나님의 법을 그럴듯하게
몸에 걸치고 있어서는 곤란하다. 장신구처럼 요란한 십자가를 걸치고
겉모양만 따라가서는 곤란하다. 세상이 무시하는 소리들 가운데서, 아
주 미세한 신음소리 가운데서 하나님의 음성은 들려온다. 그 때문에 예
수께서 우리를 위해 고통을 받으셨다. 유대인 학자 아브라함 요수아 헤
셸이 말하는 예언에 대한 정의를 들어보자.

> 예언이란 하나님이 인간의 아픔을 표현하라고 빌려주신 말이며, 마치
> 하나님의 가슴으로부터 쏟아져 나와 인간의 가슴으로 뚫고 들어가려는

듯 강요하고 경고하고 앞으로 밀어붙이는 언어이다. 그것은 하나의 삶의 양식이며 하나님과 인간이 서로 만나는 접촉점이다. 하나님은 예언자의 말을 통하여 자신의 분노를 표출하신다.[1]

　하나님은 세상에서 무시당하는 소리들, 아주 미세한 신음소리 가운데 계시며 그들과 함께 아파하시고 눈물 흘리신다. 그 자리에 함께 서는 것이 우리가 영성을 회복하는 길이다. 예언이란 하나님이 인간의 아픔을 표현하라고 빌려주신 말이다.

---

1) 아브라함 요수아 헤셸, 『예언자들』 이현주 역, 2004, 도서출판 삼인 참조

함께 생각할 문제>

---

* 성서의 예언자들이 자신들이 살아가던 당대에 문제로 삼았던 것들은 무엇
  인가 이야기해 봅시다.

* 예언자들의 신앙을 계승해야할 기독교가 교회의 역사를 통해 희랍신앙으
  로 변질된 이유는 무엇일까?

* 오늘 우리 시대의 아픔과 모순에 대해서, 특별히 코로나 19로 인해 커다란
  충격을 받고 있는 지구촌이 앞으로 어떤 일들을 전망하고 나아가야 할지에
  대해서 이야기해 봅시다.

코로나 19 이후 변화하는 세계

　문자 그대로 팬데믹(Pandemic) 세계적 대유행이 되었다. 그동안 흑사병, 스페인 독감 등 역사를 변화시킨 전염병과 질병이었다. 그래도 그것은 한 대륙의 질병, 국지적인 문제였다. 그러나 20세기 이후 홍콩독감, 사스, 신종플루, 메르스 갑자가 이런 질병들이 창궐하는 시대가 되었다. 그러던 중 코로나 19는 어쩌면 최초의 전 지구적 전염병으로 세계를 휩쓸고 있다. 해당하지 않은 나라가 없다.

　스웨덴은 세계 제1의 복지를 자랑하는 국가이다. 이들은 영국과 같이 집단면역을 주장하며 우리의 조치가 개인의 자유를 억압한다며 비웃었다. 집단면역의 주장은 어차피 유행할 것이니 자연스럽게 지나가게 해야 한다는 것이다. 국민의 60%이상이 감염되면 항체가 생겨서 자연면역이 된다는 논리다. 그런데 항체가 생기는 비율을 정확하게 알 수는 없지만 감염자의 3%에 불과하다고도 한다. 스웨덴은 2020년 5월 말 현재 확진자가 36,476명 사망자는 4,350에 이른다. 인구는 한국의 1/5인 천만 명 정도이기에 비율로 보면 한국에 비해 100배에 이르는 사망자를 낳고 있는 셈이다. 코로나가 어떤 질병인지도 모르는 체 감기 정도로 생각하고 대처하려고 했던 것이다.

　코로나 19는 그동안 서구사회의 기본을 흔들고 있다. 그들의 민낯을 적나라하게 보여주고 있다. 그동안 서구 사회는 풍요라는 신을 쫓아왔다. 자기들의 군사력의 우위, 경제력, 의료, 복지, 자본, 도시, 문명 등을 자랑해왔다. 그러나 코로나 19는 그 맹점을 통렬하게 드러내며 지금의 세계를 수정하도록 우리를 강제한다. 국가든지 기업이든지 종교든지 이 경고를 경청하고 대비해야 한다.

유독 선진국에 사망자가 높다. 그들이 문명이라고 자랑하던 것들은 도시화로 사람들의 밀집도를 높혀가는 일이었다. 현재 지구인구중 도시인구는 50%정도에 이르는데 향후 빠르게 증가하여 70%에 이를 것이라고 전망한다.

서구 사회는 발달한 의료기술을 자랑했다. 그들은 의료서비스의 질을 높이고 고급화한다는 명분으로 공공 영역이던 의료를 민영화했다. 그 결과로 전쟁 이상의 사망자가 급증했고, 발달된 의료기술로 부를 축적하고 르네상스를 이끌었던 메디치 가문의 이탈리아를 비롯해 세계 제일의 부국 미국에서 사람들은 길거리에서 집에서 죽어갔다. 생명을 지키고자하는 의료의 본질을 버리고 모든 것을 돈을 버는 것과 연관지은 결과, 결국 의료후진국이 되어 국민의 생명을 지키지 못했다. 공공의료의 붕괴가 가져온 혹독한 결과다.

코로나 19의 대유행으로 몇 개월 되지 않는 짧은 시간에 변화들이 나타났다.

1. 자연이 회복되고 있다.
그 기간의 인간의 거리두기로 인해 지구의 공기가 맑아지고 오존층이 복원되고 있다. 멸종위기의 거북이가 해변에 나타나고 야생동물들이 공원을 거닌다. 생태계가 복원되고 있다.

올 봄 서울하늘이 맑아진 것을 경험하였다. 올해는 황사나 미세먼지로 고생하지 않았다. 코로나로 인한 사망자는 늘었지만 공기가 맑아져서 다른 질병을 앓는 사람들이 죽어가지 않게 되었으며, 맑은 공기로 생명을 얻은 사람들이 코로나로 생명을 잃는 사람보다 오히려 많을지도 모른다고도 한다.

한 풍자만화가 있다. 2019년에 동물들은 동물원에 갇혀있고 주변에 사람들이 어슬렁거리며 구경한다. 그러나 2020년에 사람들은 전부 자가 격리되어 자기 집 울타리 안에 갇혔고 마을 주변을 동물들이 어슬렁거리며 창 너머로 각자 집안에 갇힌 인간을 구경하고 다닌다. 이탈리아 속담은 말한다. "하나님은 언제나 용서하시고, 사람은 가끔 용서하지만, 자연은 절대 용서하지 않는다."

2. 전쟁이 사라졌다.

그동안 끊이지 않던 국지전 전쟁이 일제히 휴전상태다. 예멘 내전, 시리아, 리비아, 아프가니스탄 내전, 이스라엘과 팔레스타인까지도 휴전하고 서로 협동해서 방역을 하고 있다. 그동안의 전쟁이 전부 누군가 부추기는 세력에 의해 증오를 낳고, 피 흘리게 했으며, 그들의 피를 통해서 돈을 벌어들이는 세력은 따로 존재했다. 그러나 코로나에 대처하느라 전쟁이 사라진 것이다.

3. 기본소득이 이루어지고, 빈부격차를 줄여야할 필요성을 인식하게 되었다.

미국에서 흑인인구비율은 14%인데 확진자의 50%, 사망자의 70%가

흑인이다.(2020년 5월 말 통계) 아마 흑인만 골라서 죽는다면 미국 사회가 눈 깜짝하지 않을 지도 모른다. 그러나 코로나 19는 흑인들만의 문제가 아니고 누구든지 죽음을 선사할 수 있으며, 전체 경제를 멈추게 하기에 대책을 세우지 않을 수 없다.

지금 세계 각국은 돈을 찍어내서 풀고 있다. 금융위기 때도 그랬지만 그 때는 돈을 파산하는 기업에 풀고 자본가의 손에 쥐어 주었다. 그런데 지금은 서민들에게 푼다. 그렇지 않으면 일자리를 잃고 배고픈 감염자들이 미친 듯이 돌아다닐 것이기 때문에 그들을 묶어두기 위해 우선 먹여 살린다. 그리고 신속하게 조치해야 함으로 누구에게나 베풀고 있다. 가난한 사람들은 조금도 버틸 여유가 없기에 시급하다. 누구는 주고, 누구는 주지 않을 대상인가를 선별할 시간적 여유도 없기 때문이다.

기본소득의 필요성에 대해서 그렇게 외쳐도 미동도 않던 것들을 자연스럽게 시행한다. 코로나 19로 인해 그동안 인간이 절대 할 수 없다고 생각한 것들이 이루어지는 계기가 되고 있다.

농촌목회를 하는 후배가 전화를 했다. 코로나가 대개 도시를 중심으로 일어나고 있지 대부분 농촌은 코로나와 상관없는 청정지역이란다. 조심은 하지만 아무런 영향 없이 지내는데 국가에서 기본소득까지 주고, 농촌교회라고 지원금도 받았다고 했다. 아마도 이런 상태가 오래 계속된다면 농촌으로 내려가고자 하는 사람들이 늘어날 것이다.

사람들이 움직임을 줄이는 이유도 있겠으나 범죄율도 현격하게 줄었다고 한다. 강력범죄가 90%이상 감소했다. 아르헨티나에서 코로나 이전에 강력범죄가 하루 600건에서 2건으로 줄었다. 엘살바도르도 그렇다고 한다.

4. 세계화, 신자유주의에 대한 성찰을 가져온다.

서구인들이 고부가 가치 산업만을 남기고 돈이 되지 않는 노동집약적 사업, 공해유발사업들은 제3국에 넘겼다. 그러다 보니 기본적인 제조업이 무너졌다. 그런데 갑자가 교역이 중단되니 발달한 문명을 누린다는 나라들에서 휴지 때문에 몸싸움을 하는 상황이 되었다. 서구에서 초기에는 마스크 쓰는 것을 비웃다가 대 확산을 가져왔다. 그들이 그렇게 한 이유는 마스크를 만드는 시설이 대부분 제3세계에 있기 때문이다. 기본적인 방역물품이 절대부족한 상황이라 의료진이 입을 방역복이 없어서 우비를 쓰고 진료한다. 기본적인 생필품이 조달되지 않는다. 제일 잘사는 나라 미국에서 빈민들에게 나누어 주는 푸드뱅크에서 음식을 받기 위해 줄을 장사진으로 늘어선다. 그래도 그들은 차타고 음식을 받는 것이 확실히 다르긴 했다. 그동안 제3국을 노동착취, 환경착취, 자본 착취하던 문명에 제동이 걸리고 있다.

5. 종교도 달라진다.

교회의 경우, 대교회주의가 유행했다. 특히 한국에서 대교회의 익명의 숲 안에 머무르는 교인들이 다수였다. 심지어는 시민 사회운동을 하는 진보인사가 한심한 이야기를 읊어대는 대교회 교인인 것은 이해가 되지 않는 일이었다. 분석이 필요한 일이다. 그들은 아무런 의무도 없고, 최고의 음악과 춤을 공연장처럼 즐길 수 있으며, 서비스는 요람에서 무덤까지, 휴양시설과 묘지까지, 편리한 주차장은 덤으로 제공받는 시스템을 즐긴다.

그런데 코로나 19 초기에 신천지 교인들이 각 교회로 흩어져 교회에도 감염을 확산시킬지 모른다는 경계를 했고, 교회들은 긴장했다. 그

후로 한국의 대형교회는 사정이 달라졌다. 이제 낯선 교인이 올 수도 없고 오면 싫어한다. 등록교인 아니면 입장 불가하고 입장하더라도 익명으론 안 된다. 자기 이름과 전화번호는 물론 체온과 몸 상태까지 기록해야 입장 가능하다. 대형교회에 확진자가 하나 나오면 만 명, 수 만 명을 검사하고 자가 격리해야 하니 그 피해가 막대하다. 그런데 사람이 많으니 그럴 확률도 높다. 골목까지 버스를 보내 사람을 훑어오던 대형교회가 2미터 거리두기를 지키려고 예배 출석을 구역별로 제한하고 낯선 사람은 오지 말라고 하는 실정이다.

작은 교회들은 오히려 좋은 선교의 기회가 될 수 있다. 온라인시대에 걸 맞는 교회가 되기 위해 우리교회도 유투브로 성서학당을 개설하고 페이스북으로 예배를 생중계한다. 이제 예배 현장에 몇 명이 앉아 있느냐는 별로 의미가 없다. 내용, 컨텐츠의 질이 소중한 시대가 되었다.

성가대도 대형 성가대, 오케스트라를 방불케 하는 연주단, 솔리스트 사례해가면서 전공자 위주의 국립 합창단 버금가는 성가대를 운영하는 시대는 지나가고 있다. 지난 부활절에 형제교회인 들꽃향린은 뛰어난 영상제작자가 존재한다. 각자가 집에서 영상으로 찬양을 해서 보낸 후, 영상을 합성해서 합창으로 만들었다. 너무 멋있는 합창이었다. 이제 프로급 솔리스트들이 도열해서 찬양할 필요도 없다. 혼자서 여러 파트를 해서 합성해도, 대 합창단을 만들 수도 있고, 머지않아 멜로디만 녹음하면 멋있는 화음을 입혀 녹음해주는 프로그램도 나오지 않을까? 우리가 다양하게 온라인 예배를 만들 수 있다. 명상이나 기도도 마찬가지다. 주여 삼창하고 개구리처럼 와글대는 통성기도의 시대는 종료되었다. 굉장한 변화가 오고 있다.

앞으로 우리들의 신앙에도 변화가 생겨야 한다.

첫째, 우리가 보다 겸손하고 소박해져야 한다.

큰 부자가 되고 대형교회를 이루고 세상 돈을 혼자 벌어들이겠다는 꿈, 큰 것을 쫓고 제일을 추구하던 삶을 내려놓아야 한다. 소박하게 평범한 것들을 감사할 수 있어야 한다. 가까운데 있는 사람들의 소중함을 새기고 그들과 더불어 하나 되는 삶을 만들어 가야 한다.

둘째, 우리가 사랑을 키우는 기회로 삼아야 한다.

흑사병으로 인해 유럽 인구의 1/3이 소멸되었다. 중세는 사람들 속에 있는 상실감, 분노를 다스리기 위해 희생양을 찾기에 나섰다. 그들은 마녀사냥으로 이백만명의 목숨을 빼앗았다. 천박한 인간들이 가장 손쉬운 방법으로 위기를 넘기는 방법은 증오를 키우는 것이다. 트럼프가 중국 때리기, 아베가 혐한을 이용하는 것도 마찬가지이고 아직 우리들 가운데도 노골적으로 혐오를 부추겨 장사하는 세력들이 있다. 이제 우리는 여전히 남을 헐뜯고 모함하는 사람들을 경계해야한다. 속아 넘어가서는 안 된다. 모이는 시대는 이렇게 이간질 하는 사람이 간혹 득세할 수도 있었다. 그러나 앞으로는 어려워진다. 분위기와 감정을 이용한 선동질은 통하지 않는다. 내용이 모두 공개되는 세계가 오면 진실성만이 통한다.

셋째, 우리가 일상 속에 평범한 것들에 감사해야 한다.

사람을 만나 반갑게 악수하고 껴안을 수 있는 것이 얼마나 소중한지, 함께 모여 예배할 수 있음이 얼마나 눈물겨운지, 더불어 밥 먹을 수 있는 것이 또 얼마나 감사한지 우리는 깨달았다. 평범했던 일상이 바로, 하나님이 허락하신 축제며 감사라는 것을 깨달았다. 우리가 너무나 당연했기에 생각지도 깨닫지도 못하던 우리의 평범한 일상들에 감사하자.

(강남향린교회 강단 중에서)

• 제2부 •
왕국시대의 예언자

04

신화적 예언자-엘리야

아모스나 호세아 이후의 예언자들은 아모스서, 호세아서와 같이 자기 이름으로 대표되는 저서가 존재한다. 이들을 문서예언자라고 부른다. 예언자 개인, 또는 그를 따라는 공동체의 저술이라는 말이다. 하지만 엘리야, 엘리사는 엘리아서나 엘리사서가 존재하지 않는다. 그들의 이야기는 이스라엘과 유다의 왕조사인 열왕기서에 나온다. 이는 이들 예언자는 특정인의 저술이 아니라 역사책에 나오는 전설적인 인물이라는 말이다.

엘리야는 신화적 존재이며, 예언자의 전형이다. 사람들은 심지어 그가 죽지 않고 하늘로 올라갔으며, 훗날 세상을 심판하러 불수레를 타고 다시 올 것이라고 믿었다. 복음서는 구약성서를 일컬어 '율법과 예언자'라고 불렀는데, 율법의 상징은 모세이고 예언자의 상징은 엘리야다. 예수가 변화산에서 만난 두 사람이 바로 이 모세와 엘리야였다. 엘리야는 모세와 함께 유대인의 신앙적 전통 위에 우뚝 솟은 두 봉우리 중의 하나였다.

예언자 엘리야의 삶

엘리야는 전형적인 주변 예언자이다. 그는 주변에 아무런 지지 그룹도 없이 혼자 행동한다. 그는 자신의 땅을 소유하지 못한 소작농 계층의 사람이다. 사회적으로 하류층에 속하는 신분이었지만 그는 폭군 아합에게 굴복하지 않았다. 그가 신분과 계급의 장벽들을 부술 수 있었던 것은 오직 신앙적 권위였고, 하나님과의 만남에서 오는 힘이었다. 아무것도 가지지 않은 엘리야는 심지어 그와 대적한 왕에게 온 이스라엘을 한데 모을 것을 명하기까지 하였다.

엘리야는 여러 가지 별명으로도 불린다. "이스라엘을 괴롭히는 자"(열왕기상 18:17), "아합의 원수"(열왕기상 21:20), "몸에 털이 많고 허리에 가죽띠를 띤 사람"(열왕기하 1:8) – 이것은 민중의 전형적 모습으로 후에 세례 요한이 엘리야를 그대로 흉내 냈다. 그는 "재난을 선포하는 매우 비판적인 예언자"이며, 신출귀몰하고 치안능력을 유린하는 사람이며 갈멜산에서의 승리와 같이 영웅적 무용담의 주인공이다. 이러한 엘리야는 민중의 염원 속에 예언자의 전형으로 영원히 존재한다. 그가 죽지 않고 승천하는 것은 예수의 승천 기사의 원형이다. 민중은 갑자기 사라진 엘리야가 언젠가 불수레(열왕기하 2:11-12)를 타고 다시 와서 불의한 통치자를 진멸할 것이라고 생각한다. 사람들은 세례 요한을 보고 엘리야가 다시 왔다고 한다. 예수도 엘리야라고 부르기도 하고 죽은 세례 요한이 다시 왔다고도 한다. 바로 이것이 성서의 부활신앙, 역사 속에서 재연되는 부활신앙의 맥이다.

바알과의 투쟁

아합 왕 때는 이스라엘과 유다의 역사를 통틀어 국가의 중앙제의가 완전히 바알 제의로 바뀌어 버린 유일한 시기이다. 역사가가 이방신을 섬겼다고 왕들을 비난하더라도 야훼 종교의 순수성 차원에서 비난하는 것이지 국가의 중앙제의만큼은 여전히 야훼종교였다. 그러나 엘리아가 활동하던 아합 왕 때는 야훼신앙이 가장 혹독하게 시련을 겪었다. 이때 엘리야도 박해를 받았고, 당대의 예언자들은 죽임을 당했다. 엘리야는 가까스로 살아남아 요단강 가로 피신하였으며 까마귀가 물어다 주는 음식으로 연명하였다.

이 시기 종교적 충돌의 절정은 엘리야와 아합의 처인 이세벨의 대립으로 나타난다. 결혼동맹으로 아합의 처가 된 이세벨은 바알종교를 국교로 가지고 있는 페니키아(베니게)의 왕 에드바알 또는 이토바알(Itto-baal)의 딸이다. 고대 페니키아는 상업으로 발전한 나라이다. 이들은 지중해 상권을 장악하였고 스페인에까지 식민지를 둘 정도로 강성했다. 페니키아 문자는 지금 영어 알파벳의 기원이기도 하니 당시 그들의 영향력을 짐작할 수 있다. 바알종교는 상업적 논리를 대변하는 종교였다. 돈으로 무엇이든지 사고 소유할 수 있는 것이 바알종교의 사회제도였다.

반면 야훼종교는 철저하게 사회 평등을 유지하려 했다. 야훼종교는 사람에게 꼭 필요한 땅은 매매할 수 없게 했다. 땅을 사고팔면 소수가 땅을 독점할 수 있고, 땅을 소유하지 못한 사람들이 예속 상태에 빠지는 것을 막기 위해서다.

야훼 하나님은 모세를 불붙는 가시덤불로 불러서 처음으로 자신의 이름을 계시했다. 그 후 야훼는 이집트의 노예들을 해방하는 출애굽의 하나님으로, 광야의 혹독한 상황에서 백성의 생명을 지켜주시는 하나님으로, 가나안에 정착한 후에는 이스라엘에게 땅을 내려 주는 하나님이었다.

이런 특별한 역사적 사건과의 관련을 통해 기억되던 야훼 하나님은 가나안 원주민이 가졌던 엘, 엘로힘, 엘 샤다이, 엘 엘리온과 같은 '엘'(god)자 돌림의 가나안 토박이 신들을 수용해 나갔다. '야훼-엘로힘'과 같은 통합 형태의 이름은 야훼가 가나안의 토착신들을 흡수한 것을 보여준다. 그러나 결국에는 바알신앙과의 일전이 불가피해졌다. 바알종교는 이미 백성들에게 넓게 퍼져있었다. 이스라엘 사람들의 이름으로 여룹바알, 이스바알, 므비바알 등이 흔하게 나타나는 것은 민간에 바알신앙이 유행했다는 증거다. 바알신앙은 가장 끈질기게 야훼신앙과 대립하였다. 앞에 열거한 이름들은 후에 '수치'라는 뜻의 보셋(בשת)으로 바뀌어 여룹베셋(사무엘하 11:21), 이스보셋(삼하 2:8), 므비보셋(삼하 9:6)으로 바뀐다. 이들 이름의 변화는 민간 통속 신앙으로 유행하던 ○○바알의 이름이 ○○보셋으로 재평가 받았다는 역사의 변화를 담고 있다.

물론 초기의 왕들은 야훼신앙과 바알신앙을 혼합하려고 하였다. 그러나 이러한 혼합주의는 엘리야와 백년 후에 나타나는 호세아에 의해 강력한 제동이 걸린다. 이러한 대립은 이름에 그대로 나타난다. 엘리야가 "야훼는 나의 하나님이다"라는 뜻인데 비해 이세벨은 "바알은 어디 계시냐?"라는 뜻이다. 그래서 엘리야에게 맞서는 상대는 아합이 아니라 이세벨이다. 아합은 단지 조연일 뿐이다. 엘리야의 이야기는 마치 이세벨과 '네가 엘리야면 나는 이세벨이다.'고 서로 이름의 싸움을 벌이는 것 같다.

나봇의 피를 핥던 개가 네 피도 핥을 것이다.

바알 종교와의 대결은 나봇의 포도원 사건에서 첨예화한다. 바알 종교는 토지를 독점해 가는 종교다. 바알종교는 재산을 독점하고 대토지 소유를 얼마든지 가능케 한다.[1]

백성들이 멋모르고 성적 쾌락을 탐닉하는 종교에 빠져있는 동안 어느덧 자신들의 소유는 부자와 권력자들의 손아귀에 들어가게 된다. 그들은 마침내 허무에 복종케 되며 결과적으로 가족상실, 토지상실, 자기상실로 이어졌다.(열왕기하 17:15 이하)

이들은 나봇을 죽음으로 내몰고 그의 불경의 탓이라고 뒤집어 씌웠듯이 당시 민중이 당하는 고통을 내면적인 불경의 탓으로 돌린다(열왕기상 21:12-14). 이세벨은 땅을 빼앗기 위해 나봇을 살해하고 그가 야훼 하나님을 모독하였기 때문에 죽은 것이라고 말했다. 이것이 국가에서 공식적으로 발표한 나봇의 죽음의 이유다. 그러나 엘리야는 나봇의 억울한 죽음을 그대로 넘길 수는 없었다. 나봇은 누구보다도 야훼신앙에 충실한 사람이었는데 그가 하나님을 모독했다는 것은 무엇인가 잘못된 일이이라는 것을 직감했다. 그러나 아무도 아합과 이세벨의 폭정 아래서 감히 나서서 이야기할 수 없는 분위기였다. 엘리야도 깊이 고뇌하다가 그의 양심의 소리에 따르기로 결정한다. 그는 용감히 아합에게 나서서 외친다.

"네가 살인을 하고, 또 재산을 빼앗기까지 하였느냐? 나 주가 말한다. 개들이 나봇의 피를 핥던 바로 그곳에서, 그 개들이 네 피도 핥을 것이

---

1) 김경호, 『역사서, 새 역사를 향한 순례』 생명과 평화의 눈으로 읽는 성서 2권, 대장간, 2018, 885-104.참조

다."(열왕기상 21:19)

아무것도 가진 것 없는 엘리야가 무엇을 믿고 그리도 당당하단 말인가? 그는 최고의 폭군인 아합 왕 앞에 홀홀단신으로 나서서 외친다.

"나봇의 피를 핥던 개가 네 피도 핥을 것이다"

참으로 간담이 서늘해지는 선언이다. 신앙에서 나오는 힘만이 이런 선언을 가능케 한다. 재력과 권력, 보이는 권위로 사람을 압도하는 기세에 굴복하지 않고, 비록 쫓겨 다니며 까마귀가 물어다 주는 밥으로 연명할지라도 기죽지 않는다. 조금도 세상과 타협하지 않고 정정당당하게 그 길을 가는 것이 신앙인의 길이다. 만약 엘리야가 이런 증언을 하지 않았다면 나봇은 하나님을 모독한 죄명을 뒤집어쓰고 조용히 사람들의 관심에서 사라졌을 것이다. 그러나 엘리야의 도전은 왕을 비판적으로 보는 새로운 연대세력을 낳았다. 즉 민중은 물론이고 나봇과 같은 지방 호족세력, 엘리야, 엘리사와 같은 종교지도자 세력, 예후와 같은 군벌 귀족까지 합세하여 반(反)아합 전선을 낳았다. 감히 국가에 맞서고자 한 엘리야의 외침이 없었더라면 아합 정권은 승승장구(乘勝長驅)하고 야훼종교는 씨가 말랐을 것이다.

풍요의 종교

바알종교는 민간에게는 풍요의 종교로 통했다. 바알종교는 성(性, sexuality)을 성화(聖化)시키는 종교이다. 바알종교는 성이라든가 탐욕과 같은 인간의 본능을 자극한다. 일반 백성의 생각은 야훼는 출애굽사건에서 경험했듯이 역사를 주관하는 신이며, 농경과 관계한 풍요는 바알신의 영역이라 여겼다. 그래서 이스라엘 백성은 둘 사이에 적절한 병행과 혼합을 시도하였다. 아니, 가나안에 정착하여 농경민이 되면서 이들은 바알에게 귀속해 버렸다.

바알제의와 성적 결합

바알제의는 바알(남신)과 아세라(여신)가 결합하는 의식을 행한다. 이 예식에 참가한 사람들은 남녀가 성적 결합을 통해 신들의 결합을 재연했다. 이스라엘은 6개월 건기(4-9월) 후에 6개월 우기(10-3월)가 온다. 이들은 우기가 시작하는 시기에 내리는 단비는 남신이 대지에 정액을 뿌리는 것으로 여겼다. 대지가 신의 정액을 받으면 그 후로는 생명이 꽃피우게 되고 다시 생육과 풍요의 계절이 열린다. 메마른 대지에 물이 솟구치고, 그 물이 흘러서 새로운 생명이 일어나는 현상을 신과 대지의 성적 결합의 결과로 여겼다. 바알의 정기가 풍요를 가져다주며 모든 생물과 농경에 생기를 불어준다고 믿었다. 그리고 이러한 신화를 신전의 축제 행위로 재연하는 것이 바알제의였다. 제의에 참석한 사람들끼리 성적 교제를 통하여 농경에 필요한 인적 자원을 공급받았고, 아예 성전에는 남창과 여창이 고용되어 상주하고 있어 성적 흥분상태의 열광제의가 이루어졌다. 엘리야가 갈멜산에서 대결을 벌일 때, 바알과 아세라의 선지자들은 흥분과 열광 상태에서 자기 몸을 찢으며 춤을 춘다.

> 그들은 더 큰소리로 부르짖으면서, 그들의 예배 관습에 따라, 칼과 창으로 피가 흐르도록 자기 몸을 찔렀다. 한낮이 지나서 저녁 제사를 드릴 시간이 될 때까지, 그들은 미친 듯이 날뛰었다...(열왕기상 18:28-29)

고대 근동의 농경축제인 다산 제의는 죽었다가 다시 사는 자연의 순환을 종교화하였다. 여름 가뭄의 절정기에 식물이 죽고 땅이 타들어 갈 때 바알은 모트(죽음, 불임, 불모의 신)에 의해 살해된다. 이에 대해 최고의 신인 엘 신과 아낫(바알의 누이)은 바알의 시체를 발견하고 자기 몸을 찢으며 안타까워한다. 이런 현상은 엘리야 때 갈멜산에서 바알 선지자들이 자기를 자학하며 행한 것들과 같다. 그들은 바알의 회복을 위하여 성대한 희생제사를 드리며 그의 생명이 회복되기를 기다린다. 마침내 모트 신은 정복되고 바알의 부활 의식, 곧 생명의 힘이 죽음을 이기고 정기를 뿜으며 대지를 생명으로 충만케 하는 의식이 행해진다. 이런 신들의 이야기와 더불어 제의 참여자들이 어울려 성적 행위를 나눈다. 성스러운 결혼의식을 행하는 감각적 제의를 통하여 바알은 인간의 다산과 땅의 풍요를 지배하는 신으로 각인되며 본능적 욕망은 거룩한 예식으로 성화된다. 이런 축제는 자연의 흐름에 맞추어 긴 건기가 끝나고 다시 우기가 시작되는 시점에 신년축제로 행해진다.

성서 안에 가나안 성적 제의

　　이스라엘도 일찍이 이러한 풍속이 있었다. 엘리의 아들들이 신전 창기와 놀아났고, 또한 가나안 처녀들이 저희 신들을 음란하게 따르면서, 너희의 아들들을 꾀어, 자기들처럼 음란하게 그 신들을 따르게 만들 것을 엄격하게 경고한다. 또 신명기에 언급되는 여창과 남창의 규정은 직업적인 창녀와 남창이 아니라 성전에 상주하는 남창과 여창을 암시하며 이방 신을 따라서 신전 창기가 행한 성전의 비밀 제의를 금하는 암시가 여러 곳에서 언급된다.

내가 이제 너희 앞에서 아모리 사람과 가나안 사람과 헷 사람과 브리스 사람과 히위 사람과 여부스 사람을 쫓아내겠다…그러니 너희는 그들의 제단을 허물고, 그들의 석상을 부수고, 그들의 아세라 목상을 찍어 버려라. 너희는 다른 신에게 절을 하여서는 안 된다. 나 주는 '질투'라는 이름을 가진, 질투하는 하나님이기 때문이다. 너희는 그 땅에 사는 사람들과 언약을 세우지 말아라. 언약이라도 세웠다가, 그들이 자기들의 신들을 음란하게 따르며, 그 신들에게 제사를 드리면서 너희를 초대하면, 너희가 그 초대를 거절하지 못하고, 그리로 가서, 그 제물을 먹지 않겠느냐? 또 너희가 너희 아들들을 그들의 딸들과 결혼시키면, 그들의 딸들은 저희 신들을 음란하게 따르면서, 너희의 아들들을 꾀어, 자기들처럼 음란하게 그 신들을 따르게 만들 것이다.(출애굽 34:11-16)

이스라엘의 딸은 창녀가 될 수 없다. 또 이스라엘의 아들들도 남창이 될 수 없다. 창녀가 번 돈이나 남창이 번 돈은, 주 너희의 하나님의 성전에 서원을 갚는 헌금으로 드릴 수 없다. 이 두 가지가 다 주 너희의 하나님이 미워하시는 것이다.(신명기 23:17-18).

그리고 므낫세 치하에는 야훼의 성전에도 남창, 여창과 같은 것이 있었다고 한다. 이런 종교 혼합은 바알종교가 가진 자극적인 요소로 인하여 심각하게 야훼신앙을 훼손하고 대중 속으로 잠식해 들어갔다.

"너의 집 문과 문설주 뒤에는
우상을 세워 놓았다.
너는 나를 버리고 떠나서,

옷을 다 벗고,

네가 좋아하는 자들과 함께

알몸으로 침상에 올라가

자리를 넓게 폈다.

너는 그들과 함께 자려고

화대를 지불하고,

거기에서 정욕을 불태웠다.

너는 또 몰렉에게 가려고,

몸에 기름을 바르고

향수를 듬뿍 뿌렸다…"(이사야 57:8-9)

여로보암이 황소 상을 이용하여 야훼를 바알이라고 하더니, 드디어 아합 때에는 바알예배가 야훼의 제의와 동시에 거행되었다. 그리고 유목민의 신, 해방의 신인 야훼는 농경 방면에는 힘이 없기 때문에 백성들은 다산과 증산을 주관한다고 믿는 바알을 떠받들었다.

엘리야의 등장

열왕기서에 엘리야는 가뭄의 예고와 함께 등장한다. 엘리야의 제일성(第一聲), 그의 첫 번째 외침을 들어보자.

길르앗의 디셉에 사는 디셉 사람 엘리야가 아합에게 말하였다. "내가 섬기는 주 이스라엘의 하나님께서 살아 계심을 두고 맹세합니다. 내가 다시 입을 열기까지 앞으로 몇 해 동안은, 비는커녕 이슬 한 방울도 내리지 않을 것입니다."(열왕기서 17:1)

엘리야가 오랜 가뭄을 불러온 까닭은 바로 이러한 민간신앙을 차단하기 위함이다. 물이 땅과 만나 증산을 가져온다는 성적 이미지가 제거되어야 했다. 오랜 가뭄 아래서 이러한 이미지들은 힘을 잃게 된다. 페니키아의 바알은 가나안의 풍요신과는 다른 것이라는 견해가 지배적이었다. 그러나 근래에 와서 라스 샤므라(Ras Schamra)에서 발굴된 문서에 의해 페니키아의 바알이 가나안의 풍요신보다 훨씬 강대한 힘을 가진 신으로 숭상되었다는 것이 판명되었다.

바알신은 땅을 점령하고 소유해 나간다. 바알 신앙이 들어간 곳은 지명 자체가 바뀌어 바알브올(민수기 25:3), 바알 갓(여호수아 11:17), 바알 헤르몬(사사기 3:3) 등으로 나타난다. 이스라엘에서 이런 지명들이 많이 나타나는 것은 이미 이스라엘이 바알 신앙에 깊이 물들었다는 것을 보여준다.

바알(בעל)이란 말이 소유자, 주인이라는 뜻이므로 '바알 브올'하면 브올의 소유자, 브올의 주인이라는 말이다. 당연히 이런 명칭은 떠돌이나 유목민에게 붙이지 않고 지주나 정착민에게 붙인다. 바알은 땅의 소유자를 축복하고 그들의 권한을 무한히 신적 권위로 보호해 나간다. 바알은 땅을 가진 사람들의 종교이다. 그들을 축복하고 그들의 권리를 무한정 보호해 준다. 바알 신앙은 지주들의 농업, 가축, 인종의 다산을 지배하고 축복한다. 이교신앙의 전파와 더불어 사회적 계급화는 빠르게 진행되었다.

갈멜산에서의 대결

오랫동안 가뭄이 이어지자 엘리야는 비와 풍요를 가져다준다는 바알과 아세라의 예언자들을 불러 모아 대결한다. 바알과 아세라 선지가

850명이 집단으로 발광하여도 내리지 않던 비가 엘리야가 웅크리고 앉아서 얼굴을 무릎 사이에 묻고 야훼 하나님께 기도할 때, 먹구름이 몰려오고 큰 비가 내렸다(열왕기상 18:45). 마침내 사람들은 땅에 엎드려 "야훼가 신이다."라고 외쳤다.

엘리야는 바알(남신)의 예언자들, 아세라(여신)의 예언자들만 없어지면 모든 일이 해결될 것이라고 생각했다. 사람들의 판단을 흐리게 하는 거짓 예언자들, 그들로 인해 나라가 엉망이 되었다고 생각했을 것이다. 그래서 그는 갈멜산에서 세기의 대결을 펼쳤다. 엘리야 단신으로 벌인 운명의 대결이었다. 그리고 극적인 승리를 거두었다. 성서에 이 갈멜산의 승리만큼 드라마틱한 장면은 흔하지 않을 것이다.

이제는 야훼가 물을 내리는 하늘이자 동시에 물을 흡수하여 각종 "산물을 내는"(창세기 1:12) 대지의 신이라는 것이 증명되었다. 마침내 해방자 야훼는 농민의 신이며 그들에게 풍요를 가져오는 대지의 정당한 소유자(바알)로도 인정받게 되었다. 우리들이 좋아하는 갈멜산의 영웅적인 무용담은 야훼야말로 농민들의 하나님이시라는 것을 확인해 주는 승리였다.

그러나 어떠한가? 그 후 새 세상이 왔는가? 아니다. 거짓 예언자들을 모두 숙청해 버리면 야훼 하나님만을 아는 새 세상이 오리라고 생각하였는데 예상은 완전히 빗나갔다. 왕비인 이세벨은 혈안이 되어 엘리야를 죽이려고 찾아다니고 오히려 승리자인 엘리야는 남쪽 광야로 도망가는 신세가 되어버렸다.

시내산을 찾아간 엘리야

밤낮 사십일을 걸어 엘리야가 도착한 곳은 시내산이었다. 시내산은 갈멜산에서 지도상 직선거리로만 약 500킬로미터 이상 떨어진 곳이고 광야로 이어지는 끝없는 돌산에 꼬불꼬불 길을 따라가면 그 길이는 배나 늘어난다. 이 길을 엘리야는 맨손으로 급하게 도망쳤다. 시내산은 끝없는 돌덩어리의 광야 가운데 우뚝 솟은 산이다. 2300미터 높이의 돌산은 엄청난 바위들의 연속이다. 시나이(시내) 반도 전체가 황량한 길이다. 밤낮 40일! 이것은 그냥 그만큼 떨어진 거리를 뜻하는 것이 아니다. 목숨을 내어놓은 행군이다. 엘리야는 물 한 방울, 그늘 하나 없는 땡볕 사막 길을 40일 주야로 걸어서 마침내 시내산에 당도하였다. 엘리야는 왜 이렇게 죽기를 무릅쓰고 시내산 행을 감행했을까? 시내산이 뭐길래?... 시내산은 나무 하나 없이 볼품없는 산이지만 구약의 역사를 보면 그럴만한 산이었다.

출애굽 전승과 시내산 전승의 출발지

여기서 잠시 성서 안에 커다란 흐름을 짚어보자. 성서의 첫 다섯 권인 오경을 해석하는 몇 가지 방법이 있는데, 그 중 하나가 바로 전승 연구다. 이에 비추어 보면 오경의 주요한 전승은 출애굽 전승과 시내산 전승으로 나눌 수 있다.

출애굽 전승은 모세의 부르심, 파라오(바로왕)왕과의 싸움, 열 가지 재앙, 바다를 가르는 기적, 구름기둥, 불기둥, 만나, 메추라기 등 놀라운 기적 이야기로 연결되는 민족 형성의 원초적 체험의 이야기들이다. 그 출애굽 전승이 시작한 곳이 바로 시내산이다. 출애굽기 3장에 호렙산(시내산의 다른 이름)에서 모세는 불붙는 가시덤불의 경험을 하고 하나님께로부터 히브리 백성을 구원하라는 명령을 받는다. 이 거룩한 산에서 출애굽의 웅지가 싹트고 그 뜻대로 히브리 백성들을 이집트에서

끌고 나와 다시 시내산에 당도하는 여정의 이야기가 출애굽 전승이다.

또한 시내산은 시내산 전승이 시작되는 곳이기도 하다. 백성들이 시내산에 당도하자 하나님은 이곳에서 이스라엘 백성과 더불어 계약을 맺는다(출애굽 19장). 성서는 십계명(출애굽 20장)으로 시작하여 민수기 10장까지 이르는 광대한 법률전승을 시내산에서 맺은 계약의 내용으로 제시하기에 이를 시내산 전승이라고 부른다.

이와 같이 오경의 핵심인 두 전승이 모두 시내산에서 출발한다. 시내산은 이스라엘의 신앙과 역사가 출발하는 성산이다. 엘리야가 목숨을 내걸고 시내산으로 들어간 것은 바로 이 때문이었다. 엘리야는 외적인 살해 위협과 내적인 절망감 앞에 비상한 결단이 필요했다. 모든 힘이 고갈된 엘리야는 영적 확신이 필요했다. 그래서 야훼 하나님을 직접 만나 그분을 확인하고 싶었을 것이다. 엘리야는 목숨을 걸고 하나님을 만나기 위해 성산(聖山) 시내산으로 갔다.

미세한 음성 가운데 하나님을 만나다

엘리아는 화산 중에 하나인 시내산에서 바람과 지진과 불은 경험 했지만 그 가운데서 하나님의 모습은 만날 수 없었다. 하나님은 강한 바람 속에도, 지진 속에도, 불 가운데도 계시지 않았다. 많은 사람들이 이 구절을 알레고리적으로 해석한다. 그럴듯하게 바람은 무엇을 뜻하고, 지진은 무슨 뜻이라고... 할 수 있다. 그러나 하나님께서 이스라엘 백성들에게 시내산에 나타나서 계약을 맺는 장면을 보자.

마침내 셋째 날 아침이 되었다. 번개가 치고, 천둥소리가 나며, 짙은 구름이 산을 덮은 가운데, 산양 뿔 나팔 소리가 우렁차게 울려 퍼지자, 진에 있는 모든 백성이 두려워서 떨었다. 모세는 백성이 하나님을 만날 수 있도록 진으로부터 그들을 데리고 나와서, 산기슭에 세웠다. 그 때에, 시내 산에는, 주님께서 불 가운데서 그 곳으로 내려오셨으므로 온통 연기가 자욱했는데, 마치 가마에서 나오는 것처럼 연기가 솟아오르고, 온 산이 크게 진동하였다. 나팔 소리가 점점 더 크게 울려 퍼지는 가운데, 모세가 하나님께 말씀을 아뢰니, 하나님이 음성으로 그에게 대답하셨다.(출애굽기 19:16-19)

엘리야는 하나님께서 모세와 이스라엘 백성에게 나타나셨던 것과 같이 자신에게 나타나 주시기를 간구하였다. 그러나 하나님은 아무런 응답이 없었다. 시내산에서 율법을 주셨을 때 나타났던 증거들인 바람, 지진, 불은 있었지만 그 어느 표적들 가운데에도 하나님은 만날 수 없었다.

조용하고 세미한 음성

우리는 흔히 어떤 표적을 요구한다. 외적으로 드러나 보이는 증거들을 요구한다. 어떤 깜짝 놀랄만한 일들이 일어나서 나의 연약한 믿음을 붙들어 주고 확신을 줄 수 있기를 간구한다. 엘리야도 그런 증거를 요구했다. 그는 확신을 얻기 위해 목숨을 걸고 시내산까지 왔다. 그러나 하나님은 거기 계시지 않았다. 오히려 엘리야는 세미한 소리, 부드럽고 조용한 소리 가운데서 그토록 찾던 하나님을 만났다. 그가 기대했던 요란하고 극적인 징조 속에는 하나님이 계시지 않았지만 이미 각 사람의 마음에 심어 주신 조용하고 세미한 음성을 통해 하나님은 말씀하셨다.

엘리아를 다시 일으키는 힘은 바람, 불, 지진의 외적인 징조가 아니라 자신의 내면에서 들려오는 것, 외부의 조건들, 그가 저울질 하는 물리적 가능성이 아니라 오직 하나님 앞에 홀로서서 그분의 말씀을 듣는 것에서 온다. "조용하고 세미한 음성"은 피를 흘리게 하고 자해하고 광란하는 바알 예언자들의 행위와 대조를 이룬다. 한국교회의 떠들썩한 통성기도와 몸부림, 외침의 열광적 분위기 속에 진정한 깨달음이 올 수 있을까? 신천지와 일부교회의 모임에서 코로나-19 감염자가 많이 나오는 것도 한국교회의 통성기도과 열광적인 분위기와 무관하지 않을 것이다.

참된 기도는 하나님의 말씀을 듣는 것이다. 내가 중심이 되던 삶을 하나님을 중심으로 옮기기 위해 성찰하는 것이다. 내가 일방적으로 나의 주문과 소원을 나열하는 것이 기도가 아니다. 우리가 필요한 것은 이미 하나님께서 미리 알고 내려주신다. 우리가 기도한 것만 하나님께서 우리에게 주신다면 아마도 우리는 지금 생존하지 못했을 것이다. 우리는 내게 무엇이 필요한지 조차 제대로 알지 못한다. 하나님께서는 내가 미처 구하지 못한 것까지 우리에게 챙겨주셨기에 우리가 오늘 존재할 수 있었다. 어느 때는 목숨을 걸고 간구하지만 사실 그것이 우리에게 독이 되는 길일 수도 있다. 기도는 내가 마치 주문목록을 하나님께 열거하듯 늘어놓는 것이 아니라 우리의 욕심을 비우고 그분의 말씀을 듣는 행위다. 하나님께 절대 순명할 준비를 갖추는 것이 기도이다.

바른 기도는 기도의 초점이 드리는 그분에게 맞추어져 있다. 자기의 욕구를 만족시키기 위해서 하나님을 찾는 것이 아니라 하나님을 궁극적인 존재로 알고 그분을 존경하고 그분의 뜻을 찾는 것이 기도이다.

시내산의 계시

시내산까지 도망간 엘리야는 모두 죽고 나 혼자 살아남았다고 하나님께 호소한다.

> 나는 이제까지 주 만군의 하나님만 열정적으로 섬겼습니다. 그러나 이스라엘 자손은 주님과 맺은 언약을 버리고 주님의 예언자들을 칼로 쳐죽였습니다. 이제 나만 홀로 남아있는데, 그들은 내 목숨마저도 없애려고 찾고 있습니다.(열왕기상 19:14)

"이제 나만 홀로 남아있다"는 것이 엘리야의 생각이었다. 그래서 죽기 살기로 시내산까지 목숨을 건 행군을 한 것이다. 아니 솔직히 이야기하면 이세벨을 피해 도망 온 것이었다. 하나님은 이런 엘리야에게 말씀하셨다.

> 너는 돌이켜, 광야 길로 해서 다마스쿠스로 가거라. 거기에 이르거든, 하사엘에게 기름을 부어서, 시리아의 왕으로 세우고, 또 님시의 아들 예후에게 기름을 부어서, 이스라엘의 왕으로 세워라. 그리고 아벨므홀라 출신인 사밧의 아들 엘리사에게 기름을 부어서, 네 뒤를 이을 예언자로 세워라.(열왕기상 19:15-16)

얼마나 기막힌 명령인가? 이스라엘의 왕을 세우고, 게다가 이웃나라의 왕까지도 새로 세우라는 명령을 주셨다. 자기 목숨 하나를 건지기 위해 여기까지 달려온 엘리야에게 하나님은 얼토당토않은 목표를 제시하신다. 지금 엘리야의 꼬락서니를 보면 도저히 그 일을 이룰 것 같지가 않다. 허황한 명령이거나 황당한 망상으로 보인다. 자신의 코가 석자나 빠져 목숨 걸고 시내산으로 피난해온 사람, 자포자기하고 있는 엘리야에게 너무나도 엄청난 일을 명하신다.

남겨진 칠천 명

엘리야는 모든 백성이 배교했다는 절망 가운데 광야로 나올 수밖에 없었다. 그러나 하나님은 결정적으로 그에게 한 가지 숨은 사실을 알려주셨다.

> 나는 이스라엘에 칠천 명을 남겨 놓을 터인데 그들은 모두 바알에게 무릎을 꿇지도 아니하고 입을 맞추지도 아니한 사람이다.(열왕기상 19:18)

그들이 어디 있다는 말인가? 그렇다면 혼자 외로운 투쟁을 하는 엘리야를 그렇게까지 놔두었단 말인가? 오죽하면 까마귀가 물어다 주는 음식으로 연명하게 했단 말인가? 누군가 친구하나라도 있었다면 죽음을 각오하고 시내산까지 오지 않았을 수도 있었다. 칠천 명은커녕 그 주변에 일곱 명이라도 남아있었더라면 그는 절망하지 않았을 것이다. 우리는 종종 엘리야와 같이 절망의 수렁에서 헤멜 때가 있다.

예수께서도 아무런 생활의 대책 없이 노숙하며 그날 먹을 양식을 얻기 위해 분주한 민중에게 "먼저 그의 나라와 그의 의를 구하라 그리하면 이 모든 것을 너희에게 더하실 것이다"라고 하셨고 "내일 염려는 내일에 맡기라"고도 하셨다. 우리는 "내 코가 석자인데, 당장의 걱정으로 숨쉴 수도 없는데, 어떻게 그런 기도를 드릴 수 있느냐"고 반문한다. 그러나 이것이 우리가 하나님께 구하는 원칙이다. 먼저 하나님 나라의 의를 구하는 것이 우리의 할 일이요, 나의 필요한 것을 채워주시는 분은 하나님이시라는 믿음이다. 우리가 구하는 것은 그 순서가 뒤 바뀌었다. 매일 하나님은 보지 못하고 제 욕심만을 구한다.

엘리야를 도울 칠천 명을 남겨 놓았다는 것은 무슨 뜻인가? 여기서 칠천 명은 상징적 숫자이다. 숫자로 칠천 명이 아니라 모든 것을 이루는 완전 숫자이다. 하나님은 엘리야에게 "네가 의롭게 행했는데 왜 걱정하느냐고 물으신다. 우리의 행위가 올바르면 하나님은 항상 우리 뒤에 헤아리지 못하는 칠천 명, 아니 칠만 명, 칠천만 명을 남겨 놓으신다."는 것을 일깨운다. 엘리야는 큰 깨달음을 얻었다. 자신이 놓친 것, 정의에 대한 확신, 하나님에 대한 믿음이다. 그는 시내산까지 와서야 하나님의 말씀을 깨닫고 돌아갔다. 시내산을 떠나는 엘리야는 확신에 차서 돌아가지만 그가 시내산으로 향할 때와 비교해서 마른 지팡이 하나라도 새롭게 손에 쥔 것은 없었다. 하지만 그의 마음에 하나님의 말씀을 얻고 돌아간다.

광야 : 말씀을 얻는 땅

히브리어로 광야를 미드바르(מדבר)라고 한다. '다바르'(하나님의 말씀)라는 명사 앞에 '민'(~로부터, from)이라는 전치가가 합성된 단어이다. 이는 광야는 '하나님의 말씀을 경험하고 하나님의 역사(사건)를 체험하는 곳이라는 뜻이다. 광야는 나무나 풀 한포기 없는 아무 것도 없는 땅이지만 그곳에는 하나님의 말씀이 있는 곳이고 하나님의 역사가 일어나는 곳이다. 엘리야는 아무 것도 없는 광야지만 거기서로부터 하나님의 말씀을 얻었다. 하나님의 말씀을 얻은 엘리야는 그의 제자인 엘리사를 통하여 말씀을 사건으로 이루게 된다. 놀라운 하나님의 역사가 광야로부터 나온다.

한 사람이 완전히 자기 자신을 하나님 앞에 내어놓고 죽기를 각오하고 나갈 때 그를 통해 하나님은 놀라운 역사를 이루신다. 비록 지금 우리 손에 잡히지 않고, 우리의 눈에 뜨이지는 않지만 우리가 하나님 앞에 진정성을 가졌다면, 하나님 앞에서 부끄러움 없이 올바로 행했다면, 하나님께서는 언제나 숨어 있는 지지자들을 예비해 놓으신다. 문제는 우리 자신에게 있다. 눈에 보이는 숫자만을 보고 기가 꺾여, 대중성이니 뭐니 둘러대다가 결국 기본 원칙마저 잃어버리기 일쑤이다. 그러다가 마침내는 우리가 비난 하던 자들과 비슷한 모양을 하게 된다.

문제는 우리가 진정성을 가지고 행할 수 있는가이다. 우리 안에 하늘이 무너지더라도 움직일 수 없는 참다움이 있다면, 우리 안에 하나님의 의가 살아 맥박치고 있다면 우리는 하나님께서 예비하신 숨은 칠천 명을 만나게 된다. 우리 눈에 안 뜨여도 지금은 망한 것 같이 보여도 하나님의 의가 패배한 적은 없다. 그분의 정의가 우리 안에 살아있다면 지금은 확인되지 않는 칠천 명이지만 언젠가 반드시 나타나리라. 아마 엘리야는 이런 확신을 가지고 돌아갔을 것이다. 후에 엘리야는 그의 제자인 엘리사를 통하여 그의 꿈을 현실로 이루게 된다. 아무것도 없는 곳에서도 하나님은 역사 하신다.

잠재적 내부자, 잠재적 외부자

초대교회가 성장한 원인 중에 잠재적 내부자(Potential insider)라는 이론이 있다. 지금은 공동체 밖에 사람이지만 내적으로 동의한다는 확신을 가진 사람들을 '잠재적 내부자'라고 하며, 이들이 바울선교의 동력이기도 했다.

필자가 향린교회에서 목회할 때, 향린교회는 군사독재와의 투쟁, 민주화, 통일운동의 선두에 선 교회였다. 그때 많은 사회저명인사들이 모두 "나도 전에 향린교회에 나갔다."라고 말하는데 의아했다. 저렇게 많은 사람들이 교회에 왔었는데 다 어디갔는가? 향린교회가 3~4백 명 정도의 교인인데 스스로 교인이었다고 하는 사람들이 "저렇게 많았나?" 하고 놀라곤 했다. 그런데 그 사람들이 진짜 교인이었나를 과거 교인 명부를 찾아보니 없었다. 아마 그 때 일반 사회에서 허용이 되지 않았던 집회들을 향린교회에서는 할 수 있었기 때문에 그런 모임에 한번이라도 참석한 사람들은 "내가 전에 향린교회에 나갔다", "나는 향린교인이다"고 말하는 것을 알게 되었다. 틀리지 않은 말이다. 만약 향린교회가 지탄받을 교회면 그 사람들이 그렇게 표현했겠는가? 아마 감추려 했을 것이다.

교회가 하나님 앞에 올바른 행보를 보일 때, 직접 이 교회의 교인이 되는 일은 힘들 수 있다. 매일 달콤하고 듣기 좋은 말을 하며 복 받으라는 주문을 쏟아내는 교회와는 달리 좀 부담스러울 때도 있을 것이다. 그러나 그 교회가 끝까지 정당성을 지켜간다면 하나님은 우리 뒤에 숨겨진 칠천 명, 아니 칠 천 만 명을 내어 놓으실 것이다.

지금 한국에는 어마어마한 규모의 교회들이 수없이 많다. 그날 모인 교인들이 이 만 원 씩만 헌금한다면 그 다음 날 140억 짜리 빌딩을 살 수 있는 교회도 있다. 나는 그런 교회들이 건강하고 참 좋은 교회들이 되기를 바란다. 그러나 지금 같이 자기 자리를 세습하고 온갖 부정과 비리로 상식이하의 길을 간다면 수 십 년 후에는 아무도 내 놓고 우리 부모가 그 교회 장로였고, 권사였다고 이야기 하지 않을 것이다.

지금은 장대하나 그들이 하나님의 의를, 정당성을 상실한다면 지금은 내부에 사람들이지만 그들이 모두 잠재적 외부자(Potential outsider)가 될 수 있다. 그 때 역사의 평가는 모든 것을 뒤 바꾸어 놓게 될 것이다.

우리 안에 의가 있다면 보이는 숫자가 다는 아니다. 지금은 매우 적은 숫자이지만 참다운 신앙인의 길을 가고자 하는 사람들이 있다면 하나님께서는 그들을 기억하시고 그들을 통해 마침내 기독교 전체를 그리고 이 세상을 바꾸어 갈 것이다.

항상 하나님 뜻 안에 올 곧게 정당하게 나아갈 때 그 때 그 때 숨긴 칠천 명을 우리에게 내어 주신다. 보이는 숫자가 문제가 아니라 얼마나 하나님 뜻에 합당한 존재가 되는가가 문제다.

함께 생각 나누기

* 나봇의 포도원 사건이 가지는 의미에 대해서 이야기해 봅시다.

* 바알 종교의 성격에 대해서 이야기해 봅시다.

* 홀로 바알종교와 싸운 엘리아의 고독과 아픔에 대해서 생각해 봅시다.

* 현재 한국교회의 모습과 당시 종교에 대해서 생각해 보고 참다운 교회의 생
  명력은 무엇일까? 신앙인들의 진정성은 무엇을 통하여 나타날까에 대해서
  이야기해 봅시다.

우리가 꿈꾸는 교회

한국교회가 사회의 소금과 빛이 되기는커녕 많은 사람들의 지탄 대상이 되고 있다. 기독교를 짐승의 이름에 빗대어 부르는 지경에까지 이르렀다. 연일 언론 매체에서는 이제 갈 데까지 간 기독교의 모습을 폭로하고 있는데도 교회는 사회의 비난과는 상관없다. 문제를 일으키고 있는 대형 교회는 얼마든지 풍요를 누릴 수 있기에 끄떡도 하지 않는다. 교인의 머릿수는 성령이 함께 하시는 증거로 인정되며 예산의 크기는 목회자나 교인들의 능력을 평가하는 잣대가 된다. 재력이 있는 교회는 요람에서 무덤까지 교인들에게 각종 편의를 제공하고 대형 버스로 골목골목 훑어오며 편리함을 추구하는 현대인들을 끌어들인다. 그러나 과거에 이미 그런 길을 갔었고 대 건축물의 위용을 한껏 자랑했던 유럽의 대 교회들은 지금은 관광객만이 드나드는 골동품이 되었다.

지난 2007년도 11월 마지막 주일을 기억해 본다[2]. 들꽃향린교회가 창립 3주년을 맞아 교우들 모두가 강남향린교회로 와서 연합예배를 드렸다. 분가 3년 만에 들꽃향린교회가 완전히 자립할 수 있다고 판단했

---

2) 강남향린교회가 2004년 11월 마지막 주일에 교인 15%를 떼어 들꽃향린교회를 분가시키고 당시 담임목사이던 김경호 목사를 파송하였다. 삼년 후 분가선교 성취를 감사하는 예배를 드렸다.

다. 그래서 분가 선교의 성취를 감사드리는 연합예배를 모교회인 강남향린교회당에서 드렸다.

그간 두 교회 모두 많은 어려움이 있었다. 그러나 그날 예배 시작 전에 1, 2층을 가득 메웠고 마음은 벅차올랐다. 이미 예배 시작 전에 여기저기서 눈시울이 붉어지고 흐느끼는 소리도 들려왔다. 벅찬 감격으로 온 교우들이 눈물을 흘릴 수 있는 예배야 말로 참으로 진정한 예배다. 우리 삶에서 이런 감동의 예배를 몇 차례 드릴 수 있다면 그 사람의 신앙생활은 성공한 것이다. 그 예배를 통해 양 교회 모두가 그동안의 불안감과 위축되었던 마음을 일소하고 모든 것을 극복할 수 있다는 자신감을 확인했다. 두 교회 모두 합하면 분가(분립개척) 당시보다 예산도 두 배요, 교인 숫자로도 분가이전 보다 훨씬 많은 숫자가 모였다. 이로써 분가가 매우 성공적인 결과를 가져왔다는 것을 확인하였다.

그 이후에 두 교회에 여러 가지 부침(浮沈)이 있었지만 지금도 여전히 같은 생각이다. 만약 분가를 하지 않고 강남향린교회만 존재했더라면 그동안 두 교회가 이루어낸 것보다 더 큰 역할을 감당했으리라고 생각지 않는다.

제가 강남향린교회를 다시 부임한 것은 강남향린이 처한 어려움을 극복해 보려했기 때문이다. 강남향린, 들꽃향린은 제 삶이고 인생의 전부다. 제가 강남향린에 다시 온지도 벌써 2년이 되어간다. 이런 저런 외부적 방해들로 인해 이제 겨우 예배 처소를 마련한 셈이다. 제가 그냥 목표 없이 강남향린에 온 것은 아니기 때문에 앞으로 남은 시간이 점점 짧아지고 있다는 생각에 마음이 조급하기도 하다. 저는 강남향린교회가 처음 꿈꾸던 목회와 선교를 이어가고 교회의 규모도 회복해야겠다는 목표를 가지고 있다.

2004년에 분가선교를 할 때, 많은 분들이 우려하였다. 몇몇 가정은 분가선교 이전에 교회를 떠나기도 했다. 작은 교회가 그나마 분가하면 두 교회가 다 망하는 것 아니냐는 염려, 목사 장로임기제에 대한 염려였다. 공교롭게도 강남향린과 들꽃향린 두 교회가 모두 창립 이래 가장 힘든 시간들을 보내고 있다. 하지만 인간적인 기우(杞憂)가 승리하느냐 우리가 세웠던 거룩한 뜻들이 승리하느냐는 역시 오늘 우리들 앞에 놓여 있는 선택이다.

강남향린과 우리가 분가한 들꽃향린이 거두는 열매는 단지 물리적인 숫자로 셈할 수 없는 놀라운 하나님의 역사이다. 향린에서 강남향린이 분가한 것이나, 강남향린에서 들꽃향린이 분가한 것은 교회 성장주의를 거스르는 일대 사건이었기에 교회에 큰 변화의 모델이었다. 이는 한국교회를 변화시킬 싹이었다. 단지 교회의 물리적 변화를 넘어서서 질적으로 변할 수 있는 조그마한 그루터기였다.

예레미야는 성전 앞에서 설교했다. 이스라엘 사람들은 오랜 순례행진 끝에 마침내 성전에 도착해서, 감격에 넘쳐서 땅에 입 맞추며 "이것이 하나님의 성전이다"고 외친다. 그러나 예레미야는 찬물을 끼얹는다.

'이것이 주님의 성전이다, 주님의 성전이다, 주님의 성전이다' 하고 속이는 말을, 너희는 의지하지 말아라.(예레미야 7:4)

예레미야는 순례의 마지막 지점인 성전에 도착해 감격하는 사람들에게 "속이는 말을 의지하지 말라"고 하며, "참다운 성전은 무엇인가? 너희가, 모든 생활과 행실을 참으로 바르게 고치고, 참으로 이웃끼리 서로 정직하게 살면서, 나그네와 고아와 과부를 억압하지 않고, 이 곳에서 죄 없는 사람을 살해하지 않고, 다른 신들을 섬겨 스스로 재앙을 불러들이지 않아야 한다... 그렇지 않으면 실로의 성전이 무너진 것처럼 돌 위에 돌 하나 남지 않고 무너져 내리리라"고 경고한다.

한동안 서구사회를 온통 지배했던 서구 교회는 현재 텅텅 비었다. 웅장하게 지은 교회당들은 관광객들이 구경거리로 삼는 이상의 역할을 하지 못한다. 그러나 독일에서는 2년에 한 번, 일주일씩 계속하는 '교회의 날'이라는 큰 행사를 한다. 이 때 수십만의 젊은이들이 운집한다. 이러한 현상은 젊은이들이 종교를 버린 것이 아니라, 주어진 기득권에 안주하며 당대를 살아가는 사람들이나 기성교회를 거부하거나 불만을 드러낸 것이다.

이러한 현상은 한국교회 속에서도 나타나고 있다. 교회가 아무리 공격적으로 전도해도 한국 교회의 절대 기독교 인구는 이미 줄고 있다. 당연한 결과다 세상이 교회를 비난하는데 교회가 성장한다면 그것이 더욱 이상한 일이다. 더욱이 젊은 세대들이 교회를 외면한다. 그러나 교회가 역사 속에서 자기의 몫을 감당한다면, 어느 날 광화문에 수십만의 인파가 촛불을 켜들고 모여든 것처럼 떠나갔던 젊은이들이 다시 돌아오게 될 것이다. 교회가 순수하게 역사의 제물이 될 각오로 십자가를 지고 순교하고자 한다면 그때라야 비로소 부활의 기쁨도 맛보게 될 것이다.

(강남향린교회 강단 중에서)

05

조직적 혁명가 엘리사

이스라엘 역사에서 예언자들이 출현하는 시기에는 공통점이 있다. 백성 전체가 못살고 가난할 때는 예언자들이 나타나지 않는다. 그러나 경제적으로 부가 넘치고 국력이 왕성한 시기에 예언자들이 나타난다. 참 역설적이다.

예언자의 출현 시기

다윗-솔로몬 왕조 때는 이스라엘이 고대 근동을 호령하던 때이다. 그 때 나단이나 갓과 같은 예언자들이 활동했다. 그러나 왕조가 분열되고 국력은 기울어졌다. 나라가 가난할 때는 이렇다 할 예언자가 없다. 그러나 약 백년이 지나서 북 왕국 이스라엘은 다시 한 번 전성기를 누린다. 엘리야와 엘리사가 등장한 시기이다. 이 때는 오므리 왕조인 아합의 시대로 정치경제적으로 최고 전성기를 이룬다. 아시리아 자료에 보면 오므리 이후 약 100여 년간 이스라엘을 "오므리의 집"또는 "아합의 집"이라고 부른다. 그 후 다시 국력이 쇠퇴했는데 나라 전체가 못 살 때는 예언자가 나타나지 않는다.

그 후 약 150년이 지난 다음에 다시 한 번 남, 북 왕국 모두가 전성기를 맞이한다. 북 왕국의 여로보암 2세와 남 왕국의 우시야 시대다. 이 때 다윗왕조 못지않게 영토는 확장되고 부는 늘어났다. 바로 이 때 북 왕국에서는 아모스와 호세아, 남 왕국에서는 이사야, 미가 등의 걸출한 예언자가 등장한다.

다같이 못살고 어려울 때는 오히려 용기를 북돋아 주어야 하기 때문에 비판을 주로 하는 예언자의 메시지는 사라진다. 하지만 경제적 여유가 생겨 빈부 차이가 나타나면 그들이 가지고 있는 본래 신앙 모습과 인간성들이 폭로된다. 그리고 말로만 그럴듯하던 허울 좋은 신앙은 본색을 드러난다. 그들은 항상 하나님을 앞세우지만 자신들의 이익이 지켜지는 한에만 하나님을 찾고 이용할 뿐이다. 예언자들은 이를 신랄하게 비판하며 야훼 하나님을 향한 신앙의 순수성을 촉구한다.

엘리사와 그의 시대

이스라엘은 고대 근동의 왕정 제도에 저항하며 세워진 평등한 공동체였다. 그러나 다윗과 솔로몬에 의해서 그들이 벗어나고자 했던 절대 왕정체제가 다시 이스라엘 안으로 들어왔다. 그리고 남 왕국은 다윗-솔로몬 왕조의 체제를 계승했다. 이에 반발이 일어났다. 여로보암이 일어나 북 왕국을 세웠다. 이는 절대왕권, 세습왕조를 확립하려는 시도에 반대하여, 옛 지파의 평등 전통을 다시 받아들이는 일이었다.

일찍이 다윗왕조신학의 토대 위에 세워진 남 왕국은 비교적 안정적으로 정권을 유지하였다. 그러나 이에 반기를 들고 왕이 된 여로보암도 평등사회의 이념을 너무 쉽게 버리고, 너무 빠르게 남 왕국의 모습을 따라갔다. 이에 북 왕국의 민중은 크게 실망하고 여로보암과 맞선다. 북 왕국을 창건했던 예언자 아히야도 여로보암의 배신을 신랄하게 비판하며 심판의 메시지를 내린다. 그리하여 "그도 여로보암의 길을 따랐다"는 관용구는 북 왕국의 모든 왕들을 평가할 때마다 성서가 내리는 부정적인 판단의 전형이 돼 버렸다.

갈라진 남북왕국은 상호간 내전으로 힘을 소진하여 이류 군주국으로 전락했으나, 그 이후 오므리에 의해 강성한 국가를 이룬다. 군사령관 오므리의 혁명이 성공하면서(주전 876년 경) 처음으로 안정을 유지했다. 오므리는 새로운 수도 사마리아를 건립했다. 오므리 왕가는 유다와 평화로운 관계를 유지하면서 북방과 동방으로 영토를 확장했다. 아시리아의 왕 살만에셀 3세(Shalmaneser III, 재위 주전 859–824년)의 비문에 따르면, 그 당시 아시리아와 카르카르 전투(The Battle of Qarqar, 주전 853년)에서 맞섰던 12연맹군의 전력은 다음과 같다.

연맹 회원국과 그 왕들	병거	보병	낙타
다메섹의 하닷에셀	1,200	20,000	
하맛의 이르홀레니	700	10,000	
이스라엘의 아합	2,000	10,000	
쿠에		500	
이집트		1,000	
이르가나타	10	10,000	
아르왓의 마티누발루		200	
우사나타		200	
시안의 아드누발루	30	10,000	
아라비아의 긴디부			1,000
암몬의 르홉의 아들 바아사		(?),000	

* 병거와 보병의 숫자에서 보듯이 북 왕국 이스라엘은 군사강국이었다.

오므리는 직업군인이었다. 그가 이스라엘 사람인지는 의문이다. 오므리와 그에 앞서 쿠데타로 집권했던 지므리 등은 그 이름으로 보아 이스라엘 사람이라는 인상을 주지 않는다. 다윗 시대 이후로 외국인 직업군인들 중에는 최고 지위에까지 올라간 사람들이 많았다. 오므리는 군대를 통하여 디르사의 수도를 큰 어려움 없이 차지하였고, 강제로 이스라엘 왕으로 승인 받으려고 하였다. 그러나 곧 디브나 라는 사람이 일어나 이스라엘의 절반을 다스리는 왕이 되었다가 오므리와의 대결에서 결국 패하였다. 이러한 사실은 오므리가 외국 사람이라는 것을 설명해 주는 내용일 것이다.[1]

당연히 토착세력들은 외국인 용병출신 장군이 집권하는 것을 좋아하지 않았을 것이다. 오므리는 이러한 내적 혼란을 수습하기 위해서 외교정책에 힘썼다. 특히 남 왕국과 화해 분위기 조성에 힘썼다. 그는 수도를 사마리아로 옮겨 요새화하였다. 그런 후 유다에게 우위를 인정받았으며(열왕기상 22:1-5), 모압도 정복하여 조공을 받았다.[2]

오므리로 부터 아합으로 이어지는 오므리 왕조에 대해서 성서는 가장 나쁜 왕들로 취급하지만, 일반 역사 관점에서는 가장 이스라엘의 영토를 넓히고 전성기를 가져온 왕들이기도 하다. 이때 이스라엘은 경제적 부흥기를 누렸다. "상아궁과 그 외의 성읍들"(열왕기상 22:39)에 대한 기록은 이를 엿보게 한다.

위의 살만에셀의 비문에 언급된 전력에서 볼 수 있듯이 이스라엘과 시리아(아람-다메섹)는 가나안 지역에서 가장 강성한 맹주들이었다. 이들이 연합한 세력이 아시리아를 어느 정도 견제한 후에는 둘 간의 힘

---

1) Gunneweg, 『이스라엘 역사』 문희석 역, 한국신학연구소, 1985, 157-8.
2) 모압 지역에서 발견된 모압의 메사석비에 이런 내용이 있다.

겨루기가 벌어졌다. 오므리의 아들인 아합은 아람왕 벤하닷과 전투를 벌인다. 벤하닷이 사마리아에 침입했지만 아합에게 대패하였다(주전 855년). 아합은 전쟁에서 벤하닷의 근거인 아벡성을 함락시켰고 강화조약을 맺었다. 아합은 교역권 및 권리를 인정받고 벤하닷을 살려주었는데, 이것이 화근이었다. 후에 재기를 노린 벤하닷이 아벡 조약을 파기하였다. 아합은 이를 응징하려고 유다의 여호사밧과 함께 출전하였다가 라못 길르앗 싸움에서 전사하였다.

오므리와 아합은 외교적, 정치적으로는 크게 성공한 왕이다. 이스라엘은 이때 최고의 영토와 부를 누렸다. 그러나 성서는 이들을 더없는 폭군으로 묘사한다. 이것은 잦은 전쟁, 주기적 가뭄, 사마리아 건축 등으로 인한 대규모 강제 동원과 과중한 조세 등으로 흉흉했던 민심을 반영한다. 오므리 왕조는 민중의 저항뿐만 아니라 예언자(엘리야와 엘리사), 지방 호족(나봇), 군벌 귀족(예후) 등등 여러 계층으로 확산한 반(反) 오므리 왕조 세력의 저항에 직면한다. 그렇게 철의 권력을 휘둘렀던 오므리-아합 왕조도 결국은 장군이었던 예후의 쿠데타에 의해 종말을 맞이한다(주전 845년). 이러한 혁명의 기운은 이웃 나라에 까지 번져나가 시리아에서는 하사엘이 쿠데타를 일으켰다. 또 남 왕국 여호사밧 왕까지 예후에 의해 살해됨으로 연쇄적 혁명 분위기는 남 왕국에까지 미치게 된다.

고전적 예언과 문서 예언

우리는 엘리야나 엘리사를 아모스 이후에 전개되는 문서 예언자들과 비교하여 고전적 예언자라 한다. 엘리야, 엘리사는 아주 전형적인 예언자이지만 그들은 별도의 책이 없다. 단지 역사서의 한 모퉁이에 그들의 행적이 언급될 뿐이다. 이에 비해 '아모스서', '호세아서'와 같은 독자적 저작물이 존재하는 예언자를 문서 예언자라고 부른다. 이들은 예언자 개인이나 그를 지지하는 공동체에 작품이다. 이에 비해 고전적 예언자인 엘리야, 엘리사는 개인 저작이 아니라 역사책에 등장하는 전설적 인물이기도 하다.

생산력이 향상될수록 정치조직은 점점 높은 수준으로 발전하기 마련인데, 이것은 특히 농촌사회의 경우 농토 크기에 비례한다. 영토가 넓으면 넓을수록 그 지역에서 형성된 정치조직은 더 높은 생산력을 보유하게 되며 이것을 조직적으로 유지하기 위해서는 보다 고도의 정치조직이 발전한다.[3)]

이스라엘이 초기에는 가족의 형태에서 지파들의 연합체로 발전했다가 보다 넓은 영토를 차지하고 생산력이 높아지자 다윗-솔로몬 왕조에 이르러서는 광대한 영토를 갖게 된다. 그러나 주전 8세기에는 여러 국가들의 영역을 통합한 다민족국가 형태인 '제국'이라는 새로운 국제 질서가 등장한다.

이러한 제국 체제의 출현은 종교에도 적지 않은 영향을 끼쳤다. 과거 왕국 시대 종교에서 신은 저마다 자기 민족의 '수호신' 정도였다. 무조건 제 새끼들을 싸고 돌보는 어미닭처럼 제 영역의 사람들을 돌보는 신이었다. 그들은 신들의 이름으로 전쟁하고, 패전국은 자동으로 승전국의 신을 섬기는 것이 국가 간에 보이지 않는 관례였다. 마치 땅 따먹기 게임처럼 신들의 전쟁이 일어났다.

여러 민족을 아우르는 제국이 형성되자 결국 종교도 다른 형태를 갖게 된다. 각각의 신들, 민족의 수호신들이 한 자리에 모이게 되고 서로

---

3) 김진호 외, 『함께읽는 구약성서』 한국신학연구소, 1991, 174.

비교하는 장이 생겼다. 여기서 어떤 신은 살아남고 어떤 신들은 자연히 도태된다. 따라서 넓어진 민족 범위에서는 신들이 살아남고 도태되는 새로운 기준이 생긴다. 단순 힘겨루기의 마당이었던 종교 판도를 새로운 차원으로 발전시키는 기준이 생겼는데, 그것은 다른 사람들에게 공감을 일으킬 수 있느냐 없느냐 하는 윤리적인 기준이었다. 이러한 제국 체제 아래서 종교는 윤리적 종교가 된다. 따라서 신들의 세계도 정리되며 결국은 유일신을 지향하게 된다. 즉 "윤리적 유일신" 사상의 싹들이 움트게 된다.

생산력은 영토에 비례하고, 그에 따라 정치조직이 발달하며, 종교 또한 진화하게 된다. 이때 정치조직은 대체적으로 가문(씨족)→지파연합→민족국가→제국의 단계로 발달했다. 종교 역시 발전하여 신(神)에 대한 개념 역시 가족신(드라빔 라헬이 훔친 친정집 수호신 창 31:19)→조상신(족장)→민족신(전투적 야훼)→윤리적 유일신 개념(정의, 평화의 신)으로 진행한다.

가문, 씨족 → 지파연합 → 민족국가 → 제 국
　　⇓　　　　⇓　　　　⇓　　　　⇓
　가족神 → 조상神 → 민족神 → 윤리적 유일神

본격적인 제국 시대를 맞이하는 아모스나 호세아 이후의 예언들은 윤리적으로 흠 잡을 데가 없이 매끄럽다. 그러나 엘리야나 엘리사의 이야기들에는 그들의 능력을 지나치게 강조하려다 보니 윤리적으로는 동의하기 힘든 장면들이 나온다.

엘리사가 대머리라고 놀리는 어린 아이들을 곰을 불러서 전부 물어

죽이게 하는 장면이라든가(열왕기하 2:23−25), 엘리야가 갈멜산에서 승리한 후에 바알의 예언자 850명을 몰살시키는 장면이나(열왕기상 18:40) 왕이 보낸 군대 무리들의 목숨을 머뭇거림 없이 죽여 버린다.(열왕기하 1:10, 12) 이런 예들은 현대의 윤리적 기준으로는 선뜻 이해하기 어려운데, 후에 문서 예언자들에게는 이렇게 윤리적으로 껄끄러운 점들은 완전히 사라진다.

예언 전달 형식의 변화

　제국 체제 아래서는 예언의 전달 형식도 달라진다. 단일 왕국 시대에는 구두로 말씀을 전달하면 되지만, 여러 민족으로 구성된 왕국 시대에는 예언 선포가 여러 민족을 넘나든다. 문서 예언자들에게서는 주변 이방 나라들을 모두 열거하며 그들에게 야훼의 말씀을 선포하는 열방 나라들에 대한 예언이 자주 나온다. 두로와 시돈, 에돔, 바벨론, 이집트에 대한 신탁 등 주변국에 대한 말씀 선포가 자주 등장하는데 이것은 예언자들의 관심 분야가 제국 체제로 인해 그만큼 넓어졌기 때문이다. 이제 예언자들은 자기 민족의 영역을 넘어 모든 나라를 섭렵하시는 하나님의 역사를 말하며, 모든 세계에서 벌어지는 일들이 하나님의 영역과 울타리 안에 있음을 인식하게 되었다.

　예언자의 관심이 모든 민족에게로 확장되므로 예언도 언어의 장벽을 넘어야하기에 구두예언을 넘어 원시적인 자료, 문서의 형태가 된다. 한편 최근 성서 연구자들 중에는 성서가 문서로 정착한 것을 훨씬 후대로 잡기도 한다. 오랫동안 구전의 형태로 기억되다가 지금과 같은 문서로 기록된 것은 바벨론 포로기 이후 또는 그 보다 훨씬 지나 그리스 시대에 와서야 이루어졌다고 보기도 한다.

기적은 기적 그대로

엘리야, 엘리사 이야기에는 구약의 어느 시대보다도 유독 기적 이야기들이 많다. 이러한 이야기들은 유럽에 많은 '성인 전설'(Legends of the Saints)과 같은 장르에 속하는데 이와 비슷한 이야기들이 유대 자료인 은둔자 안토니, 하니나 벤 도사, 타아나의 아폴로니우스 등에 나온다.

여기에는 공통적으로 몇 가지 주제들이 반복되는데 성인은 새를 통해(왕상 17:2-7, 까마귀가 아침, 저녁으로 음식을 물어다 줌) 혹은 천사를 통해(왕상 19:5-8, 로뎀 나무 아래서 천사가 과자와 물을 대접함) 기적적으로 음식을 취하고, 날씨를 조절하고(왕상 17:1, 몇 해 동안 비는 커녕 이슬 한 방울도 내리지 않게 함), 음식이 불어나게 하고(왕상 17:8-16, 사르밧 과부의 음식, 밀가루와 기름이 마르지 않음), 죽은 자를 살리며(왕상 17:17-24, 과부의 아들을 살림), 공중에 뜨고(왕상 18:12, 왕하 2:1-12, 16, 주의 영이 갑자기 다른 곳으로 데려감), 인내가 필요한 초자연적인 능력들을 행한다(왕상 18:46, 19:8).

이러한 전설적인 기적 이야기들은 민중이 혹독한 어려움을 겪는 시절에 왕성하게 일어난다. 민중이 정상적인 방법으로는 자신의 삶을 위협하는 위기들을 풀어갈 수 없기에 그들이 위로받고 기댈 수 있는 것은 기적뿐이다. 민중은 기적을 바라고 기적을 통해 희망의 불씨를 살려가며 거기에서 유일한 희망을 찾아간다. 이런 이야기들은 그대로 예수의 시대에도 나타난다.

기적을 불합리한 이야기라고 하고 합리적이고 이성적인 이야기로 변조, 삭제해 버리려고 한다면 그것은 우리에게 희망을 빼앗는 일이다. 신화는 신화대로, 기적은 기적대로 오늘 우리의 불안과 절망을 뚫고 들어

오는 하나님의 능력이며 미래이다.

단지 이런 기적 이야기를 초자연적인 현상으로만 이해하고 아무 일도 안하고 앉아서 맞이하고자 하는 것이 문제이다. 기적은 우리 앞에 펼쳐질 미래이기에 적극적으로 노력하고 맞이하기 위해 준비하는 사람들의 것이다. 기적은 노력하는 사람들에게 열려 있으며 지금도 역사하시는 하나님의 능력이다.

조직적 혁명가 엘리사

엘리사는 엘리야의 제자이다. 그의 출신 배경은 엘리야 보다는 훨씬 사회적으로 상층의 지도급 출신이었다. 엘리야가 엘리사를 부를 때 엘리사는 열두 겨릿소를 앞세우고 밭을 갈았다. 열두 겨릿소라는 것은 소 12마리를 한데 묶어 쟁기를 끌게 하는 것이니 상당히 넓은 토지를 경작하는 부유한 집안임을 알 수 있다.(왕상 19:19-21) 엘리사가 엘리야의 부름을 받고 그를 따라 나설 때도 그는 겨릿소를 잡아 그 고기를 삶아 백성에게 나누어 먹게 한다. 이 같은 출신 배경은 그가 엘리야가 가진 꿈과 이상을 구체적으로 펴나갈 수 있게 하는 조건이 되었다. 엘리야가 생각은 있어도 감히 실행할 수 없었던 것들을 엘리사는 직접 펼쳐 나간다. 그는 요소마다 그를 도울 수 있고 그가 동원할 수 있는 넓은 인맥과 자원을 가지고 있었다.

엘리사가 기적을 일으켜 아들의 목숨을 살려주었던 수넴 여인도 그 지역에 사는 "한 부유한 여인"이었다(왕하 4:8). 엘리사가 수넴 여인을 만나 "내가 부인에게 무엇을 해드리면 좋겠소? 부인을 위하여 왕이나 군사령관에게 무엇을 좀 부탁해 드릴까요?"라고 묻는다(왕하 4:13). 그는 왕이나 군사령관과 만나 쉽게 이야기하고 도움을 청할 수 있을 만큼 사회적 지위와 신분을 가졌다. 실제로 그가 예언자 수련생 하나를 불러 전쟁터에 있는 예후에게 기름을 부을 때도 "길르앗 라못으로 가거라. 거기에 가면 그곳에서 님시의 손자이며 여호사밧의 아들인 예후를 만나게 될 것이다."라고 한다(왕하 9:1-3). 엘리사는 군대 장군을 그냥 아는 것이 아니라 그 집안까지도 훤히 알고 익히 교분이 있었다. 다른 예언자들이 부자들아! 지도자들아! 도성의 고관들아! 등 일반적인 호칭으로 명시하는데 비해 엘리사는 사회지도급 인사들을 구체적으로 이름과 직분을 거명하여 말한다. 그는 고관들의 집안 내력까지 훤히 꿰뚫고 있는 실력자였다. 엘리사의 신분과 부는 엘리야를 만나 좋은 방향을 잡게 되고 실제 이스라엘의 혁명을 이루는 큰 족적을 남긴다.

꿈을 준 엘리야보다 그것을 실제 사건과 역사가 되게 만든 엘리사의 역할은 북 왕국을 창건하는 일등공신이었던 아히야 예언자만큼이나 영향력 있고 중요한 성과였다. 예후의 아들인 여호아스 왕은 엘리사를 자신의 아버지라고 부른다. 예후 혁명이 성공하자 비판을 선포하던 엘리사는 중앙 예언자가 되어 왕을 자문하는 역할을 수행한다. 그는 여호아스 왕에게 존경을 받으며 그에게 승리를 예언해 주는 전형적인 중앙 예언자의 기능을 수행한다.

> 이스라엘 왕 여호아스가 그에게로 내려왔다. 그리고 그 앞에서 눈물을 흘리며 말하였다. "나의 아버지, 나의 아버지, 이스라엘의 병거와 마병이시여!" 엘리사가 그에게 말하였다. "활과 화살을 가져 오십시오." 그가 활과 화살을 가져 오자, 엘리사가 이스라엘 왕에게 말하였다. "활을 잡으십시오." 그가 활을 잡으니, 엘리사가 그의 손 위에 자기의 손을 얹었다. 엘리사가 말하였다. "동쪽 창문을 여십시오." 왕이 창문을 열자,

엘리사가 말하였다. "쏘십시오." 그가 활을 쏘자, 엘리사가 말하였다. "주의 승리의 화살입니다. 시리아를 이길 승리의 화살입니다. 임금님께 서는 아벡에서 시리아를 쳐서, 완전히 진멸하실 것입니다."(열왕기하 13:14-17)

엘리사는 여러 곳에 자기를 따르는 제자 집단이 있었다. 열왕기하 2 장에는 "베델에 살고 있는 예언자 수련생"(3절), "여리고에 살고 있는 예 언자 수련생"(5절) 등이 그를 수행하고 있는 것이 나온다. 엘리야가 순 수하고 정열적인 예언자였다면 엘리사는 조직적이고 행정적인 혁명가 였다. 그가 이런 조직을 관리할 수 있었던 것은 넉넉한 집안 출신이며 부 유한 후원자와 정치-군사적 실력자들을 후원자로 두었기 때문에 가능 했다.

역사의 변화와 발전은 엘리야의 이상만으로도 안 되며 올바른 방향과 꿈 없이 돈과 권력만으로도 이룰 수 있는 것이 아니다. 엘리야가 엘리사 를 만나는 것은 꿈과 이상을 가진 사람과 실제 일을 이루어 갈 수 있는 조직과 재력을 가진 사람이 만날 때 역사는 발전하고 변화해 나갈 수 있 다는 것을 보여준다. 빈손의 엘리야는 엘리사를 만나야했고, 엘리사에 게는 엘리야의 영감과 지도가 필요했다.

예후를 통한 혁명

엘리야가 순수하고 정열적인 혁명가였다면 엘리사는 조직적인 지지 기반을 구축한 현실적인 정치적 혁명가였다. 엘리야와 엘리사 누가 더 욱 위대한 일을 했는가? 비교 자체가 무의미하다. 이상을 세우는 것도 중요하고, 그것을 현실 역사의 사건이 되게 하는 것도 말할 것도 없이 중요하고 어려운 일이다. 역사적 사건으로 두 예언자를 비교한다면 엘리사의 공이 훨씬 클 것이다. 그러나 성서 역사는 엘리야는 죽지 않고 하늘로 올라가 다시 불 수레를 타고 이 땅에 내려와서 악한 세력을 심판할 신화적 존재로 추앙하지만 그에 비해 엘리사는 상대적으로 이룬 일에 비해 소홀한 평가를 한다.

만약 엘리사가 세운 예후의 혁명이 정말 야훼 하나님의 뜻을 잘 받드는 성공적인 혁명이었다면 엘리사가 더욱 중요하게 평가되었을 것이다. 그러나 불행하게도 예후의 혁명은 잔인한 피의 보복으로 이스라엘을 핏빛으로 물들게 했다. 그들이 바라던 야훼 하나님을 섬기는 세상이 오기는 왔으나 말만의 야훼 일 뿐, 자기들의 정치적 야심이 덧입혀진 잔인한 보복과 숙청만 있었다. 사랑, 정의, 인간의 아픔을 안타까워하시는 하나님의 마음은 없었다. 예후는 야훼 신앙을 세운답시고 온 백성에게 다음과 같이 알렸다.

> 아합은 바알을 조금밖에 섬기지 않았지만 이 예후는 그보다 더 열심히 섬기겠습니다. 그러니 이제 바알의 예언자들과 종들과 제사장들을 모두 나에게 불러다 주십시오. 바알에게 성대하게 제사를 드리려고 합니다. 그러므로 한 사람도 빠져서는 안 됩니다. 빠지는 사람은 어느 누구도 살아남지 못할 것입니다.(왕하 10:18-19)

그는 바알을 섬기는 자들을 모두 모으기 위한 계책으로 거짓말을 했다. 그는 기만적으로 백성을 모아놓고 사방에 문을 봉쇄한 후에, 모인 모든 백성을 살육했다.(왕하 10:24 이하) 그렇게 하자고 야훼의 세상을 기다렸단 말인가? 후에 예후의 잘못된 신앙적 열심에 대해 호세아는 비판을 한다. 호세아는 자기가 낳은 아들의 이름을 '이스르엘'이라고 불렀다. 그 이유는 예후를 심판하시는 하나님의 뜻을 나타내기 위함이다.

> 이제 곧 내가 예후의 집을 심판하겠다. 그가 이스르엘에서 살육한 죄를
> 물어서 이스라엘 왕조를 없애겠다. 또 그날에 내가 이스르엘 평원에서
> 이스라엘의 활을 꺾겠다.(호세아 1:4-5)

잘못된 신앙의 열심이 낳은 아집과 오만, 이데올로기만 남은 채 인간도 없고 생명도 없고 사랑도 없어져 버린 예후의 혁명은 공을 들여 새 세상을 설계해온 예언자들의 평생 노력을 빛 바라게 했다. 직접적으로 혁명을 이룬 예언자의 위대성에도 불구하고 그에 대한 후대의 역사적 평가를 감소시키고 말았다. 예후의 혁명과 열정에 대해 예언자들이 비판적인 것은 야훼 신앙의 또 다른 한 면을 주목하게 한다. 모든 이데올로기를 검증하고 평가하는 기준은 무엇일까? 그것은 생명이다. 인간의 생명에 반하는 것은 아무리 아름답게 포장한 이데올로기라고 하더라도 그것은 허구이다.

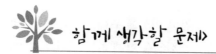
함께 생각할 문제〉

* 성서의 예언자중에 엘리사만 한 업적을 남긴 다른 예언자가 있는지 살펴봅
  시다. 엘리사가 이스라엘 역사에서 이룬 혁명의 실천에 대해서 이야기해 봅
  시다.

* 엘리야의 이상과 엘리사의 실천, 어느 것이 더 중요하다고 생각합니까? 한
  이상이 단순한 꿈만으로 끝나는 것이 아니고 역사적으로 실현하기 위해서
  반드시 필요한 것들은 무엇일까? 우리는 꿈을 이루려는 의지를 가지고 있
  으며 그것들이 현실이 되게 하기 위해 어떤 일을 하는지 말해 봅시다.

* 엘리사가 없었다면 엘리야의 꿈은 이루어지기 어려웠을 것이다. 우리 삶은
  엘리야 유형인가? 엘리사 유형인가? 엘리야는 물론 카리스마 넘치는 예언
  자의 전형이며 그가 당하는 고통은 이루 말할 수 없다. 그는 죽음의 고비를
  여러 번 넘겼다. 하지만, 높은 신분과 부를 가지고도 엘리야를 따라 나서 그
  를 스승으로 모시며 결국 역사의 혁명을 이룩한 엘리사 역시 위대한 예언자
  이다. 요즘 우리 사회에서 엘리야의 이상과 엘리사의 실천이 만나 이룬 예
  에 대해서 이야기해 봅시다.

하나님께서 주신 것들을 책임으로 알고 이웃을 위해, 하나님 나라의 정의를 위해 일하는 사람들은 엘리사의 실천을 함께 하는 것이다. 2008년에 새로운 신앙운동체 "예수살기"가 출범하였다. 예수살기는 촛불교회를 세우는 등 사회정의를 세우기 위해 힘썼다. 용산참사를 비롯하여 쌍용차, 재능교육등 해고된 노동자들과 철거민들, 세월호 가족들 등을 위로하고 그들의 호소를 기독인들과 한국사회에 알렸다. 수시로 진보 기독교인의 입장에서 사회-정치에 대해 하나님의 뜻이 무엇인지 논평을 내고 매주 고난당하는 현장을 찾아가 예배한다. 여기서는 필자가 함께 참여하여 작성한 예수살기의 창립취지문을 소개한다.

「예수살기 창립선언문」

"주님의 영이 내게 내리셨다. 주님께서 내게 기름을 부으셔서 가난한 사람에게 기쁜 소식을 전하게 하셨다. 주님께서 나를 보내시어 포로 된 사람들에게 해방을 선포하고, 눈먼 사람들에게 눈 뜸을 선포하고, 억눌린 사람들을 풀어 주고, 주님의 은혜의 해를 선포하게 하셨다." (누가복음 4:18-19)

기독교는 예수를 믿는 종교다. 예수를 믿는다는 것은, 내 삶의 모든 것이 예수를 중심으로 재구성되고 예수의 가르침대로 사는 것을 말한다. 하지만 오늘날 한국 교회는 하나님께서 활동하시는 역사적 현장을 유기하고 예수를 따르는 삶을 개인화해버렸다. 역사를 외면하고 단지 종교 영역 안에 갇혀버린 기독교, 삶을 간과하고 단지 말의 잔치로 숨어버린 기독교는 지금 극심한 신뢰의 위기를 겪고 있다. 이제 더 이상 물러설 데가 없이 추락해버린 한국 교회 모습은 어느 누구의 책임이라기보다 예수의 삶을 제대로 살지 못한 우리들의 허물임을 고백하며 회개하는 심정으로 예수 살기의 새로운 운동으로 나아가고자 한다.

감히 '예수살기'라 이름 하였지만 우리가 예수 살기를 하고 있다는 것이 아니라 예수를 제대로 살지 못했다는 반성과 뉘우침에서 이 모임을 시작한다는 뜻이다. 그러나 이제 예수를 믿는 자리에서 예수를 사는 자리로 나아가야 한다. 예수 믿기는 예수 알기에서 시작하여야 하며 예수 따르기, 예수 살기에까지 나아가야 한다. 예수는 우리의 전 존재가 자신을 따라 나설 것을 요청하셨다. 부자가 되기를 포기할 뿐만 아니라 부자체를 포기하라고 하신다. 예수가 가르친 구원은 개인의 심리적 위안이나 죽은 후에 타계에서 이루어지는 구원만이 아니다. 예수의 구원은 개인의 경건과 사회적 성화, 더 나아가 우주적 성화까지 지향한다. 예수께서 선포하신 하나님 나라는 가난한 자가 기쁜 소식을 듣고, 병든 자들이 고침을 받고, 갇힌 자가 놓임을 받는 사회 전반에 걸쳐 일어나는 치유와 해방의 메시지였다. 그는 개인을 억압하는 부당함과 사회를 억압하는 불합리와 생명을 억압하는 불의함에 맞서 싸우셨다. 우리는 예수의 가르침에 충실하고자 생명 평화의 나라인 하나님 나라 실현을 위해 역사의 진보에 발을 맞추어 책임 있는 행동을 해나가고자 노력할 것이다.

실제로 참된 기독인은 역사의 고비마다 민족과 민중의 고난에 동참하며 예수를 따르는 삶의 순수성을 지켜온 양심적 전통을 가지고 있다. 일제 강점기가 시작할 무렵 기독교는 민족의 자주적 의지를 키워가는 온상이었다. 일제가 기독교 신앙을 타계적, 초월적, 개인적 신앙으로 변절시키려는 의도에도 당시 전체 인구의 1% 정도에 불과한 기독인들이 전국적으로 3.1 독립운동에 참여하였다. 이때 살해, 구속, 부상당한 피해자 중 기독교인이 과반수를 넘어설 만큼 기독교는 3.1 독립운동을 주도하였다. 또한 민족성을 말살하려는 일제의 신사참배에 저항하며 의연하게 순교의 길을 가기도 하였다. 1970년대 유신 정권이 노동자들을 억압하고 착취할 때에 기독교는 산업선교 등을 통해 이 땅에 고난 받는 노동자들과 함께 하였고, 이는 반독재 민주화운동을 촉발시켰으며, 고난의 현장에서 탄생한 민중신학을 꽃피웠다. 한편 한국사회가 통일문제를 금기시하던 때에 한국교회는 해외에서 남북 교회가 만나 화해와 교류를 선언하고, 마침내는 1988년 한국기독교의 통일선언과 문익환 목사님의 방북으로 이어지는 선도적 투쟁으로 통일운동의 물고를 트기도 하였다.

이렇게 기독교는 역사의 현장에서 가난한 민중과 함께 한 전통을 가지고 있다. 우리는 역사의 고비마다 신앙 양심을 지켜온 사건들에 주목하고 이들에 의해 유지해 온 예수를 살아가는 전통을 계승해 나가고자 한다.

그러나 우리는 먼저 일제 강점기에 신사에 참배한 잘못, 해방 후 이승만 독재 정권에 적극적으로 참여한 잘못, 유신군부독재의 인권유린, 억압, 학살을 묵인하고 동조해온 죄악, 아울러서 미국의 제국주의적 침략 전쟁에 동참하여 이웃나라에 고통을 가하는 죄악을 깊이 반성하고 회개하며 민족 앞에 사죄한다. 이러한 과거에 대한 반성과 평가는 우리의 나아갈 방향을 규정하는 최소한의 사회적 합의이며, 한국교회가 참된 교회로 성장하는 출발점이 될 것이다.

한국사회는 상대적으로 민주화되었고 조금씩 사회의 성숙도가 높아지고 있지만, 교회는 여전히 비민주적인 구조를 가지고 있으며, 가난한 이웃과 함께 하지 못하고 있다. 교회는 성장주의와 물량주의에 빠져 반사회적, 반역사적, 반민주적인 길을 가고 있으며, 결국은 교회 내 윤리는 실종되어가고 있다.

이러한 현실은 우리 자신이 예수의 길을 따르는 삶에 충실하지 못했으며 같은 길을 가는 동지들과 연대하지 못한 데서 기인한다. 이에 역사에 책임적 자세로 성실하게 살아가고자 하는 기독인들이 모여 새로운 기독인의 모임 "예수살기"를 세운다. 우리는 이 공동체를 통하여 책임적인 삶을 살아가고자하며 다음과 같은 정체성을 가지고 나아가고자 한다.

첫째, 우리는 출애굽을 통해 히브리 민중이 이룬 해방된 공동체를 추구한다.

독재와 억압의 표본이었던 애굽의 바로 아래서의 종살이는 민중의 생존권을 위협하였고 삶을 송두리째 파괴시켰다. 이에 야훼 하나님은 신음하던 떠돌이, 가난뱅이들, 노예들을 대표하는 히브리 민중들을 내 백성이라 칭하시며 그들을 해방시킬 것을 선포하셨다. 마침내 애굽과의 투쟁을 통하여 고통과 억압에서 히브리 민중들을 해방시킨 하나님은 해방자이며 그들이 이룩한 히브리 공동체는 해방공동체였다.

그러므로 지극히 작은 자를 위하는 일이 하나님을 위하는 일이 된다. 즉 민중을 섬기는 일이 기독교의 정신이다. 그것이 참된 기독인과 거짓 기독인을 구별하는 유일한 방법이다. 따라서 우리는 비인간화, 반생명성을 기독교의 적으로 규정하며 인간과 생명을 억압하는 모든 세력에 대항한다.

둘째, 우리는 예수의 가르침과 사역의 중심인 하나님 나라 운동을 이어 간다.

예수가 그리스도라는 고백이 기독교 신앙의 기반이다. 이 고백 위에 교회가 세워졌다. 이것이 복음이다. 예수의 태어나심, 삶, 죽으심, 부활하심과 가르침이 복음의 내용이다. 그 예수가 평생 붙들고 사신 것은 하나님 나라였다. 예수의 삶과 가르침은 여기에 충실했다. 그의 죽음도 십자가도 하나님 나라의 실현을 위해서였다. 궁극적으로 기독교 운동의 핵심은 하나님 나라의 실현이다.

천사들은 예수의 태어나심이 하늘엔 영광이고 땅엔 평화라고 노래하였다. 예수는 생명을 주러왔고 죄인을 구원하러 왔다고 말씀하셨다. 죽은 자를 살리시고, 하나님으로부터 버림받았다고 여긴 자를 고치시고, 소외당한 자를 세우시는 등, 생명을 살리고 일으키고 보전하는 일은 예수의 중심 사역이었다. 생명이 무참히 학살당하는 이 시대에 생명을 살리는 일은 분명히 하나님의 일이다. 또한 예수는 평화를 주러왔다고 자신을 규정하셨다. 때문에 예수는 거짓 평화인 로마 제국에 빌붙은 예루살렘 체제와 대결하여 성전을 숙정하셨다. 예수께서 평생을 두고 씨름하신 하나님 나라 운동의 두 기둥은 생명과 평화인 셈이다. 하나님 나라는 하나님이 통치하시는 생명과 평화의 나라다.

셋째, 우리는 성령의 역사와 교회의 정체성을 이룩하여 나간다.

초대 교회를 가능하게 한 것은 성령이었다. 성령께서 임재하시어 예수의 가르침을 생각하게 하셨고 예수를 따르게 하셨다. 성령은 사람들

안에 분열된 마음을 치유하여 하나되게 하신다. 성령의 역사는 우주가 하나님의 몸이며 그 안에 있는 모든 생명체는 하나님의 지체로 한 형제요, 한 자매임을 보여준다. 초대교회는 예수의 하나님 나라 운동을 위임받은 공동체이다. 초대교회 안에서 종과 자유인, 이방인과 유대인, 여자와 남자가 하나되는 역사가 일어났다. 갈라진 것들이 하나되는 화해는 공동체 내에서 뿐만이 아니라 이웃과 소외된 자들에 대한 무관심과 오만을 회개하고 그들과 자매, 형제 관계를 회복하는 운동이었다. 또한 성령은 무력한 자들을 일깨워서 세상을 변혁하도록 역사의 현장으로 뛰쳐나가게 하신다.

넷째, 우리는 정의, 평화, 창조질서보전에 앞장선다.

세계교회협의회는 그 중심 과제를 정의, 평화, 창조질서보전과 폭력극복운동에 두고 있다. 그것은 교회의 정체성을 드러내는 것으로 교회는 이 과제에 충실할 의무가 있다. 교회는 정의로운 사회를 세우고 평화공동체를 건설하고 창조질서를 보전하며, 폭력에 반대하여 생명을 살리는 일을 구체적으로 실현해야 할 책임이 있다.

예수살기 운동의 중심기조

우리는 예수살기 운동의 실천과제를 다음과 같이 천명한다.

첫째, 우리는 살아계신 성부, 성자, 성령 하나님을 고백하며 영성공동체를 실현한다. 우리 삶의 근본은 하나님께 있다. 하나님의 은총이 아니고서는 그 어느 것도 살아갈 수 없다. 그러기에 하나님의 마음을 알고 예수를 따라 사는 길이 참된 영성의 길이다. 우리는 하나님의 일꾼이다. 하나님이 우리의 손과 발을 통하여 당신의 일을 하시도록 온전히 내어 드리는 것이 영성이다. 영성은 하나님과의 호흡이다. 따라서 우리들의 모든 실천과 생각의 동기는 언제나 우리가 호흡하듯 하나님과 그리스도 안에서 그리고 지금도 우리 가운데 역사하시는 성령의 능력을 통해서 이루어져야 하며 우리가 삼위일체 하나님의 일꾼임을 한 순간도 잊지 않는 것이다. 우리는 우리의 전 존재를 통하여 하나님을 드러내 보일 때 비로소 하나님은 하나님이 되신다.

둘째, 우리는 일상의 삶을 회개하며 예수살기를 구현하는 새로운 삶의 양식을 창출한다. 예수살기란 새로운 삶의 양식이다. 예수의 삶은 오늘 우리들의 마음과 일상을 쪼개고 분쇄하며 오늘의 현장 속에서 여전히 살아 움직이는 예수의 생명을 구현한다. 예수살기는 우리 몸을 예수화하는 작업, 우리 안에 예수의 몸짓을 심는 작업이다. 우리의 마음가짐과 몸짓이 바뀔 때에야 비로소 우리가 어떤 순간, 어디에 있다할지라도 예수향기 날리는 사람이 될 것이다.

셋째, 우리는 민족의 화해, 자주적 평화통일과 세계의 평화를 위해 헌신한다. 우리는 민족의 분단을 극복하고 남과 북이 하나되어 통일조국을 건설하는 것이 하나님이 기뻐하시는 일임을 믿는다. 통일조국을 건설하는 대안으로 6.15 공동선언의 실현이 현실적인 방안이라고 생각한다. 또한 남북간의 통일은 동북아 평화에 큰 기여를 할 것이다. 이를 위해 우리는 6.15정신에 입각하여 북녘을 함께 번영해야 할 민족 구성원으로 인식하고 존중해야 한다. 우리는 어느 한쪽에 의한 일방적인 통일을 반대하고 겨레의 자주적 평화통일을 위해 공동으로 노력한다. 분단은 우리 민족의 평화를 가로막는 가장 큰 장애물이며 인류의 평화를 깨치는 장애물이기 때문에 반드시 극복해야 할 과제이다.

또한 강대국의 패권주의에 굴종하는 정부는 자주적인 민주정부가 될 수 없음을 수십 년 역사경험에서 배웠다. 애굽에서 노예살이하는 히브리민중들을 해방하신 야훼 하나님은 히브리민중들이 스스로 노예살이를 깨치고, 주체적인 의식을 갖기를 기다리셨다. 우리는 어떠한 외세에도 굴복하거나 의존하지 않고 우리들의 미래를 우리 스스로가 결정할 수 있는 떳떳하고 자주적인 권력을 회복할 수 있도록 힘쓰며 나아가 모든 민족이 서로를 존중하고 평화롭게 살아가는 세상을 위하여 헌신해 나갈 것이다.

넷째, 우리는 민중 중심의 경제를 추구한다. 하나님 나라는 민중이 주인이 되어 모두가 평등과 평화를 이루는 나라이다. 우리가 꿈꾸는 역사변혁은 온 우주가 함께 한 몸으로 평화를 누리는 변혁이다. 따라서 우리는 내 자신이 하나님과 이웃, 자연과 올바른 관계를 맺기 원한다. 또한 역사변혁의 궁극점은 정의가 강같이 흐르고, 억압과 차별 대신 자유와 해방이 있는 희년세상을 이루어 가는 것이다. 이러한 꿈은 예수 그리스도가 선포하신 하나님 나라로 이어졌다. 희년 세상을 이루기 위해서 민중의 경제적 자립과 자유는 필수적인 조건이다.

우리는 이를 위해 신자유주의 세계화에 반대한다. 세계개혁교회연맹(WARC)은 2004년 아크라선언을 발표하고 세계교회협의회(WCC) 제9차 총회에서는 아가페문서를 발표하여 신자유주의가 하나님의 정의에 정면 배치된다고 선언하고 투쟁해 나갈 것을 선언하였다. 세계화로 인한 양극화는 민중의 생존권을 빼앗고 경제적 노예로 전락시키고 있다. 거대자본과 다국적 기업은 강대국의 패권주의와 맞물려 세계시장을 석권하고 있다. 또한 민중의 생존권을 경시하며 수많은 생명을 죽음으로 몰아가고 있다. 기독교회는 가난한 자의 친구이며 그들의 해방을 위해 싸우셨던 예수의 정신을 받들어 신자유주의 세계화를 반대한다.

다섯째, 우리는 사회적 약자의 인권과 권익을 위해 함께 한다. 하나님은 스스로를 노예들의 하나님, 고아와 과부의 하나님, 이방인의 하나님, 가난한 자와 약자들의 하나님이라고 계시하셨고 그들을 내 백성이라고 일컬으셨다. 우리가 사는 세상이 정의로운가 아닌가는 지배자나 강자들이 내릴 수 있는 판단이 아니다. 오직 사회적 약자들이 정의롭다고 할 때만이 참다운 정의가 이루어 질 수 있다. 우리는 약자들의 편에 서서 그들의 인간다운 삶과 인권, 그들의 권익과 복지를 위해 함께 할 것이다. 또한 동시에 양성평등이 이루어지는 사회를 추구하며, 일반인과는 다른 능력을 가진 사람(장애인), 성적 소수자등의 인권과 권익을 위해 일할 것이다.

여섯째, 우리는 민중이 주체가 되는 민주적인 정치실현을 지원한다. 우리는 현실정치가 기득권자를 옹호하거나 특정 정파나 정당의 이익을 관철하는 정치가 되지 않도록 이러한 정파적 권력에는 반대한다. 그러나 모든 현실 정치를 부인하고 탈속하자는 것은 아니다. 우리는 민중 스스로 주체가 되는 사회적 권력의 형성은 적극 지지한다. 이는 민중이 주체가 되는 정치여야 하며 그 방식은 민주적인 정치여야 한다. 이를 위해 우리는 어느 정파 어느 정당이든지 신앙인의 양심에 입각하여 항상 자유롭게 비판할 수 있는 위치를 유지한다. 우리는 현실정치가 민중의 희망을 실현하고 평화를 구현하는 권력이 되기 위해 가장 원칙적인 입장에 서서 하나님의 정의를 구현하도록 힘쓴다.

일곱째, 우리는 창조세계의 보전을 위해 힘쓴다. 생명과 평화의 나라인 하나님 나라는 모든 생명이 존중되는 나라이다. 자연세계의 파괴는 하나님께서 축복하신 창조세계의 파괴이며, 우리가 사는 지구 환경과 생명에 대한 파괴 행위는 창조주에 대한 모독이다. 자연을 사랑하고 보전하는 일, 생명을 살리는 일은 하나님의 일이다. 지구 생태계는 하나님의 몸과도 같기에 지구 생태계를 살리는 일은 기독교회는 물론 온 인류가 공동으로 추구해야 할 시급한 과제이다.

여덟째, 우리는 교회개혁을 통해 참된 교회를 형성한다. 자신의 변화와 교회의 개혁 그리고 사회적 변혁은 맞물려 있다. 교회는 끊임없이 자신을 성찰하고 개혁하며 역사변혁에 발맞추어 나가야 한다. 교회는 그리스도의 몸이다. 오늘날 그리스도의 현존은 교회가 어떤 실천을 하느냐에 따라 세상에 드러난다. 시대에 역행하는 교회는 그리스도의 적이다. 교회는 세상을 구원하고 해방하는데 쓰임받는 도구가 되어야 한다. 교회 자체가 하나님 나라는 아니다. 그러므로 교회를 최종목적으로 삼고 자기를 절대화해서는 안 된다. 교회는 하나님 나라의 실현을 위한 중간적 역할, 도구적 역할을 하는 것이다. 그러기에 교회는 이 땅에 하나님의 나라와 하나님의 의를 이루기 위하여 썩어지는 한 알의 밀알과 같은 존재가 되어야 한다. 그리스도의 삶을 따라서 철저하게 자기를 비울 수 있는 교회만이 참다운 교회이다. 이를 위해 교회는 자기를 절대화하지 않도록 늘 갱신하는 자세를 가져야 한다.

아홉째, 우리는 한국문화와 영성을 구현하는 신학과 목회를 실현한다. 우리는 오랜 역사를 가진 문화민족이다. 우리는 외국문화를 그대로 답습하고 그들의 정신을 이식하는 기독교는 참다운 한국기독교가 될 수 없다고 생각한다. 우리 민족이 대대로 지켜온 우리문화의 토대와 정신을 소중하게 생각하며 그 토대 위에 기독교가 설 때 진정한 우리의 신앙이 되고, 한국에서 진정한 기독교가 될 수 있다.

열째, 우리는 역사변혁에 힘쓰며, 이를 위해 연대하고 단결한다. 분열은 하나님의 일을 훼방하는 것이다. 모든 선한 양심을 가진 운동세력은 역사적인 과제를 공동으로 실현하기 위해 서로의 다양성을 존중하며 대동단결해야 한다. 우리와는 이질적이고 다른 견해를 가진 사람까지도 함께 품어내어 하나님 나라를 세워가는 동역자로 쓰임받게 해야 한다. 우리는 원수됨을 소멸시키는 십자가(에베소서 2:16)의 도를 이루어 대동(大同)의 정신으로 이 땅에 하나님 나라를 이루기까지 큰 마음으로 연대한다. 그리스도께서는 자신을 희생시켜 갈라져 있는 것을 하나로 만드시고 평화를 이루셨다. 우리는 새 역사를 꿈꾸는 기독교내 모든 세력, 이웃종교, 사회단체, 나아가서 전 세계적인 양심세력과 연대한다. 우리는 서로간 신뢰를 바탕으로 하며 더 큰 대동으로 나아가기 위하여 개인의 감정과 이해관계를 넘어 오직 모든 일에 하나됨을 추구해 나간다.

(2008년 3월 전국 예수살기 창립선언문 중에서)

06

아모스-정의 : 한 인간의 존엄성이 흥망성쇠를 가른다

남 왕국 드고아의 농사꾼, 양치는 목자인 아모스는 농촌 생활을 하다가 갑자가 하나님의 충동으로 북 왕국의 베델과 수도인 사마리아에서 예언을 한다. 성서 본문을 통해 아모스시대 상층부와 대조되는 민중의 삶을 비교해보고 아모스 예언의 토대가 되는 국제정세와 그 시대의 배경과 아모스가 외친 정의의 신학적 의미를 살펴본다.

이스라엘 신앙은 왕정으로 넘어가면서 변질한다. 노예들을 해방하는 야훼 하나님은 다시금 지배자들에 의해 변조되었다. 그러나 그중에도 참 신앙의 맥을 살려나가는 사람은 예언자들이다. 그들은 개인적으로 많은 고난을 당하지만, 그들의 거친 목소리를 통해 야훼 신앙은 그 정신을 이어간다.

이방인 목자의 외침

아모스는 양치는 목자다. 베들레헴에서 남쪽으로 8.3km, 예루살렘에서 남쪽으로 16.6km 떨어진 시골 유다 드고아에서 농사와 목축을 하는 사람이었다. 그는 자신에 대해 말한다.

> 나는 예언자도 아니고, 예언자의 제자도 아니오. 나는 집짐승을 먹이
> 며, 돌 무화과나무를 가꾸는 사람이오. 그러나 주님께서 나를 양 떼를
> 몰던 곳에서 붙잡아 내셔서 주님의 백성 이스라엘에게로 가서 예언하라
> 고 명하셨소.(아모스 7:14-15)

아모스가 예언 활동을 할 때 유다왕은 우시아였고(주전 787-736년),
북 왕국 이스라엘의 왕은 여호아스의 아들 여로보암 2세였다.(주전
787-747년) 이 때는 지진이 일어나기 이년 전이라고 한다.(아모스 1:1)
아모스 때에 아마도 큰 지진이 일어난 듯하며 이러한 흔적이 아모스는
물론이고 스가랴에까지 나타난다.(스가랴 14:5) 지진이 일어난 정확한
연대는 알 수 없지만 아마도 주전 745-740년에 일어났던 것으로 보인
다. 아모스는 남 왕국 유다 사람이지만 그가 예언한 장소는 주로 북 왕
국 이스라엘의 종교 중심지인 베델과 수도인 사마리아였다.

아시리아의 아다드-니라리 3세(Adad-nirari III, 재위 811-783 BC)
가 이스라엘과 인접한 아람(시리아)의 다메섹을 점령하였다. 그때 아시
리아는 은 2,300 달란트, 동 3,000 달란트, 철 5,000 달란트와 수많은
제조품들을 빼앗았기 때문에 시리아는 국력이 피폐해져서 거의 무력화
될 정도였다. 이스라엘의 여호아스(예후의 손자) 왕은 이 때를 틈타서
시리아가 점령하고 있던 변방의 도시들을 재탈환하였고(왕하 13:25),
나아가 남 왕국 아마샤 왕을 사로잡고 남 왕국의 부를 이전하였다.

아다드-니나리가 죽은 이후 티글라트-필레세르 3세(Tiglath-Pileser
III, 재위 745-727 BC)가 즉위하기까지 이스라엘은 평화를 누렸다. 이

무렵 아시리아가 내적으로 혼란을 겪는 동안 이스라엘의 여로보암 2세는 국경선을 자유롭게 확장하여 솔로몬 시대와 맞먹는 영토를 차지하였다.(왕하 14:25; 왕상 8:65와 비교)

또한 그는 무역로를 확보하여 아합 시대를 능가하는 부를 누린다. 이때에 지중해로부터 요르단 동쪽을 통과하는 무역로가 활성화되어 막강한 부를 벌어 들였다. 이 무역로는 남 왕국과 북 왕국을 모두 지나가기에 남북왕국이 협력할 때만 가능한 일이었다. 이로 인해 부유한 상인과 귀족 계급은 번영을 누렸으며 사치스러운 집에서 살 수 있었다. 그러나 민중의 삶은 달라진 것이 없었고 오히려 상대적인 박탈감이 심화하였다. 당시 민중은 지진 등 천재지변으로 인한 수확 감소와 동시에 영토확장을 위한 전쟁에 동원될 수밖에 없어서 전에 없던 생존의 위기를 겪게 된다. 상류층의 탐욕과 부유층의 방탕함은 권력과 토지에 굶주려 날뛰는 상황이 되었고, 빈민층은 짚신 한 켤레 값에 노예로 팔려나가는 고통을 가중시켰다.

아모스가 활동하던 여로보암 2세 때는 부가 넘치고 풍요로웠다. 당시 사치스러운 상류층의 생활을 볼 수 있다.

또 내가 겨울 별장과 여름 별장을 짓부수겠다. 그러면 상아로 꾸민 집들이 부서지며, 많은 저택들이 사라질 것이다." 주께서 하신 말씀이다. 사마리아 언덕에 사는 너희 바산의 암소들아, 이 말을 들어라. 가난한 사람들을 억압하고, 빈궁한 사람들을 짓밟는 자들아, 저희 남편들에게 마실 술을 가져 오라고 조르는 자들아.(3:15-4:1)

너희는 망한다! 상아 침상에 누우며 안락의자에서 기지개 켜며 양 떼에서 골라 잡은 어린 양 요리를 먹고, 우리에서 송아지를 골라 잡아먹는 자들, 거문고 소리에 맞추어서 헛된 노래를 흥얼대며, 다윗이나 된 것처럼 악기들을 만들어 내는 자들, 대접으로 포도주를 퍼마시며, 가장 좋은 향유를 몸에 바르면서도 요셉의 집이 망하는 것은 걱정도 하지 않는 자들, 이제는 그들이 그 맨 먼저 사로잡혀서 끌려갈 것이다. 마음껏 흥청대던 잔치는 끝장나고 말 것이다.(6:4-7)

이에 비해 극명하게 대조를 이루는 당시 서민들의 생활을 보자

너희가 가난한 사람을 짓밟고 그들에게서 곡물세를 착취하니, 너희가 다듬은 돌로 집을 지어도 거기에서 살지는 못한다. 너희가 아름다운 포도원을 가꾸어도 그 포도주를 마시지는 못한다. 너희들이 저지른 무수한 범죄와 엄청난 죄악을 나는 다 알고 있다. 너희는 의로운 사람을 학대하며, 뇌물을 받고 법정에서 가난한 사람들을 억울하게 하였다.(5:11-12)

기껏 한다는 말이, "초하루 축제가 언제 지나서, 우리가 곡식을 팔 수 있을까? 안식일이 언제 지나서, 우리가 밀을 낼 수 있을까? 되는 줄이고, 추는 늘이면서, 가짜 저울로 속이자. 헐값에 가난한 사람들을 사고 신한 켤레 값으로 빈궁한 사람들을 사자. 찌꺼기 밀까지도 팔아먹자" 하는구나.(8:5-6)

아모스는 당시 종교에 대해서도 매우 비판적이다. 베델과 길갈 등 이스라엘 종교의 중심지에 대해 신랄하게 비판한다. 아모스 시대에 기득권 세력은 나라의 번영을 하나님께서 이스라엘을 보호하는 표시로 받아들였다. 성소의 예언자와 제사장들은 상류층의 후한 헌금으로 충분히 보상받았기에 부자들의 자만과 환희의 기분을 약화시킬 일은 하지 않았다.

정의는 올바른 관계 성립이다

우리는 아모스를 정의 예언자, 공의의 예언자라고 한다. 그래서 오늘 신학적으로 정의라는 것이 어떤 개념인가를 살펴보겠다. 정의라는 히브리어 "체데크"(צדק:정의, 공의)는 "관계"를 말하는 용어이다. '의'라는 것은 올바른 관계가 이루어지는 것이다. 하나님 앞에서 '의'를 지킨다는 것은 하나님과 올바른 관계를, 사람들과의 사이에서 정의가 확립된다고 할 때는, 이웃들과 올바른 관계를 맺는 것, 상호 신뢰하고 사랑하고 존경할 수 있는 관계를 형성하는 것을 말한다. 또한 자연과도 올바른 관계가 형성되어야 한다. 전통적인 신학에서도 '의'의 상대적 개념은 '죄'인데 죄는 하나님과의 관계가 무너진 것을 말한다.

이러한 용어는 그대로 신약시대 희랍어로 번역되었다. "디카이오쉬네"(δικαιοσυνη)로 번역한 '의'는 기독교 신학의 가장 중심적 용어이다. '의'라는 신학 개념은 그만큼 중요하기에 길고도 해결되지 않는 지루한 신학 논쟁들이 이어졌다. 특히 바울에게 기원하고 루터의 종교개혁에서 강조한 "오직 믿음으로", "오직 은총으로" 라는 명제와, 이와 대립해서 야고보에게 뿌리를 두며 본훼퍼가 강조한 "행위가 없는 값싼 믿음"에 대한 비판은 서로가 팽팽한 긴장을 유지했다. 믿음을 강조하는 신학과 행위와 실천을 강조하는 신학의 긴장감이 그것이다.

그러나 이것은 구약 성서적인 맥락에서 보면 아무 논쟁거리가 되지 않는다. 내가 하나님 앞에서 의롭다는 것은 하나님과 분리된 '나'라는 존재의 행위나 실천을 저울질하는 것이 아니다. 하나님을 떠난 존재는 이미 그것이 옳으냐 그르냐, 정의인가 불의인가를 가늠할 자격조차 없다. 구약에서 참된 '의'는 나의 모든 행동이 하나님과의 관계 속에서 나와야 하는 것이며 나의 생각과 실천, 일거수일투족이 '하나님의 충동' 속에서 우러나야 한다. 그렇기 때문에 '정의', '의'라는 것은 그 말 자체가 철저한 하나님과의 관계를 전제한다. 하나님 없이 나의 행위와 실천을 전제하는 것은 그 자체가 '불의'이다. 본훼퍼의 비판은 말로만 "오직 믿음"을 앞세우며 하나님을 팔아먹는 거짓 믿음에 대한 경고이다. 그들은 실제로는 하나님과 아무런 관계없이 행한다. 자신의 이기적이고 배타적인 동기를 위해 잘못 사용하는 "오직 믿음"이라는 명제를 제자리로 돌리자는 외침이었다.

정의라는 것은 우주 만물이 서로 얽혀 있고 서로 의존하고 있듯이, 내가 홀로 존재하는 것이 아니라 인간들 모두가 서로 상호간에 연결되어 있으며 무엇보다도 하나님과의 관계가 올바르게 연결될 때라야 이루어진다. 그리고 중요한 것은 하나님과의 바른 관계가 우리가 인간들 상호간 맺는 관계, 자연과 맺는 관계를 떠나서 존재하는 것이 아니다. 우리들 각자가, 또한 우주를 이루는 각각의 사물이 자신이 거주하는 올바른 자리에 있을 때, 다시 말하면 다른 존재들과 바른 관계를 맺을 때, 우주 만물이 정의로운 것이다. 어느 일부분에게 희생을 강요하는 관계는 하나님을 거스른다. 또한 우리는 각자의 조화로운 관계들 속에서 생명이 충만한 기쁨을 누릴 때, 만물은 평화를 실현할 수 있다.

야훼의 날

이스라엘은 야훼의 날을 간절히 바랬다. 이날은 하나님께서 이스라엘의 모든 적들을 물리치시는 영광스러운 날이었다. 그들에게 현재 번영은 하나님 은혜의 표시였다. 다시 국가의 전성기를 맞이한 이스라엘은 온통 장밋빛 꿈으로 들떠있었다. 당시의 왕, 제사장, 예언자들은 모두 입을 모아 "야훼의 날"을 기다렸다. 그날은 가까운 장래에 있을 나라의 영광을 되찾고 승리하는 날이다. 그들에게 '지금'은 '그날'을 기다리는 시간이며 자신들에게 풍요를 가져올 미래를 여는 시간이었다. 지도층은 그런 앞날을 맞이하기 위해서는 지금 당장의 고통은 감수하고 인내해야 한다는 것을 민중에게 설득하였다. 그러나 국가의 지배자들이 제시하는 장밋빛 청사진과 같이 부의 총량은 늘어났으나 실제 민중의 삶은 처참했다.

그러나 아모스의 눈에는 달랐다. 부가 늘어나면 모두가 잘 살게 된다는 논리는 허구였다. 물질은 풍요했고 부는 넘쳐났지만 부는 소수에게 집중하였고 오히려 가진 자들은 더욱 탐욕스러워졌다. 그들이 벌이는 술수와 억압은 점점 더 교묘하고 악질적이어서 상상을 초월했다. 정신이 제대로 박혀 있지 않은 사람들에게 주어지는 물질은 독과 같은 것이었다. 아모스는 그들이 바라던 장밋빛 미래, 야훼의 날에 대한 환상을 뒤집었다. 아모스 예언의 도드라진 특징은 그날이 축복의 날이 아니라 오히려 무서운 심판의 날이 되리라고 한 것이다. 아모스는 야훼의 날에 대해 다음과 같이 말했다.

> 곡식단을 가득히 실은 수레가 짐에 짓눌려 가듯이,
> 내가 너희를 짓누르겠다.

아무리 잘 달리는 자도 달아날 수 없고,

강한 자도 힘을 쓰지 못하고,

용사도 제 목숨을 건질 수 없을 것이다.

활을 가진 자도 버틸 수 없고,

발이 빠른 자도 피할 수 없고,

말을 탄 자도 제 목숨을 건질 수 없을 것이다.

용사 가운데서 가장 용감한 자도

그 날에는 벌거벗고 도망갈 것이다. (2:13-16)

그러므로 나 주 하나님이 선고한다.

적군이 이 나라를 포위하고,

너의 방어벽을 허물고,

너의 요새들을 약탈할 것이다.

나 주가 선고한다.

목자가 사자 입에서

양의 두 다리나 귀 조각 하나를 건져내듯이,

사마리아에 사는 이스라엘 자손도 구출되기는 하지만

침대 모서리와 안락의자의 다리 조각만

겨우 남는 것과 같을 것이다.

이 말을 듣고서, 야곱 가문에 전하여라.

나 주 하나님, 만군의 하나님이 하는 말이다.

내가 이스라엘의 죄를 징벌하는 날,

베델의 제단들도 징벌하겠다.

그 때에 제단의 뿔들을 꺾어, 땅에 떨어뜨리겠다.

또 내가 겨울 별장과 여름 별장을 짓부수겠다.

그러면 상아로 꾸민 집들이 부서지며,

많은 저택들이 사라질 것이다.

주님께서 하신 말씀이다.(3:11-15)

너희는 망한다!

주님의 날이 오기를 바라는 자들아,

왜 주님의 날을 사모하느냐?

그 날은 어둡고 빛이라고는 없다.

사자를 피하여 도망가다가 곰을 만나거나,

집 안으로 들어가서 벽에 손을 대었다가,

뱀에게 물리는 것과 같다.

주님의 날은 어둡고 빛이라고는 없다.

캄캄해서, 한 줄기 불빛도 없다.(5:18-20)

나 주 하나님이 하는 말이다.

그 날에는 내가 대낮에 해가 지게하고,

한낮에 땅을 캄캄하게 하겠다.

내가 너희의 모든 절기를 통곡으로 바꾸어 놓고,

너희의 모든 노래를 만가로 바꾸어 놓겠다.

내가 모든 사람에게 굵은 베 옷을 입히고,

머리를 모두 밀어서 대머리가 되게 하겠다.

그래서 모두들 외아들을 잃은 것처럼 통곡하게 하고,

그 마지막이 비통한 날이 되게 하겠다.

그 날이 온다.

나 주 하나님이 하는 말이다.

내가 이 땅에 기근을 보내겠다.

사람들이 배고파 하겠지만,

그것은 밥이 없어서 겪는 배고픔이 아니다.

사람들이 목말라 하겠지만,

그것은 물이 없어서 겪는 목마름이 아니다.

주의 말씀을 듣지 못하여서,

사람들이 굶주리고 목말라 할 것이다.

그 때에는 사람들이 주의 말씀을 찾으려고

이 바다에서 저 바다로 헤매고,

북쪽에서 동쪽으로 떠돌아다녀도,

그 말씀을 찾지 못할 것이다.

그 날에는 아름다운 처녀들과 젊은 총각들이

목이 말라서 지쳐 쓰러질 것이다.

사마리아의 부끄러운 우상을 의지하고 맹세하는 자들,

'단아, 너의 신이 살아있다',

'브엘세바야, 너의 신이 살아있다'

하고 맹세하는 자들은 쓰러져서

다시는 일어나지 못할 것이다.(8:9-14)

종교 지도자들의 하나님은 풍요로 이스라엘을 축복하는 하나님이고 오늘의 고통을 참으면 내일은 축복을 가져다주는 하나님이었다. 이들은 자판기 같이 복과 물질을 내어 놓는 하나님을 외쳤다. 이에 대해 아모스는 그날은 축복의 날이 아니고 심판의 날이라고 외친다. 야훼 하나님은 자신의 탐욕에 눈이 멀어서 이웃의 삶을 짓밟는 일에 대해 분노하시기 때문이다.

그러나 아모스의 혹독한 심판 선언과 정의에 대한 외침은 다른 예언자들에게 반감을 샀다. 아모스는 당시 중앙 예언자인 아마샤에 의해 고발당하고 마침내 추방당한다. 아모스는 "반란을 꾀하는 자, 나라를 망치려는 자"(7:10)로 내몰린다. 그러나 결과적으로 아모스의 예언대로 그 후 한 세대가 채 지나기도 전에 이스라엘은 탐욕으로 무너졌다. 화려한 청사진보다 하나님 말씀을 따르지 않은 불의가 마침내 국가의 멸망을 불렀다.

아모스가 야훼의 날을 선포하던 때와 같이 지금 우리 상황도 마찬가지이다. 정부가 내세우는 성장은 장밋빛 미래를 제시한다. 그 논리는 다음과 같다. 나라의 부가 증가하려면 수출이 잘돼야 한다. 수출이 잘되려면 경쟁력을 가져야하고 경쟁력을 갖추기 위해서는 생산 단가가 싸야한다. 그러기 위해서는 노동자들이 고통을 분담해야 한다. 이는 미래의 국가 성장을 위해서 불가피한 것이다. 그러니 비효율적 구조는 대규모로 정리해야 하고 집단해고 등으로 일단 정규직을 최소화하며 대부분의 노동자를 비정규직 또는 아웃 소싱으로 외부 인력을 충당하는 식으로 해야 한다. 이것은 경제 규모가 커지고 성장하기 위한 진통이니 파이를 크게 하기위한 것이니 지금은 참아야 한다. 과연 이것은 정당한가? 이러한 논리 회로가 갖는 허구성은 무엇인가?

성장과 부의 증대 → 수출의 증대 → 경쟁력 증대 → 생산단가 낮춤 → 임금 낮춤

경제 성장의 동력을 싼 임금에서 찾으려고 하는 기업가나 자본가 중심의 입장은 정의롭지 못하다. 모두가 함께 잘 사는 나라를 추구하는 '하나님의 경제' 입장에서는 어긋난다. 낮은 임금의 노동력을 얻으려면 노동하는 계층인 대다수 국민을 사실상 가난한 상태로 묶어 놓아야 한다. 그들이 싼 임금이라도 좋다고 항상 달려들 수 있는 정도의 상태여야 한다. 그렇다면 이들이 제시하는 장밋빛 청사진의 미래는 도대체 누구를 위한 것인가? 소수의 가진 자, 기업가의 배를 불리기 위해, 그들의 부가 기하급수적으로 늘어나게 하기 위해 대다수 국민은 아주 가난한 상태로 있어야 한다는 것이 과연 정의에 기초한 발상인가? 자본가들은 미래를 위해 지금은 고통을 분담하자는 감언이설을 말하나 사실은 노동자와 국민들에게 고통을 전담시키기 위함이다.

임금을 어느 정도로 낮추어야 그들이 만족할 만한 경쟁력이 생기겠는가? 중국이나 몽골 수준으로 낮출까? 누구를 위해 그렇게 하자는 것인가? 땅값이 요동치던 1958년 이후 2005년까지 물가 상승률은 38배인데 비해 땅값의 상승률은 자그마치 950배에 달한다. 생산단가를 낮추기 위해 무엇을 우선적으로 규제해야 하겠는가? 하늘을 치솟는 땅값으로, 공장부지, 창고, 이런 것들을 마련하는 비용이 그대로 생산 원가에 전이된다.

그런데 왜 자본가들은 땅값은 더욱 자율화해서 풀고 임금은 묶자고 하는가? 국민의 1%에 해당하는 사람들이 나라의 60-70%의 땅을 소유하고 있는 구조 속에서 그런 목소리를 내는 사람들은 그 1%에 속하는 사람들의 이해관계만을 대변하는 것이다. 그들이 이기적인 목적으로 뱉어 내는 말에 속지 말아야 한다. 그들이 외치는 성장은 가난한 사람을 비효율, 비인간으로 여긴다. 어떻게 하든지 그들을 떨쳐내고 짓밟고 가려고 한다. 이미 바닥에 쓰러져 피를 흘리고 있는데도 말이다. 하나님의 정의가 실현되려면 비정규직이 철폐되고 모두가 살만한 세상을 만들어야 한다. 임금 격차가 줄어들고 임시직 비정규직의 임금이 높아져야만 구매력이 생기고 내수가 살아난다. 내수로 경제가 활발히 돌아가면 설령 국제 경기가 침체하고 수출이 감소하더라도 경제에 큰 영향을 받지 않을 수 있다.

지금 우리가 겪는 경제적 어려움은 수출은 호황이지만 내수가 살지 않는 것이다. 대다수 노동자를 비정규직으로 몰아 비참하게 만들어 버렸으니 구매력이 생길 리 없다. 비정규직이 된 사람은 노조의 도움조차 받지 못하며 아무도 그들을 대변할 사람은 없다. 대다수 국민을 가난하게 묶어놓은 상태에서 경제적인 수치가 아무리 높아지고 '발전'이라고 외쳐보아도 서민들에게는 그야말로 남의 다리 긁는 소리에 불과하다. 아모스가 야훼의 날의 이상을 뒤집어 그 허상을 깨어 버린 것은 오늘 우리의 현실에도 그대로 적용되며 하나님의 정의가 무엇인가를 보여준다.

아모스는 어떤 관점에서 주변국을 비판하는가?

아모스는 주변 나라의 죄악상을 들추어내고 그 때문에 망할 것이라고 외친다. 여기서 아모스가 어떤 관점으로 각 나라들의 죄상을 밝히는 지는 오늘 우리가 그 시대의 야훼신앙의 진수가 무엇인지 그가 사자가 포효하듯 외칠 수밖에 없었던 하나님의 비밀(3:7-8)이 도대체 무엇인지를 알 수 있는 중요한 단서가 될 것이다.

아모스를 지배 그룹의 일원으로 보는 견해도 있다. 그것은 그의 예언이 단순히 이스라엘 내의 문제에만 국한하는 것이 아니고, 외국에 대해

두루두루 심판 선언을 할 만큼 국제 정세에 해박하거나 주변국 사정에 정통해 있기 때문이다. 그러나 자세히 보면 아모스의 주변국 비판은 해외를 들락거리며 국제 정세에 해박한 사람만이 가질 수 있는 정보들이 아니다. 그의 예언은 학문이나 고급 정보를 통한 심판 선언이 아니다. 오히려 우리는 아모스가 어떤 관점으로 주변 나라들을 평가하는지, 어떤 시각을 가지고 그 시대를 평가하는지에 주목한다.

목자라는 직업은 짐승들과 함께 먹고 자며 돌봐야 하기에 항상 몸에 짐승의 똥 냄새가 배어있다. 그들은 사자나 맹수들이 나타나면 목숨을 걸고 싸워야 했다. 물론 이런 직업은 당시 사람들이 기피하는 직종이고 최하층 신분에게 돌아가는 몫이었다. 이렇게 살아온, 남 왕국의 한 시골 마을 드고아의 목자 아모스가 어느 날 하나님의 충동에 못 이겨 북 왕국 이스라엘의 수도 사마리아와 종교의 중심지인 베델에 가서 말씀을 전한다. 그것도 남북 분단으로 대립 상태에 있는 상태에서 남 왕국 주민이 북 왕국으로 건너가서 '너희들은 망할 것이라'는 내용의 심판을 외쳤으니 사람들이 좋아했을 리 만무하다. 결국 아모스는 북 왕국의 중앙예언자인 아마샤에 의해 베델에서 쫓겨난다.

> 선견자는 여기를 떠나시오! 유다 땅으로 피해서 거기에서나 예언을 하면서, 밥벌이를 하시오. 다시는 베델에 나타나서 예언을 하지 마시오. 이곳은 임금님의 성소요, 왕실이오.(7:12)

아모스는 "이방을 향한 선고"로 자신의 말문을 연다.

다마스쿠스(아람)는 "그들이 쇠도리깨로 타작하듯이 길르앗을 타작하였기 때문"에 망한다고 한다(1:3). 아람족이 이스라엘의 한 지파인 길르앗 사람들에게 쳐들어와 그들을 혹독하게 한 죄를 이유로 들었다. 아마 이를 듣는 이스라엘 군중들은 환호했을 것이다. 아람은 이스라엘과 충돌이 잦았기 때문에 군중들은 아람에 대한 증오를 불태우며 아모스 곁으로 모여들었을 것이다.

아모스는 계속해서 가사(블레셋의 도시)에 대해 외친다. 그들이 사로잡은 사람들을 모두 끌어다가 에돔에 넘겨주었기 때문이며(1:6), 두로(페니키아)도 마찬가지로 형제의 언약을 기억치 않고 사로잡은 사람들을 끌어다가 에돔에 넘겨주었기 때문에 심판을 받을 것이라고 한다(1:9). 고대 사회에서는 전쟁에서 승리하면 포로들을 사로잡아 와서 노예로 부린다. 그런데 여기서는 자신들이 필요해 노예를 잡아가는 정도가 아니라, 마치 상품을 취급하듯이 하였다. 그물로 물고기 낚듯이 닥치는 대로 사람을 잡아다가 남의 나라에 집단으로 팔아버렸다. 아무리 패전국의 포로들이더라도 자신들이 필요를 넘어 사람을 잡아가고 팔아넘기는 것은 있어서는 안 된다.

에돔은 칼을 들고 형제를 뒤쫓으며 형제 사이에 정마저 끊고서 늘 화를 내고 끊임없이 분노를 품고 있기 때문이다(1:11). 암몬은 아이 밴 여인의 배를 갈랐기 때문이며(1:13), 모압은 에돔을 정복한 후에 에돔왕의 뼈를 불태워 재로 만들었다(2:1). 모압 사람들이 자신들의 승리를 과시하고 점령국 사람들에게 겁을 주기위해 사로잡힌 왕을 불태워 그 재를 성벽에 칠했다. 유다는 율법을 업신여기며 지키지 않았기 때문에 망하게 될 것이라 한다(2:4).

한 나라의 흥망성쇠를 가늠하는 요소가 무엇인가? 당연히 그 나라의 경제력, 군사력, 인구 등의 국력을 계산해서 그 나라가 망하든가 흥하든가를 셈할 것이다. 이런 상식은 지금뿐만이 아니라 아모스 때에도 마찬가지이다. 그런데 아모스가 죄를 들추어내는 나라들은 모두 승전국이다. 국력이 충천해서 남을 정복하는 과정에서 생긴 이야기들이다. 상식적인 눈으로 보면 이들은 망할 것이 아니고 앞으로도 잘 나갈 나라들이다.

적국 왕의 뼈를 갈아 재로 만들든지 사람을 잡아서 노예로 팔든지 간에 그런 일은 전쟁에서 흔해 빠진 일들이다. 또 아이 밴 여인의 배를 갈랐더라도 그것이 나라가 망할 이유는 아니다. 그 때의 위정자들이나 오늘날 사람들도 그것들은 그냥 정복 과정에서 '어쩔 수 없이 생긴 해프닝' 정도로 치부할 일이다. 그러나 예언자는 그냥 지나치지 않는다. 그런 일을 행하거나 간과한 정권, 그런 나라는 망해야 한다고 본다. 몇몇 중요하지도 않은 가난뱅이들, 소수자들이 당한 불이익으로 도시가 파괴되고 나라가 망해 온 민족이 포로로 끌려간다는 것은 아무래도 터무니없는 소리다. 당시 사람들은 예언자의 말에 비웃었을 것이다. 그러나 이것이 예언자들의 역사관이었고 세상을 보는 눈이었다.

이렇듯 예언자는 전혀 다른 곳을 본다. "사람에 대한 존엄성, 인간의 가치를 얼마나 잘 지키는가?"를 본다. 아모스 이전에는 자기 민족에게만 메시지를 전했다. 신은 자기 민족을 위해 일하는 민족신 일 뿐이었다. 그러나 이제 야훼 하나님은 이스라엘의 영토를 넘어 모든 사람, 모든 백성의 하나님이시며 그들의 존엄성을 지키시는 분이다. 아모스의 이런 비판을 통해서 이스라엘 사람들이 생각하던 하나님의 성격이 새롭게 각인된다. 그들이 생각한 진리의 기준이 바뀌고, 그들의 종교가 새로워진다. 오늘 한국의 기독교는 아직까지 풍요와 신도의 숫자를 자랑하는 수준이니 한국교회는 아모스의 비판을 새겨서 그가 제시하는 참된 야훼신앙의 세계 속으로 들어가려면 한참 먼 것 같다.

아모스가 보는 세계는 우리와는 차원이 다른 세계다. 그 세계는 한 인간의 존엄성이 나라의 흥망성쇠를 가늠하는 세계다. 이러한 인간에 대한 존엄성이 없다면 야훼 신앙은 우리에게 문을 열지 않는다.

오늘날 세계화, 지구화의 현상은 점점 확산되고 있다. 이제 세계가 한 생활권 안에 들어가게 되었다. 지구 어느 한 곳에서 벌어진 사건이 몇 분 후면 전 세계에 알려진다. 미국에서 기침을 하면 우리나라에서는 재채기를 한다. 그래서 급격히 세계는 하나의 경제권, 생활권이 되었다. 각 나라가 장벽과 울타리를 트고 하나가 되자고 하며 이를 '지구촌' 이라는 개념 아래 담으려고 한다. 말은 좋지만 참다운 '지구촌'이 되려면 그에 걸맞는 정신이 함께 자라야 한다. 잘사는 나라, 기업, 개인들이 자기들의 욕심을 버리고 진정 가난하고 어려운 처지에 있는 이웃들을 형제, 자매로 여겨야 지구촌이 되는 것이지 단지 자신들의 이익을 극대화하기 위해 이런 구호를 사용하는 것은 속임수이다. 그들이 사실은 가난한 사람을 비효율로 간주하고 걸핏하면 정리 해고하는 대상으로 삼는 질서를 퍼뜨리면서 '지구촌'이라 외치는 것은 얼마나 허구적인가?

이런 세계화, 지구화야 말로 실상은 '반(反) 세계화', '반(反) 지구화'에 불과하다. 이러한 성장은 가난한 사람들에게는 착취의 가중을 의미할 뿐이다. 이번 코로나 19 사태는 서구사회가 지구화라는 입에 발린 구호로 가난한 나라들을 털어먹다가 자기 발등이 찍힌 사례이다. 그들은 고부가가치 산업을 중심으로 산업을 재편했고 생활에 필요한 물건을 만들 수 있는 제조업은 거의 제3세계로 이전한 상태였다. 그러다가 코로나 19로 인해 국가간 왕래가 끊기게 되자 최고 선진국이라던 서구사회는 생필품 사재기가 일어났다. 휴지 하나를 놓고 서로 몸싸움을 벌렸다.

우리나라에 사재기가 일어나지 않은 것은 높은 시민의식도 있지만 아직 제조업이 건재하기 때문이다.

미국은 세계에서 제일 잘사는 나라지만 의료혜택에서 제외된 사람들이 많다. 아주 가난한 사람들은 국가에서 의료보호를 받지만 어중간한 층은 터무니없이 비싼 약값과 의료보험료 때문에 장기 체납 상태이다. 제약회사의 독점권 특허권 등으로 높아진 약값 때문에 의료혜택을 포기한 사람이 40%에 이른다. 의료보험 혜택을 받는 60% 마저도 대개 직장에서 부담하는 민간보험인데 이번 사태로 미국은 대량실업상태가 되었다. 미국은 신자유주의 노동유연화 정책의 선두기수로 기업이 언제든지 편의대로 사람을 해고하고 외부에서 필요한 노동력을 조달할 수 있게 했다.

미국이 2020년 4월말 기준 최근 5주간 실업수당 청구 건수가 미국 인구의 10%에 해당하는 3천만 명이 넘어섰다. 직장보험이 되던 60%마저도 해고되면 바로 무보험자가 된다. 미국은 부랴부랴 고용안전책에 나섰다. 기업 자금지원 프로그램에 오는 9월 30일까지 고용수준의 90%이상을 유지해야 한다는 조건을 달았지만 이미 수많은 해고자들이 발생한 뒤라 때늦은 대책이라고 한다. 미국의 지니계수는 0.39로 OECD국가 중 두 번째로 높다.[1]

진단 한번 받으려 해도 수백만 원이 드니 쉽게 진단도 받지 못하고 병원은 엄두도 못낸다. 갑자기 늘어난 환자들을 수용하지 못해 길거리에서, 집에서 사람들이 죽어간다. 요양원에는 시체를 처리하지 못해 한꺼번에 짐처럼 쌓아놓는다. 갑작스런 수요로 의료진조차 마스크도 하지 못한 채 방호복 대신 쓰레기봉투를 뒤집어쓰고 진료하는 것이 소위 선

---

1) 박수현기자, "미국은 선진국이 아니었다" 머니 투데이 2020. 4.30

진국의 진면목이다. 미국은 십여 년간 베트남 전쟁을 치르며 사망한 숫자보다도 많은 희생자가 이미 초기 약 한달 남짓한 기간에 발생했다. 그들이 어찌 문명국이며 세계 선진국이란 말인가? 이탈리아나 미국이 의료 수준이 낮아서 이번 코로나 19에 무너지는 것이 아니다. 그들은 의료 민영화로 인해 보건소등 공공부문 의료 체계가 다 영리 병원으로 전환된 상태이기 때문이다. 우리나라에도 보수정권은 의료 민영화를 시도하려는데 더욱 열심이었다. 대표적인 예가 홍준표는 7년 전 경남도지사로 재직하면서 의료취약지역인 서부경남 지역거점공공병원이던 진주의료원을 강제 폐업시켰다. 그러나 코로나 19 사태 중에도 그는 다시 이웃동네 국회의원으로 당선되었다.

이러한 것들은 하나님의 경제가 아니다. 구약학자 브루그만은 성서의 샬롬의 기능에 대해서 "피조물의 일부분이나 공동체의 일부분, 형제자매의 일부분을 희생시켜서 눈속임으로 얻어내는 안전과 번영, 그것을 추구하는 삶의 방식과 가치에 대해서는 단호하게 거부하는 것이다"고 말한다.

하나님의 나라는 대동세상을 이룬다. 대동사회는 반상, 빈부의 차이가 없어지고 모두가 함께 하는 하나님의 나라이다.

이스라엘에 대한 심판 예언

아모스는 국가의 부가 정점에 이르는 시기에 예언했다. 아모스가 말하는 정의는 모두가 함께 잘사는 것이다. 특정한 계층이 잘살게 되고 나라의 양극화가 심화되는 것은 부의 증대가 아니라 오히려 국가가 멸망하는 징조다. 아모스는 이스라엘 내에 이러한 불평등의 요소요소를 드러낸다. 사람들이 듣기 싫어하는 불편한 예언이지만 그의 예언은 적중

했다. 불과 10여년 후에 등장한 호세아 시대에 북 왕국 이스라엘은 망하고 아시리아의 포로로 종말을 맞는다.

이제까지는 수시로 이스라엘과 충돌하는 주변 나라에 대한 심판이라 청중은 기분 좋게 들었을 것이다. 그러나 아모스는 곧 그 화살을 듣고 있는 청중에게 돌린다.

> "나 주가 선고한다. 이스라엘이 지은 서너 가지 죄를, 내가 용서하지 않겠다."(2:6)

아모스가 이스라엘의 죄악상을 낱낱이 지목한다.

> "그들이 돈을 받고 의로운 사람을 팔고,"(2:6)

이것은 사람을 노예로 사들이는 것을 말하는 것이 아니다. 돈을 받고 의를 파는 것을 말한다. 의라는 것은 참 지키기 힘든 것이다. 그것을 지켜나가려면 비용이 많이 드는데, 그렇다고 하여 그것 스스로 어떤 대가를 생산하지도 못한다. 경제적으로 따지면 그야말로 고비용 저효율의 골치 덩어리다. 그래서 사람들은 쉽게 그것을 던져버리거나 잠깐 접어두면 어떤 대가가 손에 쥐어질 수 있는 것이 현실이다. 잠깐 눈감음으로써 의를 파는 유혹에 빠진다. 우리는 수없이 매순간에 이런 갈등을 접한다.

그런데 만약 모두가 의를 포기한다면 어떻게 되겠는가? 사람들이 애를 쓰다가 자기 스스로 의를 팔도록 만드는 사회가 되어서는 안 된다. 이리저리 우리 사이에 의가 팔려나가면 결국 하나님마저도 거추장스럽게 여긴다. 하나님께서 자리할 곳이 없다. 의로움을 지켜가고자 노력하는 사람들을 소중하게 여겨야 한다. 그것이 우리가 의로운 사람을 팔지 않는 길이다.

영악한 인간들은 함정을 파놓고 의인들이 어렵게 지켜온 '의'마저도 팔아먹도록 유도한다. 그렇게 함으로써 불의를 행하는 자들은 자기들의 양심에 거리낌이 되어오던 것들을 제거하고 의인의 입을 틀어막지만 그것은 결코 승리의 축포를 올려야 할 일은 아니다. 결국은 모두가 망하는 길을 재촉할 뿐이다.

"신 한 켤레 값에 빈민을 팔았기 때문이다."(2:6)

사람을 노예로 사들이는 자들은 "안식일이 언제 지나는가? 초하루 축제가 언제 끝나는가?"를 계산한다(8:5). 그 때는 곡식을 가장 비싼 값으로 팔 수 있으며 사람을 가장 싼 값에 사들일 수 있기 때문이다. 종교적 축제가 열리는 날은 희생제사가 있어서 가난한 사람들도 실컷 고기 맛을 볼 수 있다. 그런데 고기 맛을 본 다음에 겪는 배고픔이 가장 참기 힘들다. 부자들에게는 오히려 그때가 절호의 기회다. 얼마나 영악한 계산인가? 이 때, 가난한 사람들은 생존하기 위하여 아주 어처구니없이 자신의 몸값을 '미투리 한 켤레 값'에 흥정하기도 한다. 군 생활에서 가장 탈영사고가 많이 생기는 것이 첫 휴가를 다녀온 직후이다. 이와 같은 이치이다. 이때에는 찌꺼기 밀까지도 높은 가격에 팔아먹을 수 있기에 부자들은 손꼽아 날짜를 계산한다(8:6).

"그들은 힘없는 사람들의 머리를 흙먼지 속에 처넣어서 짓밟고 힘 약한

사람들의 길을 굽게 하였다."(2:7)

그들의 길이 굽어진 것은 어쩌면 그들 스스로의 선택일지 모른다. 그러나 다른 사람들의 책임이 전혀 없어지는 것은 아니다. 의를 지킨다는 것은 세상적인 힘, 세상의 지위나 경제력으로부터 자유하는 것을 말한다. 세상 힘으로부터 자유하면 가난이 뒤따른다. 이러한 것들이 의를 지키는 대가로 주어지는 쓴 잔이며 고통이다. 의를 지켜나가는 사람들이 밖에 있는 악과 불의와 편법과 싸우기는 쉽다. 그러나 진짜 어려운 것은 내적으로는 가난과의 싸움에서 승리해야 한다는 점이다. 그런데 주변 사람들이 오히려 이러한 약점을 이용하여 그들을 자기 손아귀에 두려고 한다. 어떻게 해서든지 그들이 스스로 굽힐 수밖에 없는 상황 속으로 몰고 간다. 버티고 버티다가 결국 미투리 한 켤레 값에 팔려가는 사람의 현실은 그가 가졌던 거창한 뜻을 비웃고, 인간의 존엄성을 여지없이 흙먼지 속에 처넣고 짓밟아 버린다.

"아버지와 아들이 같은 여자에게 드나들며,"(2:7)

창녀에 관한 이야기일 수도 있고, 이스라엘 내에 있는 바알 신전에서 벌이는 종교적 매춘에 참여해서 생기는 현상일 수도 있다. 그러나 여기서는 경제적 이유로 약자가 된 여인을 마구 대하는 것을 말한다. 출애굽기 21장에 여자노예를 들일 경우 이미 그들과 한 몸 관계가 된 것을 보여준다. 그러나 그럴 때라도 아버지에게 속하여 아내처럼 대우하거나 아니면 아들에게 주어 며느리처럼 대하거나 해야 한다. 그녀를 가족 중에 하나로 맞이하고 그들에게 마땅히 해야 할 의무사항을 해야 한다(출

21:10-11). 그러나 현실에서는 누구에게도 속하지 아니하고 아들도 넘보고 아버지도 넘보며 부자가 탐욕의 노리개로 삼는 상황을 말한다.

"그들은 전당으로 잡은 옷을 모든 제단 옆에 펴놓고는, 그 위에 눕고,"(2:8)

여기서 옷은 일종의 채무증서이다. 하나님을 만나야 할 성전은 이제 채무증서를 가장 안전하게 집단 관리하는 곳이 되었다. 고대 근동의 경우 성전은 가난한 사람들에게 빚을 내주는 은행 역할을 하기도 한다. 그러기에 성전 자체가 채권자일 수도 있다. 또는 부자들이 자신의 재물을 회수하기 위해 수확기에 성소에서 머물러 지내기도 한다. 성소는 자신들이 가진 채권의 권리를 가장 안전하게 지키고 확보할 수 있는 곳이다. 자신들이 별도로 치안 유지를 위해 돈을 들일 필요도 없는 곳이며, 또한 자신들이 받아야 할 채권에 종교적 의무감을 더할 수 있는 장소이기도 하다.

이제 성전은 가난한 사람들이 하나님을 만나는 대신 부자들에게 빚 문제로 호출당해 가는 곳이 되었다. 그들 중 혹 신앙심이 돈독하여 적은 양의 제사라도 드리고 싶은 경우라도 성전에서 자리 펴고 지키는 채권자들의 눈이 무서워 엄두를 낼 수도 없다. 그래도 신앙 양심상 꼭 제사를 드려야 하는 사람이라면 쉽게 덜미를 잡힐 수 있는 위험을 감수해야 한다. 채무를 받기 위해 신앙심까지 이용하는 진풍경이 성전 안에서 벌어진다.

원래 율법의 정신에 의하면 덮을 것이라고는 겉옷이 전부인 사람의 옷을 담보로 잡은 경우 그 옷을 그날 해지기 전에 돌려주어야 한다. 옷을 전당잡힌 사람들은 분명 여유 있는 사람들이 아니다. 가난한 사람들의 옷을 전당잡아서 제단 옆에 펴놓고 누워 자는 것은 부자들이 법을 어기고 돌려주지 않았다는 증거이다.

> "저희가 섬기는 하나님의 성전에서 벌금으로 거두어들인 포도주를 마시곤 하였다."(2:8)

이것은 벌금으로 거두어들인 농산물로 포도주를 빚은 것을 말한다. 고대 사회에서 농산물은 갈무리가 어려워서 술을 빚어 보관하였다. 그러니 포도주를 담글만한 여유를 가진 농민들이라면 벌금을 체납해 압수당할 리 없다. 이것은 아마 농산물을 압수한 부자들이 갈무리용으로 담근 술을 말할 것이다.

옷을 전당으로 잡거나 벌금으로 포도주를 빚은 사람들은 신앙심이 매우 돈독한 사람들로 보인다. 그들은 전당 잡은 옷을 "모든 제단 옆에 펴놓고" 잘 만큼 성전과 가까운 사람들이며, "저희가 섬기는 하나님의 성전에서" 포도주를 먹고 지낼 만큼 종교적인 열심이 있는 사람들이다. 아마 그들은 분명히 남보다 많은 재물을 바쳤을 것이다. 그러나 아모스는 그들이 가진 종교적 열심의 허울을 적나라하게 들추어낸다. 그들이 위장하고 있는 열심의 밑바닥에는 자신들의 소유를 지키려는 욕심이 있다. 그들이 성전에서 먹고 지내는 그 속에는 자신의 소유를 견고하게 하고 빌려준 것들을 한 푼이라도 빠짐없이 받아내기 위한 속셈이 있다. 그들에게 겉으로 보이는 종교적 열심은 있으나 그들의 마음에 하나님은 없다.

어떻게 하나님을 섬기는 사람들이 이런 행위를 할 수 있는가? 그들은 보이는 데서는 밤낮 성전에 머무를 정도의 열심을 자랑하지만 사람들의 눈이 없는 곳에서는 철저하게 악을 행하는 자들이다. 이미 하나님을 떠나도 한참 떠난 사람들이며 하나님을 팔아먹는 장사꾼들이다. 그들은 자기들에게 문뜩 문뜩 소리치는 양심의 소리를 틀어막고, 세속화된 자신들의 불신앙을 숨기기 위해 성전에서 먹고 자고 지낸다. 그러나 보이지 않는 곳에서는 전혀 신앙인이 아니다. 그들에게 하나님은 없다.

하나님은 자신의 의를 실현하기 위하여 지금도 역사하시며 우리들이 막아놓은 개인주의, 이기주의의 담을 허물고 그분의 정의로운 말씀 앞에 우리가 부서지고 쪼개지길 원하신다. 한 번도 손해를 보지 않은 사람, 한 번도 자신을 덜어내지 않은 사람은 "나 주가 선고한다. … 나 주가 의를 세우려고 너를 불렀다"는 그분의 말씀 앞에 대면해 서야한다.

2018년 우리는 선진국 진입의 문턱인 3만달러 고지를 넘어섰다. 세계에서 일곱 번째로 30·50클럽(소득 3만달러·인구 5000만명 이상 국가)에도 들어섰다. 그러나 소득, 일자리, 주거, 교육, 문화, 건강 등 거의 모든 부문에서 양극화는 갈수록 가속화하고 있다. 4차 산업혁명 시대에 기술 선진화는 대세지만 기계가 사람의 노동력을 대신하는 부작용을 최소화하지 않으면 발달한 기술로 인해 일자리를 빼앗기고 사람들이 로봇이나 인공지능을 섬기는 시대가 열릴지도 모른다.

양극화를 나타내는 소득 불평등도는 상위 20%의 소득이 하위 20%의 소득에 비해 몇 배인가를 보는 지수이다. 한국의 소득불평등도는 1997년도말 '국제통화기금(IMF) 구제금융 사태' 이전에는 3.5정도였다. 그러나 IMF 구제금융 사태 이후인 에는 1998년 4.55배로 뛰더니 1999년 4.62배까지 치솟았고 지금은 약 5.5배를 오르내린다. 양극화가 날로 심

해진 것이다.[2]

　그나마 소득 불평등 지수로는 한국은 일본, 영국, 호주, 이탈리아보다 낮으며 프랑스, 독일과 비슷하다. 반면 미국은 9.4배로 한국은 상대적으로 낮은 수준이다. 하지만 노인, 여성, 청년들의 불평등은 심하여 이들은 스스로를 '헬(지옥)'이라고 여긴다. 블룸버그 통신은 "한국은 경제활동 인구의 13%만이 가난하게 살고 있지만 66세 이상 경제활동 인구의 빈곤율은 44%로 그 어떤 경제협력개발기구(OECD) 국가보다 훨씬 높다."고 지적했다. 또한 "청년들은 자신의 집을 구매할 희망을 대부분 포기했다"며 서울에서 집을 구매하는 데 약 13.4년이 소요되는데 이는 미국 뉴욕의 5.7년, 일본 도쿄(東京)의 4.8년보다 길다고 전했다.[3]

　그런데 이 가사를 보고도 저항감이 생긴다. 실제로 13년 모아서 서울에 집을 장만할 수 있는 청년이라면 그는 엄청 잘나가는 청년에 속한다.

　그리고 지금 한국사회에 가장 심각한 문제는 저출산이다. 이 문제를 방치한다면 다음세기에는 한국이 소멸할지도 모른다고 한다. 국회 입법조사처가 펴낸 '저출산 관련 지표의 현황과 시사점'을 보면 저소득층과 고소득층 간의 출산격차가 뚜렷한 것으로 나타났다. 최하위 1분위(하위 10%)에서는 2007년 출산 비중이 7.67%에서 2018년 5.92%로 낮아졌다. 반면 최고 소득층인 10분위(상위 0~10%)는 4.96%에서 5.33%로 늘었다. 소득양극화를 줄여나가는 것이야말로 무엇보다 의미 있는 저 출산 해법이다.

---

2) 홍정규 기자 "IMF가 초래한 한국의 비극…양극화" 연합뉴스 2019. 3. 10.
3) 아시아 투데이 2020.1.13. 기사

아모스는 국가의 부가 정점에 이르는 시기에 예언했다. 그가 말하는 정의는 모두가 함께 잘사는 것이다. 모두가 잘 나간다고 떠들어 댈 때 아모스는 특정한 계층만 잘살게 되고 나라의 양극화가 심화되는 것은 오히려 국가가 멸망하게 되는 징조라고 했다. 그는 야훼의 날이 심판의 날이라고 경고했다. 그의 예언은 적중했다. 불과 10여년 후에 등장한 호세아 시대에 북 왕국 이스라엘은 망하고 아시리아에 포로로 잡혀가는 종말을 맞게 된다.

함께 생각 나누기

* 아모스 시대는 전체적으로 부가 넘치는 시대였다. 이 시대 부자들의 생활과 가난한 사람들의 생활을 비교해 봅시다.

* 부가 넘치는 시대에 왜 아모스는 심판의 예언을 하였는가, 아모스가 전한 말씀의 중심 주제에 대해 이야기해 봅시다.

* 아모스가 주변 나라들에 대해 심판을 예언하는 기준에 대해 살펴보고 오늘 우리가 각 나라들의 국력을 평가하는 기준과 비교하여 봅시다.

* 국가의 부가 넘치지만 부자들의 욕심도 증가하며 그들의 착취도 보다 교묘하고 잔인해져 가난한 사람들이 도저히 자기 삶을 지켜가지 못할 때, 우리 사회는 어떠한 대안들을 세워야 할지 이야기해 봅시다.

기본소득

너희가 이웃 사람의 포도원에 들어가서 먹을 만큼 실컷 따먹는 것
은 괜찮지만, 그릇에 담아가면 안 된다. 너희가 이웃 사람의 곡식
밭에 들어가 이삭을 손으로 잘라서 먹는 것은 괜찮지만, 이웃의 곡
식에 낫을 대면 안 된다." (신명기 23:24~25)

신명기가 남의 밭에 들어가서 낫을 대거나 바구니에 담아가지고 나오
면 안 되지만 손으로 먹는 것은 가능하다고 하는 것은 인간의 기본권을
말한다. 먹는 것은 인간의 가장 기본적인 권리다. 그래서 신명기는 포도
원이나 곡식농사에 대해 말하면서 먹거리를 농사지은 사람의 개인의 소
유물로 보기 보다는 누구든지 배고픈 사람이 생명을 유지할 권리에 먼
저 주목한다. 모든 사람들에게 인간의 존엄성에 부합하는 삶의 조건들
을 보장하는 것이 개인의 소유권에 우선한다는 선언이다.

기본소득은 오랫동안 이야기 해왔지만 전혀 실현 가능성이 없어보
였다. 하지만 코로나 19로 인해 비록 일시적이지만 지금은 자연스럽게
전 세계적인 추세가 되었다. 전 국민이 기본소득을 경험했다는 것은 매
우 중요한 체험이다. 단지 먼 꿈의 이야기로만 하는 것과는 판이하게 다
른 토대가 조성되었다. 이런 여세를 모아서 2020. 6. 4일에 충청남도 도

내 15개 시군의 시장, 군수, 농민단체 대표들이 모여서 농어민수당의 지급액을 연간 80만원으로 결정하여 전국 최초로 농민기본소득을 확정했다. 이는 이미 2017년 안희정 도지사 시절에 벼 경영안정자금과 맞춤형 비료지원사업을 통합해서 모든 농가에 37만원을 균등지급하기 시작한 농민수당이 토대가 되었다. 충청도 분들이 말만 느리지 행동은 아주 빠르다.

그동안 기본소득에 대해 적대적이던 사람들이 내세우던 논리는 노동과 임금을 연계하는 것으로 자본주의 경제의 대 전제처럼 여겨졌다. 4대 보험은 직장을 가진 사람들만 대상이 된다. 소위 "노동연계복지"라는 것인데 이에 근거해서 1990년 국민의 정부에서 "생산적 복지"의 개념을 확립했다. 사실 실업수당은 진짜 실업자는 받지 못한다. 일하다가 잠시 쉬는 사람에게만 해당하지 직업이 없는 사람에게는 소용없다. 이는 "일하지 않는 자는 먹지도 말라"(살후 3:10)는 말씀을 토대로 한다. 이 말씀은 초대교회에서 종말론적 열정 속에서 생업을 전폐하고 성전에서 마지막 날을 기다리는 특수한 상황에서 생업을 기피하지 말라는 뜻의 말씀이지 일반적인 노동에 관한 말은 아니다,

그런데 문제는 일하고 싶어도 직장이 없다는 것이다. 실업이 문제다. 자본주의는 발달하면 완전고용이 이루어진다고 생각했다. 그런데 지금 경제의 특징은 이른바 '고용 없는 성장'이 특징이다. 신자유주의 경제는 정리해고하고 비정규직을 양산해야 성장할 수 있었다. 예전의 경기순환 사이클도 적용이 안 된다. 지금 전 세계 자본주의는 세계화, 신자유주의 이후 장기 침체 국면이다. 과잉생산상태가 해소되더라도 국민의 대다수를 가난한 상태로 묶어 놓았으니 구매력이 없어 시장이 회복되지 않는다. 장기 침체가 계속되고 있다. 이에 강대국들은 신자유주의로 해

외시장을 개방해서 자기들의 잉여생산물을 가난한 나라에서 소화시킨다. 그러니 국가 간에도 빈부 차이가 점점 심해지면서 가난한 나라의 경제가 무너지고, 구매력을 갖지 못하는 것은 개인과 마찬가지다. 그러니 이대로는 안 된다는 결론이다.

러셀은 "자본주의자들은 자유의 신성한 원리를 호소하는데, 이것은 운 좋은 자가 운 없는 자에게 아무 걸림돌 없이 횡포를 부릴 자유를 의미한다."고 했다. 서로 북돋아 잘 살게 해야지 지속가능한 경제가 되는데 가난한 사람들은 더욱 쥐어짜 죽여 버리니 일회성의 경제일 뿐이다.

요즈음 코로나 19로 인해 각 나라마다 전 국민에게 기본소득을 지급하는 것이 대 유행이 되었다. 전염병으로 전 세계가 멈추게 되자(Shut-down) 자본주의 판 자체가 깨질 위험에 처했다. 사람은 며칠만 굶으면 죽을 수 있기에 시급성이 요구되었다. 여기에 논쟁을 빙자한 보수주의자들의 저항은 무력화되었다.

기본소득은 국가가 생존에 필요한 기본이 되는 소득을 지급하는 것이다. 기본소득은 불로소득이 아니다. 기본소득은 모두에게 주어진 공유재산(토지, 환경, 인류가 만든 혁신적 기술) 등에 대한 권리이다. 이런 공유재산이 개인의 소득증가에만 기여하게 해서는 안 된다. 그것은 인류의 공동의 자산이고, 모든 사람들을 위한 공동의 권리, 천부적 권리다.

땅은 하나님의 것이기에 누가 독점해서는 안 된다는 성서의 기본 가르침이다. 지주가 그 수익을 독점하는 것은 잘못이다. 지금 토지수익으로부터 투여된 노동의 대가를 공제하고 나머지는 토지세로 징수하여 인간 모두의 몫으로 돌려야 한다.

오늘이 환경주일인데 환경 또한 대표적인 인류의 공적재산이다. 그런데 지금은 먼저 환경을 훼손하는 사람이 그 수익을 갖는다. 환경 파괴에 대한 징벌로 환경세(생태 세)를 징수해서 재원으로 삼아야한다.

인공 지능 등, 혁신기술은 인류공동으로 만든 것이다. 빅 데이터를 만드는 데는 우리 모두가 기본 데이터를 제공했다. 그것을 기업이 독점해서는 안 된다. 인류 공동으로 만든 빅 데이터를 통해 수익을 얻은 기업에 대해서는 데이터 세나 인공지능 세를 신설해야 한다.

그래서 헌법에 "모든 국민은 기본 소득 권리를 가진다. 국가는 기본소득을 지급할 의무를 갖는다."는 조항을 신설하고 시행해야 한다. 이것은 다음과 같은 전제를 갖는다.

1. 무조건적이다. 노동을 요구하거나, 재산이 얼마인가를 따지지 않는다.
2. 개별적이다. 가족이 아니라 개인에게 준다. 3살 아이라도 80세 노인이라도 그 존재자체로 권리를 가진다.
3. 보편적이다. 이재용 삼성 부회장이라도 노숙인이라도, 실업자라도 전업주부라도 모두에게 지급한다. 주부는 이혼 시에만 주부의 가사 노동이 인정받는다. 개인에게 지급되기에 가장에게 의존적이지 않고 주부의 자율성이 생긴다.

이게 어떻게 가능한가? 놀고먹는 배짱이 들을 양산하지 않겠는가? 그렇지 않다. 지금의 복지제도는 직업이 있으면 기초생활보장급여가 제외된다. 그러니 오히려 시원치 않은 일자리는 거부하고 그냥 배짱이로 남는 것이 유리할 수 있어 배짱이 양산을 더욱 부추기게 된다.

그러나 모두에게 기본소득이 주어지면 기본소득 이외에 노동수익이 더해지니 일자리를 가리지 않고 찾게 된다. 돈벌이 노동에 묶이지 않아도 되기에 의미 있는 일, 창조적인 활동이 증가한다. 또한 자신의 발전을 위한 공동체 활동이 증가해서 행복지수가 높아진다.

실제 2008-2009년에 아프리카 나미비아 한 가난한 마을에서 주민 1200명에게 월 100나미비아 달러를 아무 조건 없이 지급했다. 독일 개신교의 지원으로 월 8유로정도 비용을 지급 했더니 실업률이 1년 새 15%가 떨어졌다.

미국 알래스카에서는 1976년 석유판매수익의 25% 적립해서 기금을 만들고 1982년부터 주민 1사람당 매년 1천 달라 안 밖을 배당했다. 40년째 시행하고 있다.

브라질이 지금은 엉망이 되었지만 룰라 대통령은 2003 시민기본소득법 제정하고 단계적 실시를 했다. 2003년에 1/4의 국민에 대해서 지불하고 2010년 부터는 전 국민에게 지급했다.

2013년 스위스에서는 12만 명이 조건 없는 기본소득조항을 헌법에 넣자는 국민투표 발의안을 내어 투표를 실시했으나 부결되었다. 그러나 이것은 실패가 아니다. 기본소득에 대한 논란은 계속될 것이고 점점 지지자들이 늘어나는 추세다.

2009년에 독일에서는 100명의 의원이 찬성했다. 독일 100대 재벌 중 한 사람인 DM의 괴츠 베르너 회장도 적극 지지자 중에 한사람이다. 그는 그렇게 되면 기업이 지불하는 사회복지비용이 줄 것을 기대한다. 2019년 갤럽의 조사에 의하면 영국국민의 77%, 캐나다국민의 76% 미국도 43%의 국민이 기본소득을 지지한다. 옥스퍼드 대학의 Timothy Garton Ash는 유럽인의 71%가 지지한다고 밝혔다.

노동의 강박으로부터의 해방

이런 시행의 사례를 통해 보면, 국민의 자신감과 안정감이 늘고, 자살율은 줄었으며 스트레스도 줄고 창의적인 일에 종사하는 행복감이 높아지면서 생산성도 높아졌다는 결과들이 나왔다. 노동해야 살 수 있다는 노동 강제에서 '게으를 권리'를 찾는 것이다. 게으른 가운데 기상천외한 창조력이나 예술도 나올 수 있다. 직업의 독재에서 노동을 해방시켜 주는 것이다.

오늘 같이 고용이 힘든 사회에서 고용되었다는 것은 특권을 부여받은 것이다. 원해도 일자리를 얻지 못하는 사람들에 비해서 일자리를 임대한 것과 같다. 일종의 '고용임대론'이다. 한정된 공적 일자리를 임대한 대가를 세금으로 내어서 실업 상태의 사람과 나누자는 것이다. 비자발적 실업자들은 고용자를 위해 일자리 임대료를 받을 권리가 있다.

꼭 노동이 소득과 관련되지 못하는 노동이 많다. 그런데 오히려 그런 것이 더욱 우리 삶을 지켜나가는 기본이 되는 노동이고 더욱 거룩한 노동이라고 볼 수 있다. 주부들의 노동은 생명에 꼭 필요하지만 급여 받지 못한다. 저도 그렇고 예수살기 회원들, 민중교회 목사들은 교회에서 급여를 받지만 사실 교회 일보다 사회적인 일도 못지않게 많이 한다. 그런 것들은 다 비급여 일들이지만 우리 사회발전을 위해서 매우 중요하다. 돈을 버는 노동이 협의의 의미라면 남을 위한 섬김은 진정한 노동이며 광의의 노동이다.

하나님께서 가르쳐 주신 노동은 우리가 하나님을 섬기고 이웃을 섬기는 노동이지 꼭 돈 버는 노동만 하라는 것은 아니다. 돈 버는 노동은 노동 전체를 나타내지는 않는다. 그것은 제한되어 있다. 비 급여 노동이 더욱 소중할 수 있다. 그런 사람들은 하나님께 상급을 받을 것인데 이 땅에 있는 한 그도 살아야 하니까 기본소득 정도로 받을 권리가 있다.

이렇게 하면 복지 판별을 위한 무수한 비용이 지급되는데 그 비용을 줄일 수 있다. 국가가 심사하여 판별 등급을 수시로 변동하는 인력과 비용이 거의 들지 않는다. 모두에게 지급하니 비용들 것이 별로 없다.

우리나라에서는 보편적 복지의 개념으로 무상급식이 주장되었는데 이것은 일종의 기본 소득의 개념이다. 또한 박근혜 대통령이 후보시절 공약으로 모든 노인에게 20만원씩 기본급여를 하겠다고 했다. 획기적인 제안이었다. 서민 중에 상당수는 양 부모를 모시면서 부담이 되었는데 가계에 매월 40만원씩 국가가 지불해 준다면 생활이 피겠다고 생각하고 찍었더니 대통령이 된 다음에 뒤집어 버렸다. 헛공약 거짓말이었다.

이미 수급을 받고 있는 사람들도 불안감에서 해방된다. 대상에서 탈락되면 어떻게 하나하는 불안감 없이 안정을 찾을 수 있다. 가족 중 누가 취업을 해도 재산이 생겨도 받을 수 있다. 기본 소득을 받을 필요가 없는 사람에게도 지급하지만 소득에 따라 세금으로 거두면 된다.

한신대 강남훈 교수는 한국형 기본소득 설계도를 제시했다(2014년 기준). 모든 국민에게 월 30만원씩 지급하는 안이다. 년 간 소득이 사천만원정도가 중간에 속한다. 이런 층은 기본소득세로 연간 718만원을 내지만 평균 3명 가족(한국의 평균 가족 수 3.07명)이 받는 돈은 1107만원이니 년 간 389만원을 국가로부터 받는 셈이다. 상위 15%만 내는 것이 더 많고 85% 아래는 모두 받는 것이 더 많다.

19세기는 노예제 폐지가 그 시대의 과제였다. 20세기 보통선거권 획득의 시대이다. 모두에게 한 표의 권리가 주어진 것이 오래되지 않는다. 보통선거제도는 모두에게 동등한 한 표의 권리를 주자는 것인데 이는 사회적 생명과 같은 기본권이 되었지만 보통선거권은 투표할 때만 효력이 발생한다. 경제력이 없는 사람들에게는 '모두에게 주어지는 동등한 권리'는 구호에 불과하다.

21세기는 기본소득의 시대가 될 것이다. 기본소득은 완전한 시민권의 상징이다. 기본소득은 민주화된 권리로 정치적 자유를 가져다 줄 것이다. 1인 1표제도가 형식적 민주주의를 구현한 것이라면 기본소득은 실질적 민주주의를 구현하는 것이다.

모두에게 기본적인 권리가 평등하게 미치게 하는 것이 민주사회의 정의이다. 정의가 무너진 곳에 아무리 목청을 돋우어 하나님을 불러도 그 하나님은 응답치 않으신다. 삶의 무게를 견디지 못하고 목숨을 끊는 일들이 일어나는 것을 그들이 삶의 의지가 부족하다고 개인의 탓으로 돌려서는 안 된다. 우리 모두의 책임이다. 또 일자리를 주지 않는 사회의 구조적인 책임이다. 이런 일들은 공의의 하나님을 무시하고 하나님을 부정하는 일이며 하나님의 몸을 훼손하는 불경한 일이다.

(강남향린교회 강단 중에서)

07

호세아-야훼를 아는 지식의 결여

이스라엘은 나라의 부가 절정에 달했을 때 급작스럽게 망해버렸다. 부가 번영을 가져오기 보다는 방향을 상실한 부는 오히려 치명적인 독이었다. 정의로운 부가 되려면 어떠해야 하는가 호세아를 통해 알아본다.

호세아는 잘 알려지지 않은 브에리의 아들로서(1:1) 북 왕국에 대해 예언했다. 그의 예언에 등장하는 지명은 베델, 길갈, 아골 골짜기, 아담, 라마, 기노아, 길르앗 등 북부 지역들이다. 예언의 중요한 테마가 중앙 예언자에 대한 비난(4:4-6)인 것으로 보아 그는 대표적인 주변부 예언자에 해당한다.

시대적 배경

호세아는 북 왕국이 전성기를 이루던 여로보암 2세(주전 787년-747년) 때의 예언자이며 여로보암 2세는 여호아하스, 여호아스에 이은 예후의 3대손이다.(5:1, 7:3-7, 9:15, 13:10-11). 호세아가 '예후의 집이 몰락하리라'고 예언하는 것으로 보아 여로보암 2세가 죽기 직전인 주전

747년에 활동을 시작한 것으로 보인다. 여로보암 2세 이후 이스라엘은 폭력과 쿠데타로 왕국이 혼란과 무정부 상태에 빠졌다. 주전 746년에 스가랴 왕이 죽임을 당하고(열왕기하 15:8-10) 그 후부터 732년에 예언 자와 이름이 같은 왕 호세아가 베가를 죽이고 통치를 시작할 때까지(열왕기하 15:30) 북 왕국은 극도의 혼란이 계속 된다. 이 기간에 6명의 왕 중 4명이 암살당했다.

호세아의 마지막 언급은 사마리아가 몰락하고 왕국 전체가 아시리아 제국에 편입되기 2, 3년 전 호세아 왕의 퇴위와 북 왕국의 종말(13:9-11)과 관련되어 있다. 그의 예언 기간은 사마리아 몰락 이후까지 약 30년 정도에 해당한다. 그는 아모스와 동시대인이며 아모스보다는 공적인 활동을 좀 더 오래했다.

부의 정점에서 나라가 망하다

일반적으로 나라가 망하는 것은 국력이 쇠퇴했다든가 경제적으로 타격을 입었을 때라고 생각하기 쉽다. 그러나 이스라엘은 최고의 전성기를 누리며, 저마다 부가 넘쳐날 때, 그 정점에서 갑자기 나라가 망해버렸다. 이것은 앞선 예언자 아모스의 예언이 현실로 다가온 것이다.

아모스는 짧게 북 왕국에서 예언하고 사라졌다. 그의 혹독한 심판 예언은 북 왕국 주민들의 귀에 거슬렸다. 북 왕국 주민들은 아모스를 "너는 네 고향에나 가서 예언을 하면서 밥을 빌어먹으라."라며 쫓아냈다. 그로부터 약간 이후이거나 거의 동시대에 활동을 시작한 예언자 호세아는 듣기 싫었던 아모스의 예언이 정확하게 맞아 떨어지는 것을 보았다.

일반적으로 사람들은 부가 늘어나면 모든 것이 좋아질 것이라고 생각한다. 그러나 물질이 그들의 미래를 보장해 줄 것이라는 장밋빛 낙관론과는 달리 결과는 그렇지 않았다. 부가 늘어나자 사람들의 욕심은 더욱 늘어났다. 그 사회 지배층들은 이제는 저마다 정권을 잡을 욕심을 가졌다. 밤새 왕과 함께 연회자리에 있다가 날이 새면 왕을 암살하고 정권을 차지하려는 음모가 판을 쳤다. 이 기간 많은 왕들이 죽고 정변이 계속되었다. 부와 풍요는 절정에 이르렀는데 나라는 무정부 상태의 혼란 속으로 빠졌다. 부가 늘어나면 그들의 행복도 증가하리라는 생각은 빗나갔다. 아모스가 예언한 대로 그날은 무시무시한 심판의 날이 되었다. 마음의 준비가 안 된 사람들에게 내리는 부의 축복은 최고의 독에 불과했다. 상류층의 부패와 타락은 극에 달했고 사람들은 저마다 재물을 모으는 데 혈안이었다. 그들의 욕망이 망국의 원인이었다. 나라는 극도의 혼란상을 보였다. 이렇게 국가의 모든 기반이 뒤흔들리니 덩달아 모든 사회가 재물에 미쳐 돌아갔다. 사회는 총체적 부패와 도덕률의 타락을 겪을 수밖에 없었다.

호세아는 나라의 부패, 제사장과 예언자들의 무책임, 왕과 방백들의 불법 행위, 백성들의 영적 타락 등으로 더 이상 이스라엘이 나라로 존속할 수 없는 상태라고 판단했다. 이런 내적 취약성은 결국은 침략자의 손에 의해 이스라엘이 패망하는 원인이 되었다. 이스라엘은 부의 절정에서 나라가 갑자가 망해버렸다. 부의 양이 늘어나는 것이 문제가 아니라 그 부가 누구를 위해 쓰이는가가 더욱 중요하다. 부를 주도하는 사람, 부를 주도하는 계층이 더욱 중요하다.

신자유주의 경제는 노동유연성이라는 그럴듯한 이름을 쓰지만 이것은 속이는 말에 불과하다. 유연하다니까 무척 좋은 말 같지만 기업주인 자본가에게는 도움이 되겠지만 국민의 대다수를 차지하는 노동자에게는 언제든지 자기 목을 치라고 목을 빼어들고 있는 셈이다. 자기 목숨을 자본가에게 내어 맡기고 언제든지 해고해도 좋다. 언제든지 쫓아내도 좋다는 자기 권리의 포기선언이 바로 노동 유연성이다. 신자유주의, 자유민주주의, 자유무역협정 이런 말들이 자유라는 그럴듯한 말로 포장하고 있지만 그것은 자유가 아니다. 이러한 우리의 현실 속에서 정치가들이 수호한다는 자유민주주의 내용은 무엇인가? 그것은 권력을 가진 자의 자유, 군림하는 자의 자유, 지배자의 자유만을 수호하자는 것이다. 그것은 가진 사람들이 얼마든지 더 가질 수 있는 자유를 말하는 것이며, 가난한 사람들을 얼마든지 더 빼앗을 수 있는 자유에 불과하다.

우리는 기술의 발달을 말하고 4차 산업혁명을 말한다. 물론 기술의 발전에 뒤쳐져서는 안 되겠으나 주도권을 누가 갖는가에 따라서 재앙이 될 수도 있다. 인간이 할 수 있는 대부분의 일자리를 인공지능이나 로봇에게 빼앗기고, 정작 인간은 사회보장제도나 로봇이 던져주는 동전을 구걸하며 살아야 할지도 모른다. 기계문명이 발달하면서 우리는 기계문명에 기대를 걸었다. 기계가 인간의 노동시간을 단축해주고 그 결과 인간은 여가를 즐길 수 있을 것이라 생각했다. 그런데 이 순진한 생각은 이루어지지 않았다.

오히려 심각한 위기가 왔다. 우리는 여기에서 중대한 사실을 간과했다. 기계 도입이 인간 생활을 편리하게 만들려면 그 기계에 대한 주도권을 노동자가 가지고 있어야 한다. 열 시간 일할 것을 새로운 기계의 도입으로 다섯 시간만 일해도 된다는 것은 기계나 설비에 대한 주도권을 노동자가 가지고 있을 때 가능하다. 그렇다면 당연히 노동자는 다섯 시간의 여유를 가질 수 있다. 그런데 현실은 어떤가? 기계나 설비에 대한 주도권을 자본가가 가지고 있기에 새로운 기계를 들여놓고 노동시간이 절반으로 줄어든다면, 그들은 남아도는 두 사람 중 한사람은 잘라낼 것이다.

 이것이 이른바 신자유주의적 해결 방법이다. 대량 해고와 구조조정이 필수적이며, 감봉이나 해고가 뒤따른다. 이것은 소유한 사람과 일하는 사람이 나누어져 있기 때문에 오는 모순이다. 자본가가 주도권을 가지는 경우 그들은 이윤을 늘리기 위해 필요 없는 인원을 잘라내기 때문에 성장이 되더라도 '고용 없는 성장'이 될 뿐이다.

 그러다가 혹 필요 이상으로 사람을 잘라내어 일에 차질이 생길 수 있으므로 언제나 필요한 노동력을 보충할 수 있도록 '노동시장 유연화' 조치가 필수다. 실제로 이러한 제도를 악용하여 필요 이상 잘라내고 그 자리를 비정규직, 임시직 노동자로 보충한다. 그래서 20대 80의 사회가 됐다고 했다. 이는 실제로 핵심적인 20%의 노동자만이 필요하다는 것이다. 나머지 80%는 임시직, 아웃소싱으로 밖에서 조달하겠다는 말이다. 80%에 해당하는 인구들은 선택된 20%가 흘리는 부스러기로 먹고 살라는 것인데, 요즘은 20%도 많고 10%면 된다고 하여 10대 90의 사회를 말하더니 급기야는 99대 1의 사회를 말한다.

 인간의 편리함을 위해 고안한 기계가 주인을 내쫓고 죽이는 물건이 됐다. 그렇다고 기계가 문제 있는 것은 아니다. 기계는 인간의 충실한 도구일 뿐이다. 그것을 운용하는 인간이 서로 어떤 관계를 맺느냐 하는 것이 더욱 중요하다. 인간의 제도는 모순이 드러날 경우 얼마든지 스스로 합리적으로 바꾸어 갈 수 있다.

 문제는 누가 주도권을 가지느냐 이다. 자본가의 입장에만 서서 그들이 효율적으로 더 큰 자본을 형성해 갈 수 있는 조건을 만들어 주면 아마 전체의 경제 성장률을 높이는 데는 가장 좋은 조건이 될 것이다. 그러나 빈익빈 부익부가 자명해지는 이러한 미국식 신자유주의 경제 외에 다른 방법과 대안을 모색해야 한다. 이번 코로나 19사태는 앞에서 살펴보았듯이 미국식 신자유주의가 잘못된 제도라는 것을 우리에게 신랄하게 알려주는 계기였다.

호세아의 시대에도 늘어난 부는 오히려 서로를 죽이는 독이 되어 나라가 망하는 것을 보았다. 부를 누가 주도하는 가가 더욱 중요하다는 것을 강조한 아모스 호세아의 예언은 지금도 우리에게 중요한 가르침을 준다.

호세아의 독특한 개인 경험

호세아는 독특한 개인 경험을 통해 예언했다. 그는 하나님으로부터 "음란한 여인 가운데서 아내를 삼으라."는 명령을 받고 창녀 고멜과 결혼한다. 결혼 후에 다시 매음굴로 도망간 부인을 재차 불러들여 함께 생활한다는 것은 예언자에게는 크나큰 위험이고 스캔들이다. 그리고 거기서 난 자녀들에게 독특한 이름을 붙였다.

첫째는 '이스르엘' 인데, 이는 예후 정권에게 주는 메시지이다. 이 이름으로 호세아는 예후의 손자인 여로보암에게 선언한다. 이스르엘은 예후가 바알을 섬기는 자들을 모아놓고 그들을 잔인하게 살육한 장소이다. 예후가 비록 야훼 신앙에 열광해서 행한 행위지만 호세아는 이런 살육행위를 비판한다. 종교적 열정이나 이념이 인간의 생명을 뛰어넘을 수 없다는 것을 보여준다. 이스르엘이라 이름한 것은 "이제 곧 내가 예후의 집을 심판하겠다. 그가 이스르엘에서 살육한 죄를 물어서 이스라엘 왕조를 없애겠다. 또 그 날에 내가 이스르엘 평원에서 이스라엘의 활을 꺾겠다."는 의미다(1:4).

둘째의 이름은 로루하마인데, 그 뜻은 "불쌍히 여김을 받지 못하는 딸"이라는 뜻으로 "내가 다시는 이스라엘 족속을 불쌍히 여기지도 않고 용서하지도 않겠다."는 의미다. 셋째는 아들이었는데 그의 이름은 로암미라고 하였다. 그 뜻은 "내 백성이 아니다", "내 자식이 아니다"라는 의미다.

어떤 부모든 자녀에게 가장 예쁘고 복된 이름을 붙여줄 터인데 호세아의 기괴한 결혼 행각과 자녀에게 붙여준 이름은 상식적으로 이해되지 않는다. 그러나 예언자의 이런 상징 행동은 그가 하나님의 말씀을 말이나 언어로 뿐만 아니라 그의 삶과 행동을 통해서 전하고자 하는 온몸의 언어이며, 삶의 언어다. 이것은 가장 강렬하게 메시지를 전달하는 몸짓 언어라고 이해해야 한다. 호세아의 세 자녀 이름은 강력한 심판 예언을 말하며 백성의 죄와 멸망에 대한 하나님의 슬픔을 표현한다.

그러나 고멜은 다시 매춘부로 돌아가 마침내 노예로 팔리는 신세가 되었다.(3장) 이에 호세아는 매음굴로 그녀를 찾아나서 몸값을 치루고 다시 아내로 맞이한다. 야훼와 이스라엘의 관계는 그 민족의 전 역사를 에워싸 왔다. 그는 출애굽 시기를 야훼와 이스라엘과의 목가적인 신혼 시절로 회고한다.(2:15, 11:1) 그 시절에는 이스라엘 백성의 지도력이 예언자 손에 있었으며 왕의 손에 있지 않았다.(12:13) 하나님이 곧 이스라엘 왕이요 남편이요 아버지였다. 그러나 팔레스타인에 거주하기 시작한 초기부터 계약은 파괴되었다. 백성들의 예배는 바알 숭배로 타락하였고 백성들의 마음은 하나님을 향하는 대신 왕들과 군대들과 외국들과의 동맹을 향해 있었다.

이스라엘에게 그 생존의 목적을 주는 것은 하나님과 이스라엘 사이의 독특한 관계였다. 그런데 이 관계가 파괴됨으로 인해 여러 민족들 사이에서 이스라엘이 계속 존속해야할 근거도 사라져 버렸다.(8:8)

신학자 볼프(Wolff)는 호세아의 결혼을 특별한 창녀와의 결합으로 보지 않고 그 당시 이스라엘 백성에게 만연해 있는 성전 매음 행위의 일환으로 본다. 그는 고멜의 행동이 고대 근동의 태(胎; womb)를 여는 의식이라고 했다. 그 의식에서 결혼 가능한 연령의 소녀는 거룩한 곳(초야의 신부방)에서 남신을 대표하는 제사장 또는 제의 보조원과 성관계를 맺는다. 이런 의식은 축제 때 신전에서 행했다. 이러한 결합 행위로 인해 어린 소녀들의 태가 열리고 왕성한 생식력과 번식력을 갖게 된다고 여겼다. 야훼신앙은 이런 통속적인 신앙과 대결한다. 이는 야훼 하나님께서 우리에게 생명을 주셨다는 신앙을 저버리고 배신한 것이었다. 호세아는 자신의 결혼 관계를 통해서 당시 만연했던 이방신에 대한 통속신앙의 죄악을 조명했다는 것이다.

총체적 부패

아모스는 상류층의 타락한 여인들을 향하여 "바산의 암소들아!"라고 나무랐다. 이렇게 정의를 외치고 호통을 치는 것은 그들이 돌아올 것을 가정하고 아직 그들에게 희망을 걸기 때문이다. 아모스는 부정부패를 제거하면 대안 사회가 올 것으로 생각하고 심판 예언을 했다면, 호세아는 비판자의 차가운 심정이 아니라 이미 그 구조물의 하나가 되어 자기 자신도 깊숙이 들어가 있는 것을 발견한다.[1]

타락한 여인은 다름 아닌 자신의 부인이다. 아모스가 지탄하던 그 사회의 고발상은 이미 다른 존재가 아닌 호세아 자신의 가정 문제이고 자신의 자식들의 운명이 되었으며, 이제는 바로 예언자 자신의 문제가 되어 예언자의 몸 안에 구석구석 박혀있었다. 이미 사회의 부정의는 구조

---

1) 김진호 외, "아모스, 호세아", 『함께읽는 구약성서』, 184쪽

적인 문제였고 자신 안에 깊이 내재되어 있었다.

아모스가 이스라엘 지도자의 타락을 이야기하였다면 호세아는 일반 백성, 민중에게도 공동의 책임이 있음을 강조한다. 어느 누구 한 둘의 잘못을 넘어서서 전체 사회가 총체적 부패에 빠져있다. 아모스의 힘찬 비난은 가능성을 염두에 둔 것이지만 호세아는 이스라엘의 가능성에 대해 회의에 빠져있다. 내적으로 갱신할 기회를 잃어버린 것을 가슴 아파한다. 이런 사회는 철저하게 파괴된 후에야 구원에 이를 수 있다. 그는 국가 제의의 철저한 파괴를 예언한다. 그것이 희망의 전제 조건이다. 그러나 그가 철저한 파괴와 재난을 선포하는 것은 새로운 희망의 그루터기를 마련하기 위해서이다. 희망은 하나님의 사랑에 근거해 존재한다.

아모스가 호통을 치는 반면 호세아는 간청한다. 아모스가 강철 같은 인상을 주고 이스라엘 민중에게 무자비한 판결을 내리는 심판자의 인상이라면, 호세아는 그가 선포해야 할 잔혹한 심판의 말들 때문에 자신이 가슴 아파하고 애통한다. 그의 말에는 괴로워하는 영혼의 짧은 외침, 한마디 한마디에 고뇌와 사랑이 담겨 있다. 아모스가 정의에서 벗어난 인간의 행위에 초점을 둔다면 호세아는 하나님과의 관계에 초점을 맞춘다. 불의를 행하는 그 것보다 더 깊은 슬픔은 하나님과의 관계 파괴이다. 이스라엘은 고멜과 같이 자신의 남편인 하나님을 버렸다.

포기하지 못하는 하나님의 사랑

호세아에게 있어서 계약은 이스라엘과 하나님을 엮어주는 조건이다. 그러므로 관계가 깨졌을 때, 더 이상 하나님을 이스라엘에게 묶어두지 못한다. 그러나 이스라엘을 향한 하나님의 사랑은 이스라엘이 행한 죄악에도 불구하고 그들을 쉽게 포기하지 못한다. 호세아는 인간 세계 안에서 소생할 가능성을 보지 못하기에 총체적인 난국과 부패를 새롭게 할 수 있는 것은 오직 하나님의 사랑이라고 한다. 그것은 배제하고 잘라내는 것이 아니고 호세아가 고멜을 끝까지 사랑했듯이 용서와 포용에 근거한 사랑이다. 이제 누구 일부를 잘라내는 것으로 치유가 되지 않는다. 이미 모든 것이 뼛속까지 스며있고 체질화 되어 있다. 누구를 도려내면 새 세상이 오리라는 생각은 끝없는 전쟁터를 만들고 서로 악의에 찬 증오만을 쌓을 뿐이다. 새로운 대안을 제시하고 그에 함께 할 수 있는 사람이면 누구든지 함께 갈 수 있어야 한다.

그간 쌓아놓은 악연과 나쁜 감정을 떠나서 새로운 뜻에 함께 할 수 있는 모든 이들과 함께 할 때 이스라엘은 회복할 수 있다. 호세아가 고멜을 끝까지 사랑한 것이 아니다. 그 뒤에는 하나님께서 고멜을 포용하고 그를 맞아들이셨기에 가능했다. 하나님의 사랑은 인간의 경험을 넘어 다가온다. 우리가 얽히고설킨 것을 풀어내기 위해서 과거의 연장으로는 불가능하다. 나의 부글부글 끓는 감정을 내려놓고 오직 하나님께서 적극적으로 개입해 오는 사랑을 향해 열려 있을 때만 가능하다. 하나님의 사랑에 구원의 근거를 두는 것은 인간에게는 가능성이 보이지 않기 때문이다.

이스라엘의 두 가지 배신

호세아의 사랑은 두 가지 현실적인 이스라엘의 배반을 의미한다.

첫째, 그들은 하나님을 의지하기를 그치고 세상적인 힘에 의존한다. 그들은 아시리아로 이집트로 뛰어 다니며 자신들의 운명을 외세의 군대나 무기의 힘에 의존하고자 했다. 이는 하나님에 대한 사랑을 저버린 행위다.

"에브라임이 자기의 중병을 깨닫고 아시리아로 가고(5:13)"는 므나헴 왕(왕하 15:19-20)이나 호세아 왕(왕하 17:3)이 행한 굴종을 말하는 것 같다. 그리고 북방으로부터의 위협에 대처하기 위해 이집트에 접근한 것 같다.(7:11, 9:3, 11:5, 12:1)

둘째, 호세아는 남북왕국의 협력과 사랑에 대해 각별한 관심을 기울인다.(1:11-2:1, 6:4-6) 호세아 5:8부터 6:6까지는 주전 734년 이스라엘의 베가 연합군과 시리아(아람)의 르신이 유다를 침공한 것에 대한 비난이다. 동족 간의 협력이 깨지고 이스라엘이 유다를 침공하는 일이 벌어졌다. 이러한 동족간의 불화는 결국에 이스라엘과 유다를 모두 망하게 하였다.

> 그 때가 되면, 유다 자손과 이스라엘 자손이 통일을 이룩하여, 한 통치자를 세우고, 땅에서 번성할 것이다. 그렇다. 이스르엘의 날이 크게 번창할 것이다. 이제 너희는 형제를 암미라고 하고, 자매를 루하마라고 하여라."(1:11-2:1)

"에브라임아, 내가 너를 어떻게 하면 좋겠느냐? 유다야, 내가 너를 어떻게 하면 좋겠느냐? 나를 사랑하는 너희의 마음은 아침 안개와 같고, 덧없이 사라지는 이슬과 같구나. 그래서 내가 예언자들을 보내어 너희를 산산 조각나게 하였으며, 나의 입에서 나오는 모든 말로 너희를 죽였고, 나의 심판이 너희 위에서 번개처럼 빛났다. 내가 바라는 것은 변함없는 사랑이지, 제사가 아니다. 불살라 바치는 제사보다는 너희가 나 하나님을 알기를 더 바란다.(6:4-6).

위 말씀은 호세아가 바라는 사랑은 하나님과 이스라엘 백성간의 사랑이며 또한 서로 갈라져 싸우다가 멸망의 길로 향하고 있는 남 왕국과 북 왕국 간의 사랑이다.

하나님을 아는 지식

호세아의 중심 메시지는 "하나님을 아는 지식"이다. 호세아는 총체적 부패에 빠진 이스라엘의 근본 원인은 하나님을 아는 지식이 없기 때문이라고 한다. 그가 하나님을 알지 못한다고 비판하는 대상은 하나님을 가르치는 일을 직업으로 가지고 있는 제사장과 야훼신앙을 국교로 가지고 있는 나라의 지도자들이다. 호세아의 눈에는 그들은 하나님을 알지 못한다. 호세아가 말하는 하나님을 아는 지식이란 어떤 개념일까를 살펴보자.

인격적인 관계는 모든 삶의 기초가 된다. 그것을 파괴시키는 것은 결국 불신이다. 한 사람의 잘못된 행동으로 마음이 닫히면, 서로가 방어적인 긴장 관계에 들어간다. 그러면 상대에 대한 불신을 확대 재생산하고 관계는 파멸적인 내리막길에 들어선다. 이러한 비극의 악순환은 확대 재생산된다.

새롭게 창조적 관계가 되기 위해서는 무언가 새로운 개입, 위로부터의 간섭이 있어야만 한다. 누군가가 이 비극적 관계 가운데 뛰어들어 휘저어야 새로운 관계가 가능하다. 이것이 호세아의 중심 메시지이고 "하나님을 아는 지식"이다. 이스라엘은 자신의 죄 때문에 파멸하였으나 하나님은 이스라엘을 포기하지 않는다. 이스라엘이 심판의 쓴 맛을 보았을 때, 총체적 부패 가운데 빠졌지만 하나님은 개입하여 계약을 회복시키고, 새로운 미래를 열 것이다. 그것은 우리가 하나님을 아는 지식을 회복할 때 가능하다. 호세아는 말한다.

> "이 땅에는 진실도 없고, 사랑도 없고 하나님을 아는 지식도 없다."(4:1)

"하나님을 아는 지식"은 전체 예언자들에게 공통으로 나타나는 주제이지만 특별히 호세아서에서 강조하고 있다. 호세아서에는 여러 곳에서 '너희가 하나님을 알지 못한다.'는 것을 강조한다.

호세아가 즐겨쓰는 표현 "다아트(daath) 엘로힘"은 "하나님을 아는 것" "하나님을 아는 지식"을 의미이며 히브리어 야다(yada, 안다)라는 동사의 명사형이다. 히브리인은 인간을 육체와 정신을 나누어서 생각지 않고 총체로 본다. 지적으로 '안다'는 것도 마찬가지다. 내가 상대를 안다고 할 때, 단지 지적인 행위만이 아니라 육체적으로도 상대와 가장 밀접한 상태를 말한다. 상대의 감정과 경험을 공유하는 가장 친숙한 상태일 때 안다고 한다. 그러기에 '야다'는 그냥 머리로 안다는 뜻이 아니라 "더불어 정을 통한다"는 의미이기도 하다. 호세아가 개인적 결혼 관계를 통하여 하나님을 아는 지식을 말하는 것도 이 말의 어의와 연관이 있다.

하나님을 안다는 것은 육체적, 정서적으로 가장 친밀한 관계로 내면 깊은 곳에서의 귀속, 느낌, 영혼 속으로 받아들이며, '하나님과 깊은 공감'(sympathy), '하나님에 대한 신실성'을 갖는 것을 말한다. 누군가를 안다는 것도 지적 행위와 감성적 행위 둘 다를 포함한다. 누군가를 불쌍히 여기며 감정적으로 깊이 하나 됨을 말한다.

즉 외적으로 드러내는 고백과 내적으로 하나님을 드러내는 삶이 일치함을 말한다. 이는 하나님에 대해 전인격적으로 결합하고 결속하는 것을 말한다. 하나님-이스라엘의 관계를 약혼, 결혼, 배신, 재결합으로 생각하는 호세아의 사고 틀 속에서 이는 보다 명백해진다. '하나님을 안다'는 호세아의 표현은 후에 하나님의 이름을 부르기를 삼가는 히브리 전통에 의해 "계율을 안다", "법도를 안다"는 형식적인 말로 대치된다. 하나님을 안다는 것을 본문 가운데서 살펴보자.

첫째, 하나님을 아는 것은 상대와의 깊은 '공감'을 말한다. 하나님께서는 이집트에서 '고통 받는 내 백성의 부르짖는 소리를 들으셨고 그들의 고통을 아셨다.'고 한다. 이 "앎"은 그와 같은 위치에 서는 것을 말하며 마음으로 깊이 동정하는 것이다.

예레미야는 여호야김 왕에게 예언한다. 왕이 누각과 궁전과 화려한 업적을 중시하면서, 그 일을 실제로 행한 민중에게는 희생을 강요한다고 고발한다. 예언자는 여호야김이 민중을 홀대하며 제대로 대접하지 않는 것에 대해 '그가 하나님을 알지 못한다.'고 비난한다. 그러면서 '하나님을 아는 지식'은 '가난한 사람과 억압받는 사람의 사정을 헤아려 주면서 잘사는 것'이라고 한다.

> "불의로 궁전을 짓고, 불법으로 누각을 쌓으며,
> 동족을 고용하고도, 품삯을 주지 않는 너에게 화가 미칠 것이다.
> '내가 살 집을 넓게 지어야지.
> 누각도 크게 만들어야지' 하면서
> 집에 창문을 만들어 달고,

백향목 판자로 그 집을 단장하고,

붉은 색을 칠한다.

네가 남보다 백향목을 더 많이 써서, 집짓기를 경쟁한다고 해서,

네가 더 좋은 왕이 될 수 있겠느냐?

네 아비(요시아)는 가난한 사람과 억압받는 사람의 사정을

헤아려서 처리해 주면서, 잘 살지 않았느냐?

바로 이것이 나를 아는 것이 아니겠느냐?

나 주의 말이다."(예레미야 22:13-16)

둘째, 하나님과의 관계에 있어서 신실하고 정직하게 행하는 것을 말한다. "요셉이 죽은 후에 요셉을 모르는 왕이 이집트의 왕이 되었다."라고 하는데, 후대의 왕이 온 세상을 대재앙 가운데 몰아넣었던 가뭄을 해결한 총리, 그것도 바로 전대의 총리를 모를 리는 없다. 이것은 단지 그에 대한 존경과 의리를 지키지 않았다는 뜻이다. 또한 실로 성소에 있던 "엘리의 아들들은 망나니로서 야훼를 몰라보고...."라고 하는데, 그들 역시 제사장으로 야훼를 모를 리 없다. 야훼를 향한 신실성이 없다는 것을 말할 뿐이다. 하나님이나 인간과의 관계에 있어서 가장 근본이 되는 것은 신실성이다. 우리의 관계가 '진실'에 토대하지 않으면 올바른 관계를 형성할 수 없기 때문이다.

서로의 인간관계에서 누군가를 속이다가 감춰진 것이 드러났을 때 그 배신감도 아주 극에 달한다. 호세아는 남녀 간의 서로의 관계에 신실하지 못하고 배신하는 행위로 비유해서 이스라엘과 하나님의 관계를 묘사한다.

에브라임이 몸을 팔고 있고,

이스라엘이 몸을 더럽히고 있다.

그들의 온갖 행실이 그러하니,

하나님께로 되돌아가지 못한다.

음란한 생각이 그들 속에 가득 차서,

주님을 알지 못한다. (호세아 5:3-4)

주님을 안다는 것은 누구 앞이든지 하나님 앞에서 행하듯 신실하고 일관성 있게 행하는 삶의 진정성을 말한다. 앞뒤가 다르지 않고, 이 사람과 저사람 앞에서 다르지 않고, 그 사람 앞에서와 뒤에서 다르지 않으며, 나 혼자 품는 생각과 드러내 말하는 생각이 다르지 않은 것을 말한다. 믿고 신뢰하는 사람이었는데 자기 앞에서는 늘 좋은 말만 하다가 뒤에서는 전혀 다른 행동을 꾸미는 사람, 어떤 사람 앞에서 하는 말과 그 사람 뒤에서 하는 행동이 다른 사람은 상대를 속이기 이전에 하나님을 알지 못하는 것이다. 말이나 행동의 앞뒤가 다른 것, 그들이 그렇게 할 수 있는 바탕은 내심으로는 하나님이 안계시거나 눈감고 계시다고 생각하기 때문이다. 그에게 하나님은 없고 눈앞의 사람만 존재하기 때문에 이 사람 앞에서와 저 사람 앞에서 다르게 행동할 수 있다.

하지만 하나님을 아는 사람은 자신의 행동이 하나님으로부터 유래한다. 다른 사람을 대할 때도 단지 그 사람과 관계해서 행동하는 것만이 아니고 동시에 하나님 안에서 행동한다. 이것은 일관성을 요구한다. 다른 사람 앞에서 임기응변으로 그 때 그때 다르게 행한다면 하나님 앞에 깨어있는 사람의 양심은 아프고 괴롭다. 물론 양심에 화인(火印) 맞은 사람은 아프지도 않다. 너무 자연스럽게 이중 행동을 한다.

하나님을 안다고 하면서도 어떤 때는 하나님을 숨기고, 하루에도 열두 번씩 내 욕심과 필요에 따라 하나님을 들먹거린다. 이것은 하나님을 알지 못하는 것이고, 단지 하나님을 이용하는 것이다. 영원하신 하나님을 안다는 것은 꾸준히 그분의 신실함을 따라 어떤 경우라도 우리 삶에 일관성을 갖는 것이다. 마치 어떤 행동은 하나님마저 속여 넘길 수 있을 것 같이 행하는 것은 하나님을 알지 못하는 행동이다.

나는 에브라임을 잘 안다. 내 앞에서는 이스라엘이 숨지 못한다.(5:3)

그들이 하나님이건 사람이건 속일 수 있을 것 같지만, 사실은 절대로 속이지 못한다. 불순한 생각을 품게 되면 반드시 드러난다. 심리학적으로 인간의 마음을 감출 수 없다는 감응의 방식을 증거로 댈 필요도 없다. 우리는 신앙적으로 보아야 한다. 그것은 사람 앞에서가 아니고 하나님 앞에서 한 것이기 때문이다. 이리 저리 머리를 굴려 임기응변으로 서로 다르게 행하더라도 결국 언젠가는 모든 것이 드러나 망신을 당하게 된다.

하나님을 알 때, 우리 행동에 일관성이 생기게 되며 이것은 마음의 평화를 가져온다. 그것은 세상이 주는 평안과는 다르다. 많은 사람들은 자기를 변명하며 지내야 하는 피곤함을 가지고 있다. 그마저도 사람들이 잘 믿지 않아 속을 태울 때가 있다. 하나님을 아는 사람은 행동에 일관성을 가지게 되고 결국 타인과 관계하여 신뢰를 얻을 수 있으며 자신 안에 참다운 평화를 가진다.

하나님 앞에 진실하기

호세아의 종교비판은 혹독하다. 신앙인의 윤리적 기준은 무엇인가? 그것은 "하나님을 아는 지식"에서 나와야 한다. 사람들 앞에서 임기응변으로 대하는 처세술이 아니라 영원하신 하나님에게서 나오는 변함없는 진실성이 중요하다. 그가 말하는 하나님을 아는 지식은 하나님 앞에 진실하기, 하나님께 대하듯이 모든 사람을 대하는 진실성을 말한다.

그러나 호세아가 살았던 시대의 이스라엘은 하나님을 알지 못한다. 하나님의 지식을 이스라엘 백성에게 가르치는 것이 임무인 제사장들조차 그들이 전해주어야 할 지식을 갖고 있지 못하다.

> 내 백성이 나를 알지 못하여 망한다.
> 네가 제사장이라고 하면서
> 내가 가르쳐 준 것을 버리니
> 나도 너를 버려서
> 네가 다시는 나의 성직을 맡지 못하도록 하겠다.(4:6)

하나님을 알지 못한다는 말이 혹시 다른 종교를 갖거나 다른 신을 섬기는 것을 말하는가? 아니다! 제사장이 하나님을 모를 리 없지만 호세아는 제사장도 하나님을 버렸고 하나님을 모른다고 한다. 오히려 그들이 신앙을 가르치는 사람들이기에 더욱 배신감을 느낀다. 그는 제사장에 대해 혹독한 비판을 가한다(4:6-10, 5:5-7, 5:15-6:6, 8:11-14, 10:1-2).

> 제사장이 많아지면 많아질수록, 나에게 짓는 죄도 더 많아지니,

내가 그들의 영광을 수치로 바꾸겠다.

그들은 내 백성이 바치는 속죄제물을 먹으면서 살고,

내 백성이 죄를 더 짓기를 바라고 있다. (4:7-8)

제사장이 많아질수록 하나님께 짓는 죄가 많아진다는 말은 무엇인가? 제사장의 사명은 죄를 사해주는 것이다. 하지만 사실 죄를 많이 지어야 속죄 제물도 많이 들어온다. 그들은 겉으로는 "다시는 죄짓지 말라"며 속죄제를 드리지만 내심으로는 '더 지어라, 더 많이 지어라'며 죄짓기를 바란다. 죄를 많이 지어야 속죄제도 많이 드리고, 제물도 많아지기 때문이다. 종교의 최고 지도자인 제사장마저도 겉의 생각과 속에 품은 마음이 다르다. 오늘날의 교회도 별로 다르지 않다. 서울의 특정 지역에 대형교회들이 밀집해 있는 현상은 죄가 많은 곳에 은혜가 많고, 죄가 많은 곳에 헌금도 많다는 것을 말해준다.

양 떼와 소 떼를 몰고 주님을 찾아 나선다고 하여도,

주님께서 이미 그들에게서 떠나셨으니…

그들이 지키는 새달 절기가 밭과 함께 그들을 삼킬 것이다. (5:6-7)

양 떼와 소 떼는 모두 제사를 드리기 위한 것이다. 이들에게 물질이 넘치고 제사도 넘치지만 하나님께서는 이미 그들을 떠나셨다. 하나님 없는 세상이 된 것이다.

내가 바라는 것은 변함없는 사랑이지, 제사가 아니다.

불살라 바치는 제사보다는 너희가 나 하나님 알기를 더 바란다. (6:6)

에브라임이 죄를 용서받으려고 제단을 만들면 만들수록,

늘어난 제단에서 더욱더 죄가 늘어난다…

희생제물을 좋아하여 짐승을 잡아서 제물로 바치지만…(8:11-13)

이스라엘은 열매가 무성한 포도덩굴, 열매가 많이 맺힐수록 제단

도 많이 만들고, 토지의 수확이 많아질수록 돌기둥도 많이 깎아 세운

다.(10:1)

　제단과 돌기둥도 모두 종교적 행사에 쓰이는 것이다. 형식적인 종교
는 최고의 열심을 향해 달려가지만 진실성이 없는 마음, 서로가 속이는
속임수만 난무하는 세상을 호세아는 하나님을 알지 못하는 세상이라고
한탄한다. 호세아 때는 제단도 많고 하나님을 찾는 예배(제사)도 많고
물질적으로도 가장 풍요로운 전성기이다. 그러나 호세아는 그들에게
돌아오라(히브리어, '슈브(שוב)', "회개하라")고 외친다.
　하나님을 알지 못하는 맹목과 무지 그리고 신실한 사랑의 결핍은 사
회 전체를 무질서로 몰아넣는다. 하나님에 대한 지식이 없을 때라도 사
람들은 서로 건전한 관계를 맺을 수 있다고 생각할지 모르지만 그것은
거짓말이다. 결국은 사회 전체가 부패한다.(4:4-5)

내가 이스라엘을 치료하여 주고자 할 때 마다,

에브라임이 지은 범죄가 드러나고, 사마리아가 저지른 죄악이 드러난

다.

서로 속이고, 안으로 들어가서 도둑질하고,

밖으로 나가서 떼지어 약탈한다.

내가 그들의 죄악을 모두 기억하고 있다는 것은,
그들이 전혀 마음에 두지도 않는다.
이제는 그들이 저지른 모든 잘못이 그들을 에워싸고
바로 내 눈 앞에 있으니, 내가 안 볼 수 없다.(7:1-2)

도대체 어디 가서 숨으려는가? 하나님을 감추어 두었다가 필요하면 꺼내어 흔들며 마치 자신이 대단한 의인인 양 꾸며 보이려고 하는가? 그런 행위 자체가 꾸며낸 거짓이고, 자기 안에 스스로 하나님을 인정하지 않는다는 것을 전제하고 있지 않은가? 이들의 진짜 하나님은 자신의 이기심이며 자신의 이익이다. 하나님도 자신을 위한 도구일 뿐이다. 그러니 이들의 행동에 일관성이라고는 없다. 아무것도 진실성은 없고 그때그때 임기응변일 뿐이다. 외교 관계에서도 이런 면이 드러난다.

에브라임은 어리석고, 줏대 없는 비둘기이다.
이집트를 보고 도와달라고 호소하더니,
어느새 아시리아에게 달려간다…
건져주고 싶어도, 나에게 하는 말마다 거짓말투성이다.
그들이 나에게 부르짖으나, 거기에 진실이 없다.(7:11-14)

이런 현실을 보고 이스라엘이 외치지만 하나님께서는 외면하신다.

우리의 하나님, 우리 이스라엘이 주님을 압니다.
하고 나에게 호소하면서도…
이스라엘이 왕들을 세웠으나, 나와는 관계가 없는 일이다.

통치자들을 세웠으나, 그 또한 내가 모르는 일이다.(8:2-4)

오늘 우리 사회나 교회에서 일어나는 문제들은 수가 적거나 돈이 없어서 생기는 것이 아니다. 우리 사회는 지금 어느 때보다 풍요롭지만 '하나님을 아는 지식'이 없다. 목회자는 목회자대로, 평신도는 평신도대로 진실이 없다. 우리 사회, 교회 할 것 없이 윤리 부재의 시대를 산다. 어느 누구 하나 신뢰할 사람이 없다. 우리는 풍요로운 불신의 시대를 태연하게 살아가고 있다. 이러다가는 가족까지도 믿지 못하는 시대가 올 수도 있다. 무언가 우리 사회 윤리 기준이 있어야 한다.

신앙인의 윤리적 기준은 무엇인가? 그것은 "하나님을 아는 지식"에서 나와야 한다. 사람들 앞에서 임기응변으로 대하는 처세술이 아니라 영원하신 하나님으로부터 우러나오는 진실성이 중요하다. 교회에서 기독인들부터라도 '하나님을 아는 지식'인 진실성 회복 운동, 신앙인의 깊은 내면에서 하나님과 일대일로 마주 대하는 운동, 숨은 의도와 겉으로 드러나는 것이 다르지 않고 공공 앞에서와 혼자 있을 때에 다르지 않게 행동하는 윤리 회복 운동을 시작하여야 한다. 이것은 신앙 회복 운동이며, 하나님을 아는 것, 우리가 예배하고 살아가는 근본이다. 호세아는 호소한다.

우리가 주님을 알자. 애써 주님을 알자.
새벽마다 여명이 오듯이 주님께서도 그처럼 어김없이 오시고,
해마다 쏟아지는 가을비처럼 오시고, 땅을 적시는 봄비처럼 오신다.(6:3)

우리 사회가 안고 있는 여러 가지 문제 중에 가장 시급한 문제는 무엇이라고 생각하는가? 어떤 사회적 현안들보다 더욱 근본적이고 시급하게 필요한 것은 말의 신실성이다. 아무도 신뢰할 수 없게 된 것은 모든 말이 진실을 떠나있기 때문이다. 말이 신뢰를 잃을 때 모든 질서는 깨진다. 오늘날과 같은 총체적 부패상황 속에서 종교가 해야 할 가장 큰 역할은 정직성 운동이다. 서로가 서로의 말을 신뢰할 수 없는 것은 호세아때도 마찬가지다. 제사장이 하는 말이 그가 품은 생각과 정반대이다. 신하들이 임금 앞에서 하는 말과 그 행동이 정반대이고, 제사 드리는 사람들이 하나님께 하는 말과 그 행동이 정반대며, 남편이 부인에게 하는 말과 행동이 정반대이고, 부자가 가난한 자에게 하는 말과 행동이 정반대인 사회이다. 이 나라에서 하는 외교적 수사와 저 나라에서 하는 외교적 수사가 다른 사회에서 무엇이 통할 수 있겠는가?

진실성이 사라진 사회, 그것은 하나님을 아는 지식이 없는 사회이다. 상호 신뢰가 깨지고 서로의 언어가 깨지고 아무 말도 신뢰할 수 없는 사회는 가장 절망적이다. 스스로 빠져나오지 못할 늪을 만들고 그리로 들어가는 사회, 이스라엘 사회의 극심한 혼란을 호세아는 하나님을 알지 못하기 때문이라고 보았다. 그 결과는 서로가 서로를 알지 못할 뿐 아니라 나중에는 불신하고 적대하며 극도의 파괴와 약탈만이 남게 될 것이다. 하나님을 안다는 것은 진실성을 회복하는 것이다. 그것만이 우리 개인이나 공동체, 우리 사회가 신뢰를 회복하고 건강하게 나갈 수 있는 토대가 된다. 그러나 하나님을 아는 지식이 우리 안에서 일어나는 것은 하나님께서 스스로 우리 안에 개입해 오시고 당신의 자비로운 사랑을 펼쳐 가시는 증거이다.

함께 생각할 문제

* 호세아 시대 이스라엘의 경제 상황, 정치 상황과 종교상황에 대해 이야기해 봅시다.

* 호세아는 당시 사회의 가장 큰 문제를 무엇이라고 생각했는지 이야기해 봅 시다.

* 호세아가 외친 "야훼를 아는 지식"은 무엇을 말하는지 이야기해 봅시다.

* 내가 경험한 겉과 속이 다르게 진행되어 피해를 본 예를 이야기해 보고, 우 리 사회가 직면한 진실성 문제에 가장 시급하다고 생각하는 분야를 하나씩 이야기해 봅시다.

교회의 근본을 묻다

　　교회는 무엇인가? 신학은 무엇인가? 우리 시대가 당하고 있는 아픔을 해석하고 올바른 방향의 희망을 제시하는 것이 신학이다. 그런데 세상의 아픔을 느끼지 않으면 신학은 소설이 되고, 설교는 독백이 된다. 세상이 겪는 아픔과 무관한 신학과 설교는 그들이 아무리 학문적이고 아름다운 말들을 나열한다고 하더라도 그것은 나르시시즘에 불과하다.

　　교회는 그 시대에 대해서, 또 자기 자신에 대해서도 "아니오"를 말해야 한다. 교회는 자체로서의 완성품이 아니고 하나님 나라를 향해 나아가고 있는 존재이기 때문이다. 교회는 예수께서 설명하신 하나님 나라 그 자체일 수는 없다. 교회는 주님께서 약속하신 그 나라를 기다리고 있는 공동체이다. 교회는 하나님 나라의 도래라는 종말에 이를 때까지 중간시대를 살아가는 전략으로 선택된 곳이다. 마치 교회가 하나님 나라를 대신한 것처럼 자기 자신을 궁극적 목적으로 삼고 자기 완결적 구조에 머물러 교회 자체를 위한 조직이 되어서는 안 된다. 교회의 근본은 무엇인가? 고린도서는 말한다.

　　　여러분의 몸은 성령의 전입니다. 여러분은 하나님으로부터 성령을 받
　　　아서 여러분 안에 모시고 있습니다. (고린도전서 6:19)

우리는 살아계신 하나님의 성전입니다.… 내가 그들 가운데서 살며 그
들 가운데로 다닐 것이다. 나는 그들의 하나님이 되고, 그들은 내 백성
이 될 것이다. 나 주의 말이다. (고린도후서 6:16)

우리가 살아계신 하나님의 성전이라고 선언할 때 무조건 기뻐하기에
는 두렵고 떨린다. 하나님께서 우리 가운데 함께 하시며(임마누엘의 신
앙), 나는 그들의 하나님이 되고, 그들은 내 백성이 되는 것은 이스라엘
민족이 오랫동안 꿈꿔온 신앙의 이상이다. 그런데 이제 그분께서 우리
들 가운데 함께 계신 것을 넘어서서 우리 안에 거하신다고, 우리가 바로
하나님께서 계신 성전이라고 한다.

'안됩니다. 하나님,
저 같은 사람이 어떻게 당신 거하시는 전이됩니까? 당치 않습니다.'

오늘 이 말씀 앞에 몇 번씩이나 나 자신을 대면해 본다. 요나와 같이
도망가고 싶고, 피하고 싶다. 도망가서 대면하지 않으면 이런 저런 일에
마음 쓸 일 없이 오히려 편하게 지낼 수 있을지 모른다.

그렇게 한다면 하나님의 말씀 앞에 설레던 마음은 무엇인가? 한 때 꿈
꾸던 이상적인 신앙인에 대한 꿈은 무엇이고, 우리가 세우고 싶던 교회
에 대한 꿈은 무엇인가? 그 모든 꿈들을 책갈피 속에 묻어둔 채 우리는
편하게 지낼 수 있을까? 그 때도 여전히 하나님은 우리에게 말씀을 전해
주실 수 있을까? 하나님을 피해 도망가면 나는 온전한가? 하나님이 내
게 안보이면 그곳이 파라다이스가 되나? 그것은 단지 하나님을 부정하
는 것이 아니고 우리 자신을 부정하는 것이다. 내가 무너져 내리는 것이

다. 그분에게서 도망가서 편하게 지날 수 없다면 적당히 할 수는 없다. 최선을 다해 다시 마음을 모아야 한다. 나를 세우기 위함이 아니고, 그리스도를 우리 마음 중심에 모셔야 한다. 나를 세우기 위해 모이고 수근수근 할 것이라, 그리스도를 세우기 위해 눈물로 기도해야 한다. 우리가 죽고 우리 안에 하나님을 모실 수 있다면, 우리는 하나님께서 거하시는 전이고, 이곳은 우리가 지켜야할 하나님의 전이 될 것이다. '보기에 번지르르 한 성전'이 아니고 먼저 자기 욕심을 관철하려는 아우성들이 하나님 앞에 무너져 내리고 우리들 중심에 교회의 머리이신 그리스도만을 모실 수 있어야 한다.

우리 신앙인의 진실은 오직 그것 하나면 충분하다. 우리가 한 치 앞의 일을 예견할 수는 없지만, 오직 하나님 앞에 진실할 수 있다면 그 진실함이 모든 것을 이길 것이다. 우리가 우리의 마음을 하나님께 내드려 그분께서 거하실 수 있다면 우리 앞에 어떤 일이든지 직면하고 헤쳐 나갈 수 있을 것이다.

(강남향린교회 강단 중에서)

08

이사야-믿음 안에 굳게 서지 못하면

　이사야는 우시야 시대(주전 787-736년)부터 히스기야 때 산헤립의 침공(주전 701년)까지 예언하였다. 이사야는 명문 출신이고 중앙사회의 예언자였다. 또한 그는 왕궁 사람들과 친분이 있었다. "진실한 증인 우리야 제사장과 여베레기야의 아들 스가랴를 불러 증언하게 하겠다"(8:2)라든지, "너는 궁중의 일을 책임진 총책임자 셉나에게"(22:15-16) 등 이사야서에는 주변 인물을 언급할 때도 구체적 직함과 이름이 명시된다. 이것은 이사야서가 궁중 정보에 정통한 사람들에 의해서 기록되었음을 의미한다.

　또한 그는 별로 사이가 좋지 않았던 아하스 왕과도 세탁자의 밭(전략상 중요한 수로를 말함)에서 쉽게 접촉하여 예언을 한다.(7:3) 이사야의 언어가 궁정 언어인 지혜의 언어들을 사용했다는 것은 그가 궁전에서 교육 받았다는 증거이기도 하다. 이사야는 그가 소명을 받는 장면에서 보듯이 중앙 성전과 관련있는 제의적 배경을 가지고 있다.(6장) 그는 아하스 시대를 살았던 중앙예언자이면서도 사회비판의 메시지를 거침없이 말한다.(3:13-15, 5장) 그리고 아시리아를 끌어들이려는 아하스의 정책에 반대했다.

그러나 이사야의 견해는 받아들여지지 않았다. 이로 인해 이사야는 결국 주변예언자로 쫓겨나 심판을 선포한다.(8:5-12; 8:16-9:1) 그러다가 히스기야 왕이 등극하면서 다시 중앙예언자로 등용된다.(14:28-31, 20장, 36-39장) 그는 뛰어난 이론가와 사상가로서 이스라엘 민족사에서 가장 탁월한 신학적 성찰을 하였다. 앞에서 언급했듯이 그가 세운 임마누엘 신학과 하나님께서 예루살렘을 보호하신다는 시온주의는 후대에까지 깊이 영향을 미치는 유대의 중심 신학이 되었다. 이사야의 이름으로 활동한 예언자가 여럿 나온다. 이사야서 66장은 각각 다른 시대를 살아간 3명의 이사야의 작품이 모아진 것이다. 그것은 그만큼 이사야의 영향이 시대를 초월해서 강력했다는 증거다.

이 과에서 다루는 이사야는 주전 7백년 경 유다에서 활동한 이사야다.(1-39장) 그 외에 바벨론 식민지 시대에 포로지에서 활동한 제2이사야,(40-55장) 포로에서 귀환한 후 예루살렘 성전을 재건할 때 활동한 제3이사야(56-66장)로 세분한다. 시대 배경이 약 200년 정도 차이가 난다. 그러나 이렇게 구분하는 것을 반대하는 사람도 있다. 문체에는 명백한 차이가 있지만 부분적으로 유사한 문체들이 공존하기도 해서 엄격히 구분하기 힘든 점도 있다. 또한 성서 전체를 분석적으로 나누기보다는 전체의 하나로 보고자 하는 경향도 있다. 더군다나 제2이사야와 제3이사야는 세분하지 않고 통합해서 보기도 한다.

이사야의 출신과 중앙사회의 폭넓은 경험 덕분에 그는 외교와 국제정세에 매우 밝았다. 그리하여 그는 하나님을 신뢰하지 못하고 벌이는 대외 의존정책을 일관되게 질타한다. 그는 아하스에게도 "너희가 믿음 안에 굳게 서지 못한다면 너희는 절대로 굳게 서지 못한다."(7:9)라고 하며, 아시리아를 끌어들이지 말라고 경고했다. 또 자신을 신뢰하고 자문을 구하는 히스기야 왕에게도 하나님만을 의지하지 않고 이집트나 바벨론 세력에 의존하는 것을 질타하기도 한다.

아하스에 대한 예언

이사야는 유다의 아하스 왕에게 믿음 안에서 굳게 서서 기다리라고 예언한다. 그러나 이사야의 말을 거절하고 자기 불안증을 견디지 못한 아하스는 역사에 가장 큰 패악질을 했다. 아하스의 실정으로 이스라엘과 유다는 모두 망하게 되었고 주변국들이 줄이어 패망하였으니 역사의 패악질이라는 말도 무색하다. 그로인해 역사가 중단되고 아시리아라는 제국에 편입되어 버렸다. 여기서는 아하스의 실정을 자세하게 살펴본다.

주전 736년 우시야가 사망하던 해에 이사야가 소명을 받아 예언을 시작한다.(6:1) 얼마 지나지 않아 시리아의 르신과 이스라엘의 베가 동맹군이 유다를 침공했다.(주전 735년) 당시 국제정세는 국가들 간에 일찍이 보지 못했던 새로운 질서가 태동할 무렵이었다. 아시리아라는 세계 최초의 제국이 북방에서 세력을 넓혀갈 때이다. 이에 위기를 느낀 약소국들은 그 동안은 서로 적대하여 왔지만 북 왕국 이스라엘을 비롯하여 시리아(암몬)의 르신, 모압, 에돔, 블레셋등 주변국이 연합군을 만들어서 신흥 아시리아 제국이 남쪽으로 내려오는 것을 막아보려고 했다.

그런데 유독 유다의 아하스 왕은 반(反)아시리아 연대에 가담하지 않고 따로 놀았다. 아하스는 애초 아시리아라는 거대 세력에 도전하는 것은 무의미하고 오히려 아시리아에 적극 협력하는 것이 유리하다고 판단한 듯하다. 아하스는 반 아시리아 연합군 세력에 동조하지 않았다. 이에 연합국은 거대 제국 아시리아와의 전쟁 이전에 장차 화근이 될지도 모르는 유다의 아하스를 제거하고 동맹에 우호적인 다브엘의 아들을 왕으로 세우려했다.(7:6) 이에 이스라엘의 베가와 시리아의 르신의 연합군은 유다의 아하스를 침공하였다. 이 둘 뿐만이 아니라 주변국 모두가 일시에 유다를 침공하였다.

아하스 왕의 마음은 "마치 거센 바람 앞에서 요동하는 수풀처럼" 흔들렸다.(7:2) 아하스는 이스라엘과 시리아의 뒤편에 자리 잡은 신흥 제국 아시리아에 도움을 청했다. 아시리아는 그렇지 않아도 남쪽으로 내려오려고 하는데, 아하스의 이런 행동은 고대근동의 작은 나라들을 아시리아의 입안에 가져다 넣는 결과가 되어버렸다. 이사야는 아시리아를 끌어들이지 말라고 예언했다.(7장)

> 그에게, 정신을 바짝 차리고, 침착하게 행동하라고 일러라. 시리아의 르신과 르말리야의 아들이 크게 분노한다 하여도, 타다가 만 두 부지깽이에서 나오는 연기에 지나지 않으니, 두려워하거나 겁내지 말라고 일러라.(7:4)

베가와 르신의 연합군을 크게 우려하여 경거망동하지 말고 야훼를 굳게 믿고 기다리라고 하였다.

> 에브라임의 머리는 사마리아이고 사마리아의 머리는 고작해야 르말리야의 아들입니다.(7:9)

그들은 르신을 위한 군대고 르신의 군대일 뿐이다. '그들은 르신이라는 왕에게 충성을 다하기 위해 싸우고, 베가라는 왕을 위해 싸우는 군대지만 그러나 너희들은 다르지 않느냐? 너희들은 야훼 하나님을 위한 군대 아니더냐? 하나님께서 필요하다고 여기시면 하나님 스스로 지켜 가실 것 아니냐? 너희들은 군대의 숫자나 무기의 량을 계산하여 겁먹지 말아라. 우리는 군대나 무기로 싸우는 것이 아니고 하나님을 믿는 믿음으로 싸우는 것이다.' 이사야는 아하스에게 아시리아를 끌어들이는 것이 얼마나 위험일인가를 말한다.

> 너희가 믿음 안에 굳게 서지 못한다면 너희는 절대로 굳게 서지 못한다.(7:9)

> 에브라임과 유다가 갈라진 때로부터 이제까지, 이 백성이 겪어 본 적이 없는 재난을, 주께서는 임금님과 임금님의 백성과 임금님의 아버지의 집안에 내리실 것입니다. 주께서 아시리아의 왕을 끌어들이실 것입니다. 그 날에, 주께서 휘파람을 불어, 이집트의 나일 강 끝에 있는 파리 떼를 부르시며, 아시리아 땅에 있는 벌 떼를 부르실 것이다. 그러면 그것들이 모두 몰려와서, 거친 골짜기와 바위틈, 모든 가시덤불과 모든 풀밭에 내려앉을 것이다. 그 날에, 주께서 유프라테스 강 건너 저편에서 빌려 온 면도칼, 곧 아시리아 왕을 시켜서 너희의 머리털과 발 털을 미실 것이요, 또한 수염도 밀어 버리실 것이다.(7:17-20)

그러나 아하스는 이사야의 조언을 뿌리치고 아시리아에 전령을 보내 디글랏빌레셋 왕에게 다음과 같이 말했다.

나는 임금님의 신하이며 아들입니다. 올라오셔서, 나를 공격하고 있
는 시리아 왕과 이스라엘 왕의 손에서, 나를 구원하여 주십시오.(왕하
16:7)

이정도의 고백이라면 패전국이 전쟁을 종식하고 굴복할 때 하는 정도
이다. 아하스는 주의 성전과 왕궁의 보물 창고에 있는 금과 은을 모두
꺼내어, 아시리아의 왕에게 선물로 보냈다.(왕하 7:8) 아하스는 경쟁국
인 이스라엘에 대한 증오에 눈이 가려져 아시리아와는 한번 싸워 보지
도 않은 채 나라를 송두리째 갖다 바쳤다.

고대근동의 정세는 급변했다. 침략자 아시리아에게는 약소국 유대를
도우러 간다는 좋은 명분을 제공했고 유다는 예루살렘의 은금보화를
가져다 송두리째 바치며 자신의 형제의 나라들이 망하도록 하는 전쟁비
용을 상납했다. 그는 나라를 갖다 바치면서 아시리아에게 자신의 안전
을 구걸하였다. 아하스는 아시리아에게 더 이상 좋을 수 없는 조건을 만
들어 주었다. 마침내 아시리아는 남쪽으로 침략해 내려왔다.

아시리아의 왕이 그(아하스)의 요청을 듣고, 다마스쿠스로 진군하여 올
라와서는 그 성을 함락시켰다. 그리고 그 주민을 길로 사로잡아 가고,
르신은 살해하였다.(왕하 16:9)

아하스는 연합군의 공격에 놀라서 진짜 호랑이를 불러들였다. 그 결
과, 아람(다메섹)은 주전 731년에 멸망하였고 그 후 얼마 되지 않아서 아
시리아의 살만에셀 5세가 사마리아 성을 삼년간 포위했다. 대접전 끝에
결국 이스라엘도 무너지고 사람들은 포로로 끌려갔다.(주전 721년) 그

이후에 북 왕국은 다시 나라를 회복하지 못했다. 그러면 아하스 왕은 자신을 위협하던 주변 나라들을 망하게 했으니 승승장구했겠는가? 아하스는 다마스쿠스(다메섹, 아람)가 아시리아로 넘어간 후에 아시리아의 디글랏빌레셀 왕을 만나려고 다마스쿠스로 갔다. 거기서 아시리아의 신전의 모양을 본 따서 예루살렘 성전을 개축하도록 명령했다.

> 아하스 왕은 그는 그 곳 다마스쿠스에 있는 제단을 보고, 그 제단의 모형과 도본을 세밀하게 그려서, 우리야 제사장에게 보냈다. 그래서 우리야 제사장은, 아하스 왕이 다마스쿠스로부터 보내 온 것을 따라서, 제단을 만들었다. 우리야 제사장은 아하스 왕이 다마스쿠스로부터 돌아오기 전에, 제단 건축을 모두 완성하였다… 또 그는 아시리아 왕에게 경의를 표하려고, 주의 성전 안에 만들어 둔 왕의 안식일 전용 통로와 주의 성전 바깥에 만든 전용 출입구를 모두 없애 버렸다.(왕하 16:10-18)

이것은 단지 예루살렘 성전의 모양을 개축한 것이 아니다. 예루살렘 성전을 아시리아의 신을 섬기는 신전으로 개조한 것이다. 고대 근동에서 패전국은 승전국의 신을 섬기는 것이 관행이었다. 아마도 예루살렘 주민들은 야훼 하나님께 제사를 드린다고 생각했을 테지만 사실 그 내용은 이미 아시리아의 신을 섬기는 이방신전이 되어 버렸다.

아하스가 자신의 불안감을 이기지 못하고 경거망동한 결과 주변 형제의 나라들은 망하고 남 왕국 유다마저도 그 이후 아시리아의 속국이 되어 비참한 운명을 맞이하였다. 아하스는 싸움 한 번 해보지 않은 채 나라를 고스란히 헌납하는 엄청난 일을 저질렀다. 자신의 의견이 배척된

이사야는 숙청되었다.[1]

아하스의 중대한 실책으로 말미암아 유다는 그 이후 매우 무거운 세금에 시달린다. 제국의 징세관은 타작마당에 들이닥쳐 세금을 쓸어갔고 그들의 정보원들의 감시에 시달려야 했다.

> 너는 지난날 무서웠던 일들을 돌이켜보며, 격세지감을 느낄 것이다. 서슬이 시퍼렇던 이방인 총독, 가혹하게 세금을 물리고, 무리하게 재물을 빼앗던 이방인 세금 징수관들, 늘 너의 뒤를 밟으며 감시하던 정보원들, 모두 옛날이야기가 될 것이다. 악한 백성, 네가 알아듣지 못하는 언어로 말을 하며, 이해할 수도 없는 언어로 말하는, 그 악한 이방인을 다시는 더 보지 않을 것이다.(33:18-19)

히스기야에 대한 예언

이사야는 히스기야에 대해서도 아하스에게와 같이 하나님을 신뢰할 것을 예언했는데 아하스는 배척했지만 히스기야는 그대로 받아들였다. 아하스는 나라를 말아 먹었지만 히스기야는 나라를 구하려 했다. 히스기야가 일으킨 종교개혁의 정치적, 신앙적 의미를 새겨보자.

주전 725년에 히스기야가 즉위하였다. 히스기야는 종교개혁을 시도하여 이방 신들을 섬기는 산당들을 일소하였다. 그가 이방신을 일소한 것은 단지 종교의 순수성을 높이는 종교개혁만은 아니었다. 히스기야의 종교개혁은 정치적인 행위였다. 당시에 점령국의 신을 섬기는 것이

---

1) 김경호, 『역사서-새 역사를 향한 순례』(2권), 제10장 "남북왕국의 분쟁사와 통일을 위한 노력"(대장간, 2018), 287-309.

통례였던 약소국의 홀로서기였다. 이런 저런 외국 세력에 의존해온 유다는 종교적으로도 이방신들의 종합 처소가 되어버렸다. 히스기야는 즉위 후에 마침 아시리아의 내정이 불안한 틈을 노렸다.

히스기야는 아시리아로부터 독립하려 했지만 이는 위험이 따르는 행위였다. 그로인해 혹 있을 지도 모르는 전쟁을 준비해야했기에 예루살렘 성의 최대 약점인 물을 확보하는 공사를 했다. 예루살렘 성은 천혜의 요새이지만 수원지가 성 밖에만 있다. 만약 외국 군대가 성을 포위하면 물을 확보할 수 없다. 히스기야는 성 밖에 위치한 기혼 샘에서부터 예루살렘 성 안으로 물을 끌어들이는 지하 수로를 건설하여 정치적 저항의 근거를 만든다.(왕하 20:20) 지금도 예루살렘에는 히스기야가 공사한 수로 히스기야 터널을 볼 수 있다. 다윗이 여부스 족의 근거였던 예루살렘을 점령할 때 물을 길어 올리는 바위벽을 타고 올라가서 점령했다는 기록(삼하 5:8)은 대표적인 시대착오의 기록이다. 이 부분은 히스기야 이후에 첨가되었다고 보아야 한다.

히스기야 왕의 시대는 아하스 때와 다름없이 매우 복잡한 국제 상황 속에 있다. 아시리아가 북 왕국을 멸망시킨 후 유다마저 속국이 되었고 혹독한 세금에 시달렸다. 이에 유다를 비롯한 팔레스타인 지역에는 반아시리아 정서가 팽배했다. 히스기야는 바벨론의 므로닥발라단과 동맹을 맺고 남으로는 이집트와 동맹을 맺기 위해 사절을 보내 함께 반아시리아 동맹을 맺으려 한다. 히스기야 역시 종교개혁을 일으켜 존경받는 위치에 있었고, 동맹을 맺으려 하는 바벨론의 므로닥발라단 역시 괜찮은 왕이었다. 그는 문헌에 의하면 즉위 후 백성들에게 이자율을 10%이상 받지 못하도록 엄격히 제한하여 민중의 사정을 돌보았다. 이때 마침 이집트도 새로운 체제로 부상하고 있었다. 그동안 이집트는 오랫동안 힘을 못 쓰고 분열 상태에 있었다. 그러나 남쪽 아프리카 중앙 지역에 있는 에티오피아가 일어나 이집트를 통일하고 강력한 제국으로 힘 몰이를 해나가는 중이었다.

아시리아는 세계 제국 역사에서 가장 혹독한 통치로 이름이 나 있다. 대다수 포로를 쇠줄과 낚시 바늘로 꿰어 대륙을 횡단하는 잔혹한 행군과 학살을 감행했다. 이러한 강경책은 피지배국에 강한 반감을 샀다. 그러기에 히스기야가 구상하는 새로운 국제연대 틀에 온 백성의 기대가 모아졌다. 이에 백성들은 고무되었고 아시리아를 능가할 국제정치적 힘의 등장을 갈망하였다.

> 마음을 든든히 먹고 용기를 내어라.
> 아시리아 왕이 대군을 몰고 온다고 하여도
> 그 앞에서 두려워 떨지 말아라.
> 그의 편이 되어줄 힘보다는
> 우리 편이 되어줄 힘이 더 크다.(공동번역, 대하 32:7)

이런 새로운 국제 연대의 움직임을 아시리아가 가만히 보고만 있을 리가 없다. 아시리아의 산헤립 왕은 독립의 움직임을 보이는 히스기야를 응징하기 위해 군대를 일으켰다. 주전 701년에 산헤립은 팔레스타인 전 지역을 정복하고 예루살렘성을 포위했다. 나라의 운명은 풍전등화였다. 히스기야는 이집트로 급하게 도움을 청하는 사신을 보냈다.

> 유다의 사절단이 나귀 등에 선물을 싣고,
> 낙타 등에 보물을 싣고,

거친 광야를 지나서, 이집트로 간다.

암사자와 수사자가 울부짖는 땅,

독사와 날아다니는 불 뱀이 날 뛰는 땅,

위험하고 곤고한 땅을 지나서,

아무런 도움도 주지 못할 백성에게 선물을 주려고 간다.(30:6)

원래 이집트로 가는 길은 해안 길이 평탄하고 좋다. 그런데 히스기야 사절단은 광야 길로 가고 있다. 이것은 해안 길을 이미 아시리아가 점령하였기 때문이다. 블레셋이 아시리아에 반기를 들었고 아시리아는 이를 응징하기 위해 원정을 나와 단숨에 블레셋을 장악했다. 그래서 해안 길은 이미 안전한 길이 되지 못했다. 그래서 험난한 시나이반도의 광야 길을 통해 이집트로 내려간다. 그만큼 히스기야는 사정이 절박했다.

그러나 이사야는 불만이었다. 아시리아 세력을 끌어들인 사람이 누구인가? 선왕 아하스가 아닌가? 나라 운명을 외국 군대의 힘에 의존하다가 진짜 호랑이 아시리아 세력을 끌어들인 것 아닌가? 그 결과 유다와 온 백성도 노예 상태에서 헤어날 수 없게 된 것인데 히스기야는 바로 그 잘못한 선왕의 해결 방법을 그대로 답습하고 있다. 고작 바벨론과 이집트에 기대를 걸고 그들을 끌어들이려는 시도에 대해 이사야는 몹시 실망했다.

만약 히스기야의 계획이 성공한다고 하더라도 사정은 마찬가지이다. 성공해봐야 또 다른 민족의 노예가 될 뿐이다. 만약 그렇지 못하면 아시리아의 반감을 사서 온 백성이 잔혹한 보복을 당하게 될 것이다. 이사야가 보기에 이집트는 실제로 도와줄 여력도 없다. 이것은 단지 화를 부르는 정책일 뿐이다.

아무런 도움도 주지 못할 백성에게 선물을 주려고 간다.

이집트가 너희를 도울 수 있다는 생각은 헛된 망상일 뿐이다.

이집트는 맥 못쓰는 라합일 뿐이다.(30:6-7)

정치하는 사람으로서는 어쩔 수 없는 선택일지 모른다. 아시리아의 막강한 군사력과 힘에서 벗어나려면 또 다른 힘이 요구된다. 그러나 지금 유다 자체로써는 그럴 힘이 없다. 이미 아시리아의 속국 상태이다. 한 나라의 속국이 된다는 것은 종주국의 군사적 보호 아래 들어가는 것이다. 외국의 군사적 보호라는 것은 좋은 이데올로기로 포장한 말일 뿐이다. 실상은 모든 면에서 예속과 감시 아래 두는 것이다. 아시리아의 보호 아래 들어간 순간 가장 먼저 외국 군대가 하는 역할은 피지배국의 군사력을 현저하게 훼손시키거나 한쪽으로 편중시켜서 독자적인 전쟁 수행이 불가능하게 무력화시킨다. 그래야 자신들의 지배를 영구히 해나갈 수 있다. 이미 유다는 독자적 저항이 불가능한 상태이다. 아시리아의 사신 랍사게는 포위된 예루살렘 성 앞에 나와서 이스라엘 백성이 모두 알아듣게 그들을 협박하고 하나님을 모욕했다.

히스기야에게 전하여라. 위대한 왕이신 아시리아의 임금님께서 이렇게 말씀하신다. '네가 무엇을 믿고 이렇게 자신만만하냐? 전쟁을 할 전술도 없고, 군사력도 없으면서, 입으로만 전쟁을 할 수 있다고 생각하느냐? 네가 지금 누구를 믿고 나에게 반역하느냐? 너는 부러진 갈대 지팡이 같은 이 이집트를 의지한다고 하지만, 그것을 믿고 붙드는 자는 손만 찔리게 될 것이다. 이집트 왕 바로를 신뢰하는 자는 누구나 이와 같이 될 것이다. 너는 또 나에게, 너희가 주 너희의 하나님을 의지한다고 말하겠지마는, 유다와 예루살렘에 사는 백성에게, 예루살렘에 있는 이 제단 앞에서만 경배하여야 한다고 하면서, 산당과 제단들을 다 헐어 버린 것이, 바로 너 히스기야가 아니냐! 자, 이제 나의 상전이신 아시리아의 임금님과 겨루어 보아라. 내가 너에게 말 이천 필을 준다고 한들, 네가 그 위에 탈 사람을 내놓을 수 있겠느냐? 네가 나의 상전의 부하들 가운데서 하찮은 병사 하나라도 물리칠 수 있겠느냐? 그러면서도, 병거와 기병의 지원을 얻으려고 이집트를 의존하느냐?(36:4-10)

아마 이런 상황에서 상식적으로 판단하는 사람은 당연히 주변 힘을 끌어들일 수 있는 한 끌어들일 것이다. 이것이 국제 정치의 상식이고 기초이다. 다른 길은 없다는 것이 현실세계의 당연한 논리이다. 그러나 이사야는 근본 문제를 제기한다.

너희가 계획을 추진하지만,
그것들은 나에게서 나온 것이 아니며,
동맹을 맺지만,
나의 뜻을 따라 한 것이 아니다.
죄에 죄를 더할 뿐이다.
너희가 나에게 물어보지도 않고,
이집트로 내려가서,
바로의 보호를 받아 피신하려 하고,
이집트의 그늘에 숨으려 하는구나.
바로의 보호가 오히려 너희에게 수치가 되고,
이집트의 그늘이 오히려 너희에게 치욕이 될 것이다.(30:1-3)

도움을 청하러 이집트로 내려가는 자들에게 재앙이 닥칠 것이다.

그들은 군마를 의지하고, 많은 병거를 믿고

기마병의 막강한 힘을 믿으면서,

이스라엘의 거룩하신 분은 바라보지도 않고,

주님께 구하지도 않는다.(31:1)

　

여기서 "나에게서 나온 것이 아니며, 나의 뜻을 따라 한 것이 아니다." 또는 "나에게 물어보지도 않았다."라는 말은 무엇을 뜻하는가? 이사야는 "하나님을 신뢰하는 가운데서 나온 것"이 아니라고 한다. 그들은 하나님 보다는 세상의 힘, 무기와 군대 숫자를 의존한다. 하나님께 물어보지 않았다는 것은 '기도하지 않았다'는 것을 말할까? 그것은 아닌 것 같다. 히스기야는 매우 경건한 왕이고 야훼 신앙에 충실해서 모든 산당을 철폐했고 이방신을 제거한 종교개혁가다. 그는 요시아와 더불어 가장 칭찬과 존경을 받는 왕이다. 그는 야훼신앙에 충실하고 종교적으로 열심이 넘치는 그가 '기도' 안하고 종교개혁을 일으켰을 리는 만무하다.

하나님께 묻지 않았다는 것은 무엇이겠는가? 그 일로 인하여 고통 받는 백성, 민중의 아픔을 염두에 두지 않았다는 말이다. 동맹을 맺든 조약을 맺든 개혁을 하던 백성을 위해서 해야 한다. 제 정권의 안위를 위해 백성의 목숨을 담보로 큰 정치적 도박을 한다면 그것은 아무리 기도를 열심히 했다하더라도 '하나님의 뜻을 묻지 않은 처사'이다. 왕과 백성들이 입으로는 야훼를 외치지만 그것은 입에 단 종교행위 일 뿐 하나님께서 관심하시는 '백성들의 아픔'에 대해서는 관심이 없다는 뜻이다.

아하스에게든 히스기야에게든 이사야의 예언은 일관된다. 모두 나라가 위태한 상황이지만 이사야는 외세에 의존하지 말고 하나님만을 의지하라고 한다. 아하스는 자기 불안을 이기지 못하고 아시리아를 끌어들였다. 그러나 히스기야는 현실정치로는 계산이 나오지 않는 이사야의 예언을 믿고 그대로 행했다. 똑같이 왕에게 비판하는 쓰디쓴 말들이었지만 아하스는 배척했고 히스기야는 순종했다. 히스기야는 당당하게 산헤립의 위협에 굴복하지 않고 버텼다. 그러나 야훼의 도우심으로 풍전등화와 같은 전황은 바뀌었다. 무슨 이유에서인지 아시리아 군대가 갑자기 철수했다.(주전 701년) 성서는 우리에게 전한다.

> 그런 다음에, 주의 천사가 나아가서, 아시리아 군의 진영에서 십팔만 오천 명을 쳐죽였다. 다음날 아침이 밝았을 때에, 그들은 모두 죽은 시체로 발견되었다. 아시리아 왕 산헤립은 그 곳을 떠나, 니느웨 도성으로 돌아가서 머물렀다.(37:36-37, 참고, 왕하 19:35이하).

역사적으로는 전염병이 갑자기 돌게 되었다고도 하고 아시리아 내부에서 반란이 일어나 물러났다고도 한다. 얼마 후 산헤립은 그가 섬기는 니스록 신상에 예배하다가 그의 아들들에게 칼로 살해당한다. 고대 자료에 의하면 역설적이게도 산헤립은 그가 섬기던 신상으로 맞아 죽었다고 한다.

이사야는 줄곧 어느 외국 세력에도 빌붙지 말고 하나님께만 의존하라는 메시지를 주었다. 그는 하나님께서 친히 시온을 지키신다는 신앙을 가졌다. 상식적인 차원에서 생각할 때 불합리하고 터무니없어 보였지만 주전 701년의 기적과 같은 사건으로 입증되었다. 이로써 이사야는 이스라엘 예언 전통에 우뚝 서는 중요한 예언자가 되었으며, 그의 시온주의와 임마누엘 신앙은 향후 유다에서 가장 중요한 신학적 기반이 된다. 이사야에게서 유래한 이 두 가지 신앙은 신약 시대에 이르기까지 성서의 중요한 중심 주제가 된다.

잠잠하고 신뢰하여라

이사야는 자신을 쫓아냈던 아하스에게도, 자신을 등용했던 히스기야에게도 똑 같은 말씀을 주었다. 그러나 중요한 것은 이사야가 왜 기다리라고 했는가가 중요하다. 정책을 펴는 책임자 입장에서 적군이 쳐들어오는데 아무런 외교조치도 하지 않고 그냥 믿음만으로 기다리는 것은 매우 힘들다. 이 때 잠잠히 있는 것은 전쟁을 하는 것보다 더 힘들 수도 있다.

너희가 붕괴될 성벽처럼 될 것이다. 높은 성벽에 금이 가고, 배가, 불룩 튀어나왔으니, 순식간에 갑자기 무너져 내릴 것이다. 항아리가 깨져서 산산조각이 나듯이, 너희가 그렇게 무너져 내릴 것이다. 아궁이에서 불을 담아 낼 조각 하나 남지 않듯이, 웅덩이에서 물을 퍼낼 조각 하나 남지 않듯이, 사라질 것이다. 주, 이스라엘의 거룩하신 하나님께서 이렇게 말씀하신다. "너희는 회개하고 마음을 편안하게 하여야 구원을 받을 것이며, 잠잠하고 신뢰하여야 힘을 얻을 것이다. 그러나 너희는 그렇게 하기를 바라지 않았다." 오히려 너희는 이렇게 말하였다. '그렇게 하지 않겠습니다. 우리는 차라리 말을 타고 도망가겠습니다.' 너희가 이렇게 말하였으니, 정말로, 너희가 도망 갈 것이다. 너희는 또 이렇게 말하였다. '우리는 차라리 날랜 말을 타고 달아나겠습니다.' 너희가 이렇게 말하였으니, 너희를 뒤쫓는 자들이 더 날랜 말을 타고 쫓아올 것이다. 적군 한 명을 보고서도 너희가 천 명씩이나 도망가니, 적군 다섯 명이 나타나면, 너희는 모두 도망 갈 것이다. 너희가 도망가고 나면, 산꼭대기에는 너희의 깃대만 남고, 언덕 위에서는 깃발만이 외롭게 펄럭일 것이다. 그러나 주께서는 너희에게 은혜를 베풀려고 기다리시며, 너희를 불쌍히 여기려고 일어나신다. 참으로 주께서는 공의의 하나님이시다. 주를 기다리는 모든 사람은 복되다.(30:13-18)

이사야가 말하는 믿음이란 무엇인가? 나라에 외적이 침입하는데 아무 대책 없이 무조건 하늘만 보고 기도하라는 말인가? 왕은 외국 군대의 침략에도 불구하고 아무것도 하지 않아야 하는가? 이사야는 외국 군대가 나라를 침략해 코앞에 닥친 위기 상황에도 한 결 같이 하나님을 믿고 잠잠히 기다리라는 말씀을 준다. 이사야는 자신을 쫓아냈던 아하스나, 자신을 등용했던 히스기에게나 똑 같은 말씀을 준다. 그러나 중요한 것은 이사야가 기다리라고 하는 이유다. 그것이 이사야 예언의 핵심을 파악하는 길이다.

이사야는 믿음을 강조하는 동시에 이사야가 강조하는 또 하나의 중심 메시지는 심판이다. 이사야는 가난한 자를 억압하고 민중을 학대하는 것에 대해 강하게 항의한다. 이스라엘 백성이 하나님의 뜻을 떠나 잘못 행한 것에 대한 심판으로 하나님께서 유다를 멸망시킬 것이라 한다.

선한 일 하기를 기대하셨는데, 보이는 것은 살육뿐이다. 옳은 일 하기를 기대하셨는데, 들리는 것은 그들에게 희생된 사람들의 울부짖음뿐이다. 집에 집을 더하고 밭에 밭을 늘려 나가, 땅 한가운데서 홀로 살려고 하였으니 너희에게 재앙이 닥친다(5:7-8)

불의한 법을 공포하고, 양민을 괴롭히는 법령을 제정하는 자들아, 너희에게 재앙이 닥친다! 가난한 자들의 소송을 외면하고, 불쌍한 나의 백성에게서 권리를 박탈하며, 과부들을 노략하고, 고아들을 약탈하였다. 주님께서 징벌하시는 날에, 먼 곳으로부터 재앙을 끌어들이시는 날에, 너희는 어찌하려느냐? 누구에게로 도망하여 도움을 청할 것이며, 너희의 재산을 어디에 감추어 두려느냐?(10:1-3)

이사야는 상류층 출신이지만 강한 민중지향성을 가지고 있다. 그가 이스라엘을 심판 대상으로 파악하는 근본 이유는 그 땅의 백성들, 농민들, 민중에 대한 정의를 지키지 않았고 그들의 인권을 억압한 것이다. 그러기에 이사야가 주장하는 믿음은 아무 일도 하지 않은 채 단지 하나님만을 기다리는 것은 아니다. 왕들이 하는 일이 과연 그 땅 민중에게 어떤 도움이 되며 그들의 삶을 위해 꼭 필요한가를 최우선으로 믿어야 한다.

다른 외세를 물리치기 위해 또 다른 세력을 끌어들여 유다를 외세의 종합전시장으로 만드는 일이 과연 그 백성들에게 도움이 되는가? 아니면 단지 정권의 안위를 위한 일인가? 유다 지도층은 민중에게 닥쳐올 부담과 짐을 생각지 않고 무조건 왕실 안보만을 생각해서 이리저리 임시 방책으로 정권을 유지해 나갔다. 그 결과 외교적 동맹이 잘 돼서 침략자를 물리친다고 하더라도 그 뒤에 따라오는 정치적 종속과 무거운 세금 부담은 고스란히 민중의 몫이다. 만약 외교적 동맹이 실패한다면 더욱 잔인해질 피의 보복 역시 고스란히 민중이 감당한다. 지도자들은 이런 사실을 알면서도 왕과 한통속이 되어 외친다.

선견자들에게 이르기를

"우리에게 사실을 예언하지 말아라!

우리를 격려하는 말이나 하여라!

가상현실을 예언하여라!

그 길에서 떠나거라!

그 길에서 벗어나거라!

'이스라엘의 거룩하신 분' 이야기는

우리 앞에서 제발 그쳐라"하고 말한다.(30:10-11)

한국교회 현실도 이 상황과 전혀 다르지 않다. 15절에 간절한 하나님의 말씀이 울려 퍼진다.

너희는 회개하고 마음을 편안하게 하여야 구원을 받을 것이며,

잠잠하고 신뢰하여야 힘을 얻을 것이다.(30:15)

현실적으로 매우 급박한 상황이다. 분명 무엇인가 하지 않으면 안 될 상황이다. 그래서 인간은 무언가를 하지 않으면 안 된다. 얕은꾀를 내어 일 아닌 일을 만들기도 하도 상황을 악화시킬지언정 가만히 있는 것은 더욱 힘들다. 그러나 이사야는 말한다. '인간적인 계산을 앞세우고 헛된 머리를 굴리려 하지 마라. 제 꾀에 제가 빠져 악수를 두지 마라. 네가 할 일은 오히려 가만히 머물지 못하고 쓸데없이 분주한 것을 회개하고 마음을 편하게 하는 일이다.

그러나 잠잠하라는 것은 원칙에 머물러 근본적으로 옳은 일인가를 생각하라는 뜻이기도 하다. 인위적으로 무엇을 꾀하지 말고 우리 자신이

가장 의로운 원칙에 충실한가를 보라는 뜻이다. 오직 하나님과 사람들 앞에 부끄러움 없이 대할 수 있는가를 깊이 살펴야 한다. 그렇다면 다음 결과는 하나님을 신뢰하는 마음으로 기다려라. 순수하게 하나님을 위하여, 그의 의를 위하여 나선 일이라면, 거기에 인간적인 잣대로 성공과 실패를 셈하지 말고 편안한 마음으로 그 결과를 맞이하라.

> 잠잠하고 신뢰하여라.(30:15)

> 주님을 기다리는 모든 사람은 복되다.(30:18)

주님의 은혜를 신뢰하는 사람은 기다리는 사람이다. 우리가 하나님을 신뢰하고 믿기 때문이다. 이사야서에서 은혜와 기다림은 짝으로 나타난다.

> 주님, 우리에게 은혜를 베풀어 주십시오. 우리가 주님을 기다립니다. 아침마다 우리의 능력이 되어 주시고, 어려울 때에 우리의 구원이 되어 주십시오.(33:2)

> 주님께서는 너희에게 은혜를 베푸시려고 기다리시며, 너희를 불쌍히 여기시려고 일어나신다. … 주님을 기다리는 모든 사람은 복되다.(30:18)

이사야는 심판을 이야기하지만 그 심판에 숨어있는 깊은 뜻은 하나님의 은혜요 사랑이다. 하나님을 기다리라는 근본은 하나님께서 공의의 하나님이심을 믿고 그분을 신뢰하기 때문이다. 하나님에 대한 믿음이 없다면 기다림은 허사이다. 그러기에 이스라엘은 눈앞에 일을 처리하려고 안절부절 할 것이 아니라 하나님의 공의 안에 있는가를 헤아려 보아야 한다. 그렇게 하면 공의로운 하나님께서는 자기 백성을 포기하지 않는다. 하나님은 심판을 통해 그 백성을 깨끗하게 정화하신다. 그러기에 이사야는 어떤 상황에서도 하나님을 신뢰하라고 강조한다.

이사야는 지금 유다가 의지하려고 하는 이집트의 군마는 "고기덩이일 뿐이요 영(spirit, 정신-공동번역)이 아니다."(31:3)고 한다. 아무리 힘찬 기병 부대라 하더라도 거기에 하나님 뜻과 그분의 마음, 정신(spirit)이 없다면 그것은 단지 고깃덩어리요 고철더미에 불과하다. 우리는 손에 쥔 것들, 보이는 물질 속에서 안정을 추구하고 그 속에 숨으려 하지만, 그 속에 하나님의 정신이 함께 하지 않는다면 그것들은 단지 겉치레만 화려한 껍데기일 뿐이다.

잠잠하고 신뢰하라는 말은 우리의 뿌리, 근본으로 가서 물어보라는 말씀이다. 우리를 이 땅에 내신 분, 우리로 하여금 새 일을 계획하고 계신 하나님의 뜻에서만 우리 삶의 한걸음 한걸음이 가능하고 앞으로 나아갈 수 있다. 그분의 뜻 안에 있지 않은 삶은 나아간 만큼 되돌아 가야 한다. 주님 안에 잠잠하고 그분을 신뢰하는 마음 없이는 아무리 세상의 큰 힘이라 할지라도 그것은 단지 '고깃덩어리요' 무용지물에 불과하다.

우리가 개인적으로도 매우 급박한 상황, 분명 무엇인가 하지 않으면 안 될 상황에 처할 때가 많이 있다. 그때 우리는 가만히 있지 못한다. 대부분 우리들의 얕은꾀로 일 아닌 일을 만든다. 인간적인 계산을 앞세우고 헛된 머리를 굴리기 쉽다. 제 꾀에 제가 빠져 악수를 두는 것이 우리가 늘 경험하는 일이다. 그러기 전에 신앙인들은 먼저 할 일이 있다.

우리는 먼저 마음을 편하게 하도록 기도해야 한다. 내가 하고자 하는 일이 원칙적으로 옳은 일이며 이일로 많은 사람들이 참 복을 얻고 기쁨을 얻을 것인지를 물어야 한다. 이일로 우리 자신이 하나님의 뜻을 이루는 쓰임 받을 수 있는지, 하나님의 영광을 위할 수 있는지 구해 보아야 한다.

거기에 어떤 나를 내세우는 곡조도 끼어 붙여서는 안 된다. 우리는 우리의 마음이 준비되도록 가만히 있어야하고 하나님을 신뢰하는 마음으로 기다릴 수 있어야 한다. 우리들은 바쁜 일상사 속에 늘 머리가 터질 것 같이 바쁘다. 우리는 가끔, 또는 자주 마음이 허전하고 이유 없이 무기력 증에 빠지고 내가 왜 이일을 하는지 방향을 잃는다. 그 이유는 우리 안에 확신과 신뢰가 없기 때문이다. 우리가 하나님과 떨어져 혼자서 그 일을 처리하기 때문이다. 먼저 잠잠하고 이 일이 하나님과 맞닿아 있는가? 물어야 한다.

만약 하나님의 확실한 음성이 우리의 일에 동기가 되지 않는다면 우리들은 언젠가는 배가 불룩 튀어나와 순식간에 허물어져 내릴 성을 쌓고 있는 것이요. 언젠가는 산산 조각날 토기 항아리를 주워 모으고 있는 것이다.(30:13-14)

평화의 동산

다음은 이사야의 가장 아름다운 노래 송아지와 사자가 함께 풀을 뜯는 평화의 동산에 대한 노래이다. 이사야가 꿈꾸는 세상은 당시 세상의 질서를 뒤집는 꿈이 담겨있다. 예언자는 어떤 세상을 그렸는가?

이새의 줄기에서 한 싹이 나며 그 뿌리에서 한 가지가 자라서 열매를 맺는다. 주의 영이 그에게 내려오신다. 지혜와 총명의 영, 모략과 권능의 영, 지식과 주를 경외하게 하는 영이 그에게 내려오시니, 그는 주를 경외하는 것을 즐거움으로 삼는다. 그는 눈에 보이는 대로만 재판하지 않으며, 귀에 들리는 대로만 판결하지 않는다. 가난한 사람들을 공의로 재판하고, 세상에서 억눌린 사람들을 바르게 논죄한다. 그가 하는 말은 몽둥이가 되어 잔인한 자를 치고, 그가 내리는 선고는 사악한 자를 사형에 처한다. 그는 정의로 허리를 동여매고 성실로 그의 몸의 띠를 삼는다. 그 때에는, 이리가 어린 양과 함께 살며, 표범이 새끼 염소와 함께 누우며, 송아지와 새끼 사자와 살진 짐승이 함께 풀을 뜯고, 어린 아이가 그것들을 이끌고 다닌다. 암소와 곰이 서로 벗이 되며, 그것들의 새끼가 함께 누우며, 사자가 소처럼 풀을 먹는다. 젖먹는 아이가 독사의 구멍 곁에서 장난하고, 젖뗀 아이가 살무사의 굴에 손을 넣는다. "나의 거룩한 산 모든 곳에서, 서로 해치거나 파괴하는 일이 없다." 물이 바다를 채우듯, 주님을 아는 지식이 땅에 가득하기 때문이다.… 그 때에는 에브라임의 증오가 사라지고, 유다의 적개심이 없어질 것이니, 에브라임이 유다를 증오하지 않고, 유다도 에브라임에게 적개심을 품지 않을 것이다.(11:1-9, 13)

예언서에서 가장 유명하고 아름다운 이상이 담긴 이사야의 노래는 그가 꿈꾸는 미래 구상이 담겨있다.

첫째, 현존하는 다윗왕조에 대한 비판이다.

"이새의 줄기에서"라는 표현은 이사야서에 나오는 독특한 주제이다. 1절에는 "이새의 줄기에서", 10절에는 "이새의 뿌리에서"라고 표현하는데 이것은 어떤 의미일까? 이새는 다윗의 아버지를 말한다. 그는 평범한 시골 농부요 양을 키우는 목동이었다. 이제까지 다윗왕국의 가장 기본이 되는 원칙은 '다윗의 후손에서 영원히 왕위가 계승된다.'는 다윗 왕조신학이었다. 그런데 이사야가 보기에 다윗 왕국은 완전한 실패작이다. 군마와 병거 숫자, 외국 군대의 힘에 의존해서 마침내는 그들의 속국이 되어 버렸다.

그래서 이사야는 '다윗의 후손'이라는 왕조신학에 대해 저항하며 그의 평범한 아버지, 목동이었던 이새를 중심으로 "이새의 뿌리, 이새의 줄기"라는 새로운 구상을 내놓는다. '이새의 뿌리'는 다윗이 뿌리가 되었던 다윗 왕조와 대조된다. 평범한 한 촌부였던 그의 아버지가 뿌리가 된다는 것은 왕조 이전에 이스라엘이 가졌던 평화롭고 평등했던 세상에 대한 흠모이다. 그 뿌리에서라야 새 세상, 평화의 동산이 펼쳐진다는 뜻이다.

뿌리에서 새싹이 나오는 경우는 그 나무가 잘려나간 경우다. 그래서 공동번역 성경은 "이새의 그루터기에서 햇순이 나오고"로 번역한다. 본래의 나무가 잘려나가고 남은 그루터기에서 햇순이 나오는 것이다. 이는 다윗 왕조는 실패고 그 왕조는 망해야 한다는 전제를 가지고 있다. 이사야의 아름다운 이상은 다윗왕조에 대한 비판에서 시작된다.

둘째, 군사주의에 대한 비판이다.

이사야는 이리와 어린 양이, 표범과 새끼 염소가, 송아지와 사자가 함께 풀을 뜯는 세상, 본래 짐승의 본성을 뛰어넘는 평화의 세상을 노래한다. 이런 장면들은 현실에서는 불가능하다. 이 이야기는 그동안 자기 힘이 남과 견주어 조금 세다고 생각하면 어김없이 다른 나라를 침략하고 약탈이나 하는 잘못된 군사주의에 대한 비판이다. 이러한 현실을 넘어서 더 이상 남을 약탈하지 않고 평화롭게 공존하고 함께 어울리는 세상을 대안으로 그린다. 당시 열강들의 국제정치는 정글의 정치였다. 개인이 강도짓을 하면 처벌받지만 국가가 강도짓을 하면 칭송받았다. 군대라는 허가된 무력을 통하여 아무런 이유 없이 단지 조금 힘이 세다는 이유로 다른 민족을 거침없이 침략했고 약탈했다. 남을 지배하려 들고 힘으로 상대를 짓눌러야 하는 인간 세계를 짐승과 야수들을 등장시켜 비유한다.

이사야는 보복과 복수 차원에서 평화를 말하지 않는다. 그는 침략자의 군화, 군복이 모두 불에 타 없어질 것이라고 예언한다(9:5). 그것은 군수물자를 확보하여 또 다른 전쟁을 하지 않겠다는 뜻이다. 보복의 시소게임을 끝내고 모두 소각시켜 태우고 새로운 세상을 맞이하자는 것이다.

셋째, 남과 북의 분단과 증오심에 대한 반성이다.

이사야는 남북왕국 서로의 증오심이 결국 나라를 망하게 한 주범이었음을 고백한다.

"그 때에는 에브라임의 증오가 사라지고,
유다의 적개심이 없어질 것이니,
에브라임이 유다를 증오하지 않고,
유다도 에브라임에게 적개심을 품지 않을 것이다."(11:13)

에브라임은 북 왕국 이스라엘을 대표하는 지파이지만 북 왕국 전체를 일컫기도 한다. 유다는 남 왕국이다. 같은 민족이지만 큰 그림을 그리지 못하고 남북왕조, 분단 정권의 안위만을 생각하여 거대 제국을 불러들이고 서로를 도륙한 결과는 서로를 망하게 하고 자신도 타국의 포로가 되는 운명을 가져왔다. 한 동족이 갈라져 싸울 때 어떤 결과를 가져온 다는 뼈저린 경험을 했다. 이 말씀은 바로 자신들이 실패한 역사에 대한 반성과 비판을 담고 있다. 이러한 화해와 평화의 기운은 전 세계적인 기운으로 퍼져가야 한다. 지금 세계 판도를 움켜쥐고 있는 힘의 중심, 아시리아와 이집트는 물론 이스라엘과 모든 나라의 화해로 이어져야 한다는 이상을 그린다.

> 그 날이 오면 이집트에서 아시리아로 통하는 큰 길이 생겨, 아시리아 사람은 이집트로 가고 이집트 사람은 아시리아로 갈 것이며, 이집트 사람이 아시리아 사람과 함께 주님을 경배할 것이다. 그 날이 오면, 이스라엘과 이집트와 아시리아, 이 세 나라가 이 세상 모든 나라에 복을 주게 될 것이다.(19:23-24)

서로의 동맹과 국제관계에 얽혀 사신을 보내고 내편으로 삼았다고 환호하던 부질없는 동맹은 결국 하나님을 배반한 동맹이다. 남을 적대하고 죽이기 위한 동맹은 그 때 그 때 이합집산(離合集散)하는 배신과 앙갚음의 무한폭력을 대물림한다. 끊임없이 적개심을 품고 사는 삶은 하나님께서 우리에게 주신 꿈이 아니다. 크게 보고 크게 호흡할 때 우리는 이리 저리 배신하고 떼로 몰려다니는 인간의 동맹이 아니라 하나님께서 펼쳐주시는 평화의 동산으로 향할 수 있다.

이스라엘과 유다가 그랬고 오늘 한반도의 남과 북의 정권이 그렇듯이 분단정권이   가지는 한계가 있다. 이들의 지지기반은 분단 체제다.

여간 큰 이상을 세우지 않으면 그냥 자신이 지지를 얻은 분단 체제에 적응하는 것이 편하다. 서로의 적개심을 부추기는 것은 내적인 단결력을 가장 쉽게 얻을 수 있는 방법이다. 분단정권이 쉽게 빠지는 유혹이며 가장 손쉬운 통치이기도 하다. 정권의 기반 자체가 분단체계이기에 그 체계를 넘어가는 구조가 되면 당연히 정권의 기반도 흔들린다. 분단 정권의 이해관계는 분단된 체계이다. 그러기에 명분으로는 항상 통일을 원하고 평화를 원하는 척하지만 실제로는 다르게 움직이기 쉽다. 명분과 실제가 다를 수 있고 모험을 가져올 평화 체제를 위해 서두를 이유가 없다.

과거나 지금이나 보수정치인들은 노골적으로 적개심을 부추겨 덕을 보았다. 심지어는 선거 때면 북에 돈을 건네고 휴전선에서 총을 쏴달라고 부탁하는 이적행위를 했다. 가장 손쉽게 지지를 얻을 수 있는 것이 남을 증오하는 혐오를 바탕으로 하는 것이지만 이는 가장 하나님의 뜻을 거스르는 행위다. 일본의 아베가 내적인 실정에도 불구하고 버티는 것은 혐한 감정을 이용하기 때문이다. 그러나 증오로 자기를 유지하는 것은 저급하며 오래가지 못한다. 신앙인은 어떤 조건에서건 혐오, 차별, 배제를 근간으로 삼아서는 안 된다. 그것은 반 신앙적이고 하나님과 적대하는 행위이다. 우리는 사랑과 평화를 추구하기에도 너무 짧고 바쁜 일정을 살아가고 있다.

문재인 정부가 말과 같이 진정 평화를 원하는가는 이제 실력으로 보여줘야 한다. 국민들이 총선에서 2/3에 가까운 막대한 지지를 보냈다. 그러나 또 다시 미국의 핑계로, 트럼프를 구실로 남북관계에 아무런 진전을 만들어내지 못한다면 그 진정성 자체가 의심받게 될 것이다. 지난 2년간 주머니 안에 들어왔던 남과 북의 평화의 길을 놓쳐버렸다. 더 이

상 말의 성찬이 아니라 실제적인 남북의 평화를 이루는 과감한 조치가
필요하다.

함께 생각할 문제

* 이사야가 생각한 외교의 원칙에 대해서 이야기해 봅시다.

* 이사야의 원칙을 배척한 아하스와 받아들인 히스기야의 선택을 한국역사에서 그 실례를 찾아 비교해 봅시다.

* "믿음 위에 굳게 선다"는 것이 우리 현실에서 나타난 사회적 예를 들어 봅시다.

* 우리 민족은 참으로 위대한 민족이다. 짧은 세월에 세계 10위의 경제성장을 이루었다. 그보다 더 위대한 일은 국민들의 힘으로 이승만 독재와 군사 독재를 청산하고 민주화를 이룩하였다. 그러나 이제 우리가 꼭 풀어야 할 역사 과제가 있다. 오랜 분단 상태를 극복하고 한반도에 완전한 평화를 이루는 것이다. 외국 군대가 자기들의 기득권을 유지하는 차원에서 던져주는 평화에 머물러서는 안 된다. 분명한 자주의식을 가지고 주체적으로 평화를 만들어 가지 않는다면 한반도가 영원히 외세에 짓밟힐 수도 있다. 우리가 실현해야 할 평화는 어떤 평화인가, 미군이 한반도에 주둔하게 된 목적은 무엇인가, 남북이 평화체제에 들어간 다음에도 한반도에 미군이 계속 주둔해야 하는가, 지금 미군이 서해안에 건설하고 있는 대(對) 중국기지는 대한민국의 평화를 위한 일인가, 아니면 미국의 이익 때문인가, 미군이 여전히 작전권을 가지고 우리 군대를 좌지우지하는 일은 한국 국민의 안전을 위해 득인가 해인가, 전략적 유연성이라는 이름으로 미군이 세계 분쟁에 나설 때 우리도 함께 그 분쟁에 개입하는 일은 우리의 안전을 고려한 선택인가, 무엇보다도 하나님의 뜻에 맞는 일인가에 대해서 이야기해 봅시다.

한반도에 찾아올 평화와 자주 2)

　2007년 남북정상회담 성과 중에 값진 것은 휴전 상태로 있는 한반도에서 종전 선언을 하고 평화협정으로 가기 위해 3자 또는 4자 정상회담을 하기로 했다. 그동안 북은 종전 선언의 대상에서 남쪽을 제외하고 휴전협정 당사자인 북측과 미국 양자 간의 합의로 할 것을 주장해 왔다. 휴전협정의 당사자는 조선민주주의인민공화국과 미국 그리고 중국이다. 그러나 현재 한반도 내에서 전쟁을 종결하는 주체는 한반도 내에 군대를 주둔하고 있는 남측과 북측 그리고 미국이다. 3자라는 표현을 쓴 것은 미국의 입장이다. 미국으로서는 70년 이상을 끌어온 전쟁 상태를 종식시키는 중요한 세계사적 업적을 중국과 나누고 싶지 않을 것이다. 그렇지 않아도 6자 회담 때 주도권을 중국에게 넘겨주고 끌려 다니는 꼴을 자처한 미국으로서는 한반도 평화의 공을 나누고 싶지 않을 것이다.

　북미 수교를 하기 위해서는 선결해야 할 과제가 있다. 적대적 성격을 가진 나라들이 수교 관계로 갈 때는 전에 맺었던 상호 적대적 성격을 가진 타국과의 조약이나 협정을 파기해야 한다. 여기에 해당하는 것은 한미 상호방위 조약, 북–중간의 자동군사 개입을 협약한 조약 등이다. 당

---

2) 이 글은 필자가 "고 명노근 선생 8주기 추모강연"을 했던 글인데 지나간 햇수 표시는 현재 시점에 맞추어 조정했다.

연히 미군 주둔 근거는 원천적으로 없어진다. 미국으로서는 북과의 수교도 문제이지만 남쪽에서 그동안 누려왔던 기득권을 그대로 누리고 싶을 것이다.

미국은 당연한 수순으로 내주어야 하는 한국군의 작전 통제권을 빈껍데기의 권리로 만들어 이름만 넘겨주려고 한다. 사실 그동안 우리 대통령이 국군 통수권자라는 말은 교과서에나 나오는 명분이었다. 미국은 1994년 평시작전권을 국제 여론에 못 이겨 45년 만에 한국에 넘겼다. 그러나 군에서 평시작전권은 별로 의미가 없다. 국가 경계 상태인 데프콘 Ⅲ 상태가 되면 위기조치권과 전쟁개시권이 미군 사령관의 손에 넘어가고 미군 사령관의 손에 우리 생명을 송두리째 맡겨야 한다.

이런 일은 예를 들어 고구려 멸망 이후 당나라가 우리 땅에 설치한 안동도호부가 우리 백성의 운명을 좌지우지하는 것과 같다. 물론 그 때도 대국 당나라에 우리 안보를 맡기자고 외치는 사람들이 많이 존재했다. 그러나 우리 조상들은 그들을 9년 만에 한반도에서 축출했다. 이후 명나라, 원나라, 일본 등의 외세가 우리 땅을 넘보았다. 그중 일본이 40년간 군대를 주둔시킴으로 가장 오랜 세월을 지배했으나 지금 미군은 76년째 주둔하고 있다. 그러고도 평택, 새만금, 군산 등에 새로운 미군기지를 만들려고 한다. 그런데도 지금 이 땅에는 미군의 손에 모든 것을 맡겨야 한다고 외치는 사람들이 많다.

운동권 학생들이 한 때 "우리는 미군의 용병이 되고 싶지 않다"며 군대 가기를 거부한 적이 있다. 그런데 따지고 보면 그것도 틀린 말이다. 용병은 돈을 받고 움직이는 고용된 군대이다. 그런데 우리 아들 딸, 우리 국민의 혈세로 운영하는 군대를 우리 손으로 움직일 수 없고 미국의 명령에 의해 움직여야 하는 현실은 너무나 큰 불행이고 모순이다.

미루나무 도끼 사건으로 화가 난 미국이 핵 항공모함을 동해에 배치하고 한반도가 핵전쟁 일보 직전까지 간 일이 있었다. 사건 전말이 어떻든 간에 미군 2명이 죽었다고 해서 한반도에서 적어도 수백만 명 이상이 희생될 핵전쟁을 하려고 했다. 미국 사람 2명이 죽었다고 우리의 목숨 수백만 명 쯤은 죽어도 좋다고 생각하는 사람들이 그들이다. 이렇게 위험한 존재들에게 우리의 생명과 운명을 송두리째 맡겨 놓고도 편안할 수 있는 뿌리 깊은 사대주의 망령들은 이사야의 말씀을 거부하고 남북 왕국을 모두 외세의 손에 넘겨 버렸던 아하스 왕의 망령이다.

대한민국 건국 과정에서 미군이나 한국군의 손에 죽임을 당한 민간인 숫자가 백만 명에 달한다. 여러 곳에서 그 증거가 드러나고 있다. 민간인들 사이에서 인민군 한 명이 눈에 뜨이면 공군 전투기가 피아를 가리지 않고 무차별 폭격을 퍼붓는 등의 일로 수많은 사상자가 났다. 그들에게는 남쪽 사람이나 북쪽 사람이 구별되지 않는다. 아니 굳이 구별하려고 하지 않았다. 미군정은 대한민국 건국 과정에서 소위 '빨갱이'를 색출하기 위해 무차별 학살을 진행했다. 그들 대다수는 그냥 순진한 국민들이다. 더 이상 이 땅에서 무고한 희생이 일어나서는 안 된다. 우리 생명을 우리 군대에 의해 운영하겠다는 전시작전 통제권 환수는 주권 국가로서 필수적인 권리이다.

미국은 2012년 4월에 전시작전 통제권을 돌려주겠다고 했으나 한국의 보수정권이 다시 연장을 요구했고 미국은 마지 못하는 척 받았다. 그나마 미국은 꼼수를 쓰고 있다. 한미양국은 2007년 6월 28일 '작전통제권 환수 이행계획'을 발표하였으나 그 내용을 보면 합동참모부에서 군단, 사단에 이르기까지 '협조기구'를 층층이 설치하여 미국이 간섭할 길을 열어 놓고 있다. 현대전에 핵심 전력인 공군은 아예 작전통제권을 돌려받을 계획도 없다. 미국이 주도하는 '통합항공우주작전센터(IAOC)' 가 한국 공군의 작전을 통제하기로 했기 때문이다. 결국 우리 국민이 돌려받는 작전 통제권은 껍데기일 뿐 미군은 계속해서 우리 군을 자기들 밑에 두려고 한다. 그들은 한미연합사 대신 유엔사의 이름으로 한국군을 수하에 두려한다.

종전 선언과 평화협정은 북미수교에까지 이르는 단계에서 필수적인 조치이다. 미국이 요구하는 평화협정은 남한에서 미국의 기득권을 놓치지 않고 북한의 경제교류를 가능케 하는 정도일 것이다. 이것은 최소주의 원칙 아래 진행하는 평화협정이다. 한국에는 이미 중국방어용 사드가 배치되었고, 지금 서해안 벨트에는 향후 100년 이상 쓸 수 있는 철통방비의 미군기지를 세우고 있다. 이것은 중국을 겨냥한 기지들이다. 이미 북을 겨냥해 전방에 배치하였던 미군기지는 철수했다. 서해안 기지들은 유일하게 연료 재급유 없이 중국의 심장부들을 공격할 수 있는 위치에 있다. 만약 중국과 미국 사이에 갈등이 야기된다면 서해안은 집중 목표물이 될 것이다. 그러나 이미 중국에는 한국의 많은 기업들이 진출해 있고 중국과의 교역량이 미국을 앞지른다. 우리가 중국과 적대할 이유가 없다. 한반도를 아무 이유 없이 전쟁터로 만들 수는 없다. 한반도 평화체제는 이러한 불안 요소들이 모두 제거되고 한반도에 영구적인 평화를 가져오는 방향으로 이루어져야 한다.

한반도 평화협정에서 주변 국가들이 요구하는 모든 사항이 다 나와야 하며 요구사항들을 동시에 타결하는 평화 협정이어야 한다. 중국이 참여하는 4자 회담이 된다면 자신을 겨냥한 미군 기지들이 서해안에 즐비하게 들어서는 것을 용인하기는 어려울 것이다. 주변국가 들이 한반도에 대해서 바라는 모든 것이 다 일괄타결 돼야 한다. 남, 북, 중, 미 4개국은 모두 자신의 안보와 관련한 최대의 요구사항을 꺼내 놓고 동시행동 원칙에 입각하여 서로의 안보 위협을 근본적으로 제거해야 한다.[3]

그리고 이러한 평화체제는 동아시아 국가들로 확산된 지역 평화체제로 나아가야 한다. 향후 동아시아 국가들은 나토와 같이 지역 집단 안보의 틀을 가져야 한다. 지금은 모두가 미국과의 개별적인 관계를 맺고 있을 뿐 동아시아 국가들 간의 협의체가 없다. 그래서 미국은 이들 모두의 나라에 개입해서 막강한 영향력을 행사한다. 미국은 이들이 군비 경쟁에 몰입하도록 부추긴다. 그러므로 이들 동아시아 국가들은 서로의 안보를 보장하는 집단안보의 틀로 나아가지 못한다면 강대국의 무기 소비장으로 허덕이게 될 것이다.

지금 우리는 한반도와 동아시아 전체에 미칠 중대한 변화의 길목에 서있다. 지구상에 마지막 남은 냉전의 기운을 걷어내고 동아시아의 평화를 가져올 호기이기도 하다. 시대를 보고 먼저 깨어 있는 사람들은 사명을 가지고 부지런히 새로운 시대를 준비해 나가야 할 것이다.

---

3) 김진환, "한반도 평화체제 수립방안", 『전환기 한미관계의 새판짜기 2』, 2007, 한울, 355.

09
미가 – 민중의 꺾이지 않는 정신

예언전승은 북 왕국의 전유물인 셈이었다. 예언전승이 전무했던 남 왕국에도 이사야와 미가와 같은 예언자가 등장하게 된 역사적 배경을 살펴보고 역사의 소모품이던 민중, 농민 세력이 남 왕국 역사에 무시하지 못할 존재로, 당당한 역사의 주체로 등장하게 된다.

남 왕국에 자생한 예언전통

미가는 요담과 아하스의 공동통치 시기(주전 735–732년) 이후부터 산헤립의 침공(주전 701년) 때까지 활동했다. 미가는 이사야와 동시대 예언자다. 두 사람은 모두 남 왕국 유다에서 예언하였다. 그러나 이사야는 귀족 출신이며 예루살렘을 중심으로 예언했다면 미가는 모레셋 가드라는 블레셋 접경지역 촌락의 농사꾼이다.(1:1, 14)

이사야는 최고의 교육을 받고 세련된 궁중 언어를 구사한다. 그는 국제 정세를 한 눈에 꿰고 있고 왕의 정책 조언자로 자문 역할을 한다. 이에 비해 미가는 그저 한낱 변방의 시골 농부일 뿐이다. 미가는 세련된 언어와 어법을 구사하지는 못하지만 예루살렘과 도시인들의 죄악을 낱

낱이 들추어낸다. 미가는 도시인들이 농민을 착취하는 것에 엄중한 비판을 가한다. 예나 지금이나 농투성이들이 토해내는 삶의 몸부림은 우리의 가슴을 저민다.

아시리아의 서방진출 과정에서 방패막이가 되었던 북 왕국이 마침내 멸망해 버리자 그 여파가 남 왕국에까지 몰아쳤다. 그 결과 이제까지 다윗의 후손에 의해 단일 왕조로 이어지던 남 왕국 왕정에 변화가 생겼다. 다윗 왕조 세습에 혼란이 생기면서 아하시야, 아달랴, 요아스, 아마샤 등이 쿠데타로 인해 연속적으로 피살당한다.

앞서 살펴본 엘리야, 엘리사, 아모스, 호세아는 모두 북 왕국 예언 전통을 가진 예언자이다. 북 왕국에는 활발한 예언 활동이 있었는데, 이에 비해 남 왕국은 다윗 왕조신학이 워낙 공고했다. 다윗의 후손에서 영원히 왕위가 계승되리라는 왕조신학의 기운이 지배적이어서 감히 예언자들이 설 자리가 없었다.

그러다가 아합 시대에 변화가 왔다. 남북왕조가 결혼동맹을 맺고 화합했다. 그러다가 북 왕국에서 일어난 예후의 혁명으로 인해 북 왕국의 아합정권은 막을 내렸고 그 여파로 예후에 의해서 남 왕국의 아하시야 왕까지 살해당하는 정변이 일어난다. 이러한 분위기를 틈타 결혼동맹을 맺어 남 왕국의 왕비가 되었던 아합의 딸 아달랴가 권력을 잡는다. 이때가 남 왕국에서 유일하게 다윗 왕조가 중단되었다. 이에 사제 여호야다가 중심이 돼서 '반(反) 아달랴 혁명'을 모색한다. 다윗 왕조를 혼란시킨 아달랴를 몰아내고자 했다. 이때 여호야다는 부족한 힘을 만회하고자 농민 세력의 힘을 빌렸다. 이로부터 농민들이 국정에 영향을 미치는 사회세력으로 등장한다. 이를 계기로 남 왕국에도 민중의 소리를 대변하는 예언자들이 등장하였다. 이제는 무시할 수 없는 세력이 된 농민,

민중이 정치 무대에 등장했다.

사제 여호야다의 반 아달랴 혁명이 성공한 후에 우시야(아사랴)가 등극할 때 온 유다 백성(암 하아레츠, 땅의 백성)이 그를 왕으로 세운다고 기록한다.(왕하 14:21) 이것은 보통 왕의 즉위 시 "…가 죽고 …가 그 뒤를 이었다"는 관용적 표현과는 다르다. 아마 민중의 축제 분위기 속에 우시야가 등극한 것으로 보인다.

민중의 지지를 업고 등장한 우시야 왕은 경제와 군사에서 부강한 나라를 이루었다. 왕 자신은 나병에 걸렸으나 우시야 시대는 힘과 안정의 상징이었다. 막강한 개인 군대, 많은 영토 점령, 사유지를 개간했다. 그러나 귀족들의 온상인 성전까지는 완전히 장악하지는 못했다.(대하 26:16-20)

이러한 과정에서 지식인층에서도 농민들의 주장에 동조하는 세력이 생겼고(이사야) 미가와 같이 직접 농민의 투박한 언어로 그들을 대변하는 예언자도 등장했다.[1]

민중의 생존권, 땅에 대한 관심

악한 궁리나 하는 자들,

잠자리에 누워서도 음모를 꾸미는 자들은 망한다!

그들은 권력을 쥐었다고 해서,

날이 새자마자 음모대로 해치우고 마는 자들이다.

탐나는 밭을 빼앗고,

탐나는 집을 제 것으로 만든다.

집임자를 속여서 집을 빼앗고,

---

1) 김진호 외, "이사야, 미가", 『함께읽는 구약성서』, 한국신학연구소, 1991. 193.

주인에게 딸린 사람들과

유산으로 받은 밭을 제 것으로 만든다.

그러므로 나 주가 말한다.

내가 이 백성에게 재앙을 내리기로 계획하였으니,

이 재앙을 너희가 피할 수 없을 것이다.

너희가 거만하게 걸을 수도 없을 것이다.

그처럼 견디기 어려운 재앙의 때가 될 것이다.(미가 2:1-3)

땅에 대한 관심은 미가 예언의 출발점이자 동기이다. 도시인들은 농민의 땅을 **빼앗고** 부재지주가 되어 각종 세금으로 농민을 빚더미 위에 앉혀버렸다. 그들은 손 하나 까딱하지 않고 막강한 부를 챙기며 농민들은 언제나 부채 속에서 허덕인다. 그러므로 미가에게는 장차 나타날 주의 날에 이루어지는 심판 역시 땅을 분배하는 심판이다.

그날이 오면, 사람들이 너희를 두고서

이러한 풍자시를 지어서 읊을 것이다.

슬픔에 사무친 애가를 지어서 부를 것이다.

'우리는 알거지가 되었다.

주님께서 내 백성의 유산의 몫을 나누시고,

나에게서 빼앗은 땅을 반역자들의 몫으로 할당해 주셨다.

그러므로 주님의 총회에서 줄을 띄워 땅을 나누고

제비 뽑아 분배할 때에 너희의 몫은 없을 것이다.(2:4-5)

미가가 도시인들의 게걸스러운 땅 욕심에 대해 포문을 열었듯이 이사야도 같은 관심을 나타낸다.

> 너희가 더 차지할 곳이 없을 때까지,
> 집에 집을 더하고, 밭에 밭을 늘려나가,
> 땅 한가운데서 홀로 살려고 하였으니,
> 너희에게 재앙이 닥친다. … (이사야 5:8)

> 나의 포도원을 망쳐놓은 자들이 바로 너희다.
> 가난한 사람들을 약탈해서, 너희 집을 가득 채웠다.
> 어찌하여 너희는 나의 백성을 짓밟으며,
> 어찌하여 너희는 가난한 사람들의 얼굴을
> 마치 맷돌질하듯 짓뭉갰느냐?(이사야 3:14-15)

많은 죄악 중에서도 특히 땅을 빼앗는 것은 야훼를 배반하는 짓으로 천벌 받을 일이다.[2]

그런 의미에서 이방신들을 섬기는 종교적 타락은 다름 아닌 '땅의 타락'이다. 지배자들이 가난한 사람들의 유산인 땅을 빼앗고 사람마저 노예로 삼는다. 이것은 바로 나봇의 포도원을 탈취하며 부당하게 왕정 재산으로 삼았던 "오므리의 율례이며 아합 집의 행위"이다.(6:16) 바알신을 국교로 삼았던 오므리와 아합의 율례는 농민의 땅을 빼앗음으로 야훼신앙을 정면으로 배반했다. 야훼신앙을 떠난 행위는 단순히 종교 행위에 대한 비판이 아니다. 땅과 삶의 터전을 빼앗고, 나중에는 그들의 인권을 짓밟는 행위가 바로 하나님에 대한 반역이다.

---

2) 김경호, 『역사서-새 역사를 향한 순례』 대장간, 2008. 85-104.

경제적으로 고통을 당하는 사람들은 단지 경제적 고통에만 머물지 않는다. 빈약한 경제력에 따라오는 조급함과 불안, 그로 인해 주눅 들고 기가 꺾이는 열등감을 겪는다. 이러한 고통은 사람의 모든 창조적 능력을 극소화시키고 결국은 자신감마저 잃게 한다. 우리 모두는 비슷한 삶의 위기를 겪으며 나락에 떨어지는 경험을 갖기도 한다.

미가도 그렇듯이 수많은 민중 중에 예수는 참 민중이며 가장 이상적인 삶을 살아간 민중이었다. 세상의 역사는 왕이나 영웅을 중심으로 서술된다. 마치 그들이 나타나 모든 시대를 이끌어 간 듯이 역사를 서술한다. 물론 뛰어난 판단과 지도력을 가진 위대한 리더십이 중요하다. 그러나 어떤 지도자도 그 혼자서는 아무 것도 이룰 수 없다. 그가 이끄는 방향에 동조하며 함께 길을 갔던 보이지 않는 수많은 민중이 있고, 그들이 함께 했기에 새 역사가 가능했다.

민중신학은 '민중은 참다운 역사의 주체'라고 선언한다. 여기서 '민중이 역사의 주체'라는 점에 주목해야 한다. 민중은 단지 일정한 소득 수준 이하의 사람을 가리키는 말이 아니다. 가난하더라도 자신이 역사의 주체라는 것을 인식하고 주인의식을 가진 사람을 말한다. 이것은 그 사람의 소득이나 신분을 뛰어넘어 우리가 사는 사회와 역사 앞에 책임적인 삶을 사는 사람들을 통틀어 일컫는 말이다. 넓은 의미의 민중이며, 자각한 민중을 말한다. 경제적으로는 가난하지만 주체의식을 갖지 못하는 사람은 돈이 없기에 오히려 더욱 돈의 노예가 될 수도 있고 자신의 자존심을 헐값에 넘길 수도 있다. 또 희미하게 오는 기회를 잡기 위해 혈안이 될 수도 있다. 이 모두 자신이 역사의 주인임을 자각하지 못하기 때문이다. 창조적인 민중, 역동적인 민중, 역사의 주인으로서의 민중은 아니다. 예수는 바로 이런 소극적인 민중을 적극적인 민중으로, 역사의 주체로, 역동적이고 창조적인 주인으로 거듭나게 했다.

그러나 이것마저도 규범화하면 위험하다. 민중은 자신이 주체의식을 가지지 못해도 민중이다. 가난하고, 천대받고 사회의 이런 저런 변화에 희생물이 되어 치이고 넘어지지만 그는 아무런 빛을 받지 못할지언정 자신이 당하는 고통, 그 자체가 역사를 지고 가는 것이다. 그가 가진 자의식에 상관없이 그들이 겪는 고통 자체가 우리시대의 모순을 드러낸다. 그들이 당하는 고통은 오늘 우리들을 재촉하고 일깨운다. 그들 경험은 궁극적으로 우리를 구원하는 열쇠가 되며 그들은 그 고통 자체로 늘 역사의 주인이다.

도시는 죄의 온상이다

농민 예언자인 미가는 도시에 대해 혹독하게 비판한다. 부재지주들이 몰려사는 도시는 땅을 빼앗고 농민들의 생명을 갈취한다. 그들은 죄악 위에 성읍을 쌓고 백성의 피로 도시를 세운다. 미가로 인해 3천 년 전 당시 도시와 갈등을 겪는 농민의 목소리가 생생하게 전해진다. 미가는 도시에 대해 혹독하게 비판한다.

> 야곱의 죄가 무엇이냐?
> 사마리아가 아니더냐?
> 유다의 산당이 무엇이냐?
> 예루살렘이 아니더냐?(1:5)

여기서 야곱은 북 왕국을 일컫는 말이며 사마리아는 그 수도이다. 예루살렘 역시 남 왕국 유다의 수도이다. 그는 사마리아에 대해서 말한다.

내가 사마리아를 빈들의 폐허로, 포도나 가꿀 밭으로 만들겠다. 그 성의 돌들은 골짜기에 쏟아 붓고, 성의 기초가 드러나게 하겠다. 새겨서 만든 우상을 모두 박살내고, 몸을 팔아서 모은 재물을 모두 불에 태우고, 우상을 모두 부수어서 쓰레기 더미로 만들겠다. 몸을 팔아 화대로 긁어모았으니, 이제, 모든 것이 다시 창녀의 몸값으로 나갈 것이다. … 이것은 사마리아의 상처가 고칠 수 없는 병이 되고… (1:6-9)

그는 또한 예루살렘 시온에 대해서 말한다.

너희는 백성을 죽이고서, 그 위에 시온을 세우고, 죄악으로 터를 닦고서, 그 위에 예루살렘을 세웠다. 이 도성의 지도자들은 뇌물을 받고서야 다스리며, 제사장들은 삯을 받고서야 율법을 가르치며, 예언자들은 돈을 받고서야 계시를 밝힌다.(3:10-11)

여기에 '주님께서 우리와 함께 계시니 우리에게 재앙이 닥치지 않는다.'는 말에 인용부호가 붙어있다. 바로 동시대에 잘 나가는 귀족 예언자 이사야의 중심 메시지다.(이사야 8:5-10) 하지만 미가는 이사야의 예언을 정면으로 반박한다. 도시에 사는 너희들이 도대체 무슨 근거로 하나님이 함께 하시고 시온이 영원하다고 하는가? 부재지주들의 도시, 권력으로 농민의 땅이나 빼앗고 손 하나 까닥하지 않고 온통 사기술로 먹고 사는 도시, 그 대표 격인 예루살렘이 어찌 하나님이 함께 하시는 도성이 된다는 말인가? 정직하게 자기 땅에 농사짓고 땀 흘려 먹고사는 시대는 지나갔다. 너희들이 도시에 몰려 살며 아무런 땀도 흘리지 않으면서도 잘 먹고사는 것은 꾸미느니 음모요, 도모하느니 남을 갈취하는 기술뿐이다. 너희가 자랑하는 도시의 화려함은 바로 땅의 사람들, 농민들의 피요 죽음의 값이다. 미가는 예루살렘! 그 자체가 죄악의 토대위에 세워진 도시라고 외친다. 그러니 돌 위에 돌 하나 남지 않고 무너지리라고 예언한다.

> 그러므로 바로 너희 때문에 시온이 밭 갈듯 뒤엎어질 것이며, 예루살렘이 폐허더미가 되고, 성전이 서 있는 이 산은 수풀만이 무성한 언덕이 되고 말 것이다.(3:12)

> 이 땅에 신실한 사람은 하나도 남지 않았다.
> 정직한 사람이라고는 볼래야 볼 수도 없다.
> 남아 있는 사람이라고는 다만,
> 사람을 죽이려고 숨어서 기다리는 자들과,
> 이웃을 올가미에 걸어서 잡으려고 하는 자들뿐이다.
> 악한 일을 하는 데는 이력이 난 사람들이다.
> 모두가 탐욕스러운 관리,
> 돈에 매수된 재판관,
> 사리사욕을 채우는 권력자뿐이다.
> 모두들 서로 공모한다.
> 그들 가운데서 제일 좋다고 하는 자도 쓸모없는 잡초와 같고,
> 가장 정직하다고 하는 자도 가시나무 울타리보다 더 고약하다.
> 너희의 파수꾼의 날이 다가왔다.
> 하나님께서 너희를 심판하실 날이 다가왔다.
> 이제 그들이 혼란에 빠질 때가 되었다.(7:2-4)

미가는 농민들의 토지를 빼앗는 지도자들, 도시인들에게 외친다.

> 들어라! 주께서 성읍(도시)을 부르신다.
>
> (주의 이름을 경외하는 것이 지혜다.)
>
> '너희는 매를 순히 받고 그것을 정한 나에게 순종하여라.
>
> 악한 자의 집에는, 속여서 모은 보물이 있다.
>
> 가짜 되를 쓴 그들을, 내가 어떻게 용서할 수 있겠느냐?
>
> 틀리는 저울과 추로 속인 사람들을,
>
> 내가 어떻게 용서할 수 있겠느냐?
>
> 도성에 사는 부자들은 폭력배들이다.
>
> 백성들은 거짓말쟁이들이다.
>
> 그들의 혀는 속이는 말만 한다.'(6:9-12)

성서의 여러 법들의 기본 정신은 그 땅에 몸 붙여 사는 사람들의 권리를 소중하게 생각하고 그들의 삶의 터전이 되는 토지를 소중하게 지켜줄 것을 명한다. 남의 땅을 빼앗는 자, 땅의 경계석을 함부로 옮기는 자는 하나님께서 직접 벌하신다. 왜냐하면 그들은 결과적으로 남의 생명을 빼앗기 때문이다.

땅은 모두에게 골고루 나누어질 때, 풍요로우며 땅은 비로소 생명이 된다. 구약은 그럴 때 정의롭다고 한다. 정의라는 것이 정신적인 이념들이나 영적인 개념들이 아니다. 정의는 어떻게 하면 모든 육체들이 생명의 물적 기초를 골고루 나누는가 하는 문제이며, 온전한 삶을 이루는데 필요불가결한 삶의 근거를 공평하고 평등하게 소유하는가의 문제이다.

땅이 누군가에게 독점되는 것이 불의이다. 공평이 사라진 것이다. 기독교에서 종말이라는 말 때문에 사이비 종교에서는 세상 마지막이라는 것을 강조하고 겁주고 재산을 탈취하는 수단으로 쓴다. 하지만 종말은 악의 종말이고 새로운 하나님의 공의의 시작이다. 세상의 불의한 역사가 끝나고 땅이 악에서 벗어나게 되는 것을 말한다. 그리고 지금 여기서 정의롭고 의로운 세상이 시작되는 것이다. 종말은 우주적 파괴를 통해 창조를 말소하는 것이 아니라 우주적인 변혁을 통해 이 세상 안에 잔존하는 악을 파괴하는 것이다.

히브리어 아담은 인간이라는 뜻이다. 아담의 여성형 명사가 아다마인데 이것은 땅이라는 뜻이다. 땅이 하나님의 것이듯이 인간도 하나님의 것이다. 땅이 모두를 위해 열매를 내면 그 땅에 젖과 기름이 흐르지만 땅이 개인의 욕심을 위해 독점된다면 그 땅이 오염된 것이며 땅이 타락한 것이다.

미가와 이사야의 충돌

미가의 예언은 이사야의 시온주의와 정면충돌한다. 미가는 이사야를 대놓고 인용하며 비판한다. 둘은 같은 시대 같은 유다의 예언자이다. 그렇다면 그 시대에 주시는 하나님의 말씀은 어느 것이 정답인가? 상반되는 예언 중 누구의 말을 따라야할까? 예언과 계시의 정당성을 가름하는 기준이 있는가?

미가의 예언은 이사야의 시온주의와 정면충돌한다.

임마누엘! (하나님께서 우리와 함께 계신다!)
하나님께서 날개를 펴셔서 이 땅을 보호하신다.

너희 민족들아! 어디, 전쟁의 함성을 질러 보아라. 패망하고 말 것이다.
먼 나라에서 온 민족들아, 귀를 기울여라.
싸울 준비를 하여라. 그러나 마침내 패망하고 말 것이다. …
하나님께서 우리와 함께 계시기 때문이다. (이사야 8:8-10)

세련된 언어를 구사하고 최고의 지성을 자랑하는 대예언자 이사야의 말에 대해 미가는 기죽지 않는다. 최고의 예언자 이사야에게 정면도전하는 미가에게는 민중의 기개가 살아있다.

'주께서 우리와 함께 계시니 우리에게 재앙이 닥치지 않는다.'고 말하는 바로 너희 때문에 예루살렘이 폐허더미가 된다.

그러면서도, 이런 자들은 하나같이
주님께서 자기들과 함께 계신다고 큰소리를 친다.
'주님께서 우리와 함께 계시니,
우리에게 재앙이 닥치지 않는다'고 말한다. (미가 3:11)

미가는 이사야와 함께 동시대에 남 왕국 유다에서 예언했는데 대놓고 이사야의 말을 인용하면서 비판한다. 미가는 농민의 한을 담아 외친다. 그의 섬뜩한 말을 들어보자.

야곱의 우두머리들아, 이스라엘 집의 지도자들아, 내가 하는 말을 들어라.
정의에 관심을 가져야 할 너희가, 선한 것을 미워하고, 악한 것을 사랑한다.
너희는 내 백성을 산 채로 그 가죽을 벗기고, 뼈에서 살을 뜯어낸다.

너희는 내 백성을 잡아먹는다. 가죽을 벗기고, 뼈를 산산조각 바수고,

고기를 삶듯이, 내 백성을 가마솥에 넣고 삶는다.(3:1-3)

낫을 불끈 움켜쥐고 불그레 핏발이 선 눈동자를 치켜들고 도시의 지도자들을 향해 외치는 농투성이의 거친 숨소리가 지금도 생생하게 들려오는 듯하다. 그의 표현이 지나친 것인가? 아니면 그렇게 울부짖을 수밖에 없도록 민중의 현실이 가혹한가?

아마 미가와 비슷한 생각을 하고 있던 이사야조차도 너무 과격하다고 고개를 절레절레 저었을지 모른다. 오늘 우리들이 농민들의 외치는 소리쯤은 항상 있는 곡조처럼 여기듯이 당시 사람들도 무식한 예언자가 실정 모르고 대책 없이 떠드는 소리쯤으로 치부했을 수도 있다. 미가는 이러한 도시에 대해 멸망을 선포한다.

그러므로 바로 너희 때문에 시온이 밭 갈 듯 뒤엎어질 것이며,

예루살렘이 폐허더미가 되고, 성전이 서 있는 이 산은

수풀만 무성한 언덕이 되고 말 것이다.(3:12)

시온주의와 임마누엘 예언을 주 메시지로 하는 이사야의 예언이 무색할 정도이다. 미가는 동료 예언자에 대한 예의도 없이 사정없이 몰아붙인다. 여기서 이런 의문이 들 수 있다. "그럼 도대체 이사야가 맞나 미가가 맞나? 누구의 말이 하나님의 뜻인가? 이렇게 하나님의 뜻이 같은 시대 같은 왕국에서 다르게 나타나도 되는가?"라고. 그런데 역으로 물어보자. 우리 시대 어느 때고 이런 반대의 목소리가 충돌하지 않는 때가 있는가? 어느 한 쪽의 일의 결과를 하나님의 뜻이라고 한다면 우리는 하

나님을 겁쟁이로 여기는 것이다. 성전이 무너지고 아니고, 시온이 영원하고 아니고 하는 결과는 하나님의 뜻이 아니다. 성전은 무너질 수도, 그렇지 않을 수도 있다.

우리가 기도할 때 하나님 앞에 어떤 수식어들을 붙이는가? 공의로우신 하나님, 사랑의 하나님, 생명의 하나님, 평화의 하나님… 가장 일반적인 수식어들인데 바로 거기에 하나님의 뜻이 있다. 이사야는 조정의 중심부에서 일하는 중앙예언자다. 그는 시온은 영원하다고 사람들에게 용기를 주고 힘을 북돋아 주어야 한다. 반면 농민 미가는 공적 책임에서 자유롭다. 그는 얼마든지 자기 입장에서 혹독하게 비판할 수 있다. 예루살렘이 폐허가 되느냐 아니냐는 어느 한쪽에 하나님의 뜻이 있지 않다. 이사야는 이사야의 자리에서, 미가는 미가가 처한 자리에서, 그들의 주장 속에 하나님의 사랑, 정의, 평화, 생명이 역동한다면 그들은 하나님의 사자이며 주의 말씀을 전하는 예언자이다.

너희가 회개하고 하나님의 뜻만을 잘 수행한다면 시온은 영원한 동산이 될 수도 있다. 그러나 지금처럼 노략질만 일삼는다면 시온은 밭 갈 듯 무너져 없어질 것이다. 성전이 무너지든 영원하든 그 결과에 연연할 일이 아니다. 단지 어떤 결과가 이루어지든지 그것은 도구이다. 이 모든 것은 하나님의 뜻이 "정의와 공평"을 이루어 가는 과정들이 아니겠는가? 그것을 위해 성전은 무너져 내릴 수도 있고, 영원히 세워질 수도 있다. 하나님의 말씀의 권위를 그런 의미에서 찾아야지 어느 한 사람의 말 속에 하나님의 권위를 실어 준다면 하나님을 욕되게 하기 쉽다.

물론 미가서 후반부인 4-7장은 다시 예루살렘의 회복을 말한다. 1-3장의 단호한 멸망의 예언과 판이한 분위기이다. 그래서 학자들은 1-3장을 본래 미가의 예언으로 이해한다. 미가가 아직 예루살렘이 건재할 때 내린 경고의 말씀으로 본다. 그러나 4-7장은 이미 예루살렘의 멸망을 경험한 후인 바벨론 포로기 때에, 다시 회복될 것을 바라는 예언으로 생각한다. 대부분 성경은 바벨론 포로기 이후에 문서로 정착되었기 때문이다.

약 150년 뒤에 예레미야가 곤경에 처했을 때, 그를 옹호하는 사람들이 미가의 예를 들며 예레미야를 변호한다(예레미야 26:18). 예레미야에게 미가의 전통이 이어졌다. 아무런 학문적 기반도 없고 단지 시골 농투성이의 소리지만 그를 기억하고 따르는 전승이 수백 년을 이어간다는 것을 볼 수 있다. 올바른 양심의 외침은 시대를 가르고 이어가는 진리이다.

오늘날 자유무역협상, 즉 FTA를 각 나라별로 체결하고 있다. 자원이 없는 우리나라로서는 무역이 중요하다. 중국과 마늘 파동이 일어난 적이 있었다. 우리가 중국 마늘을 수입하지 않자 중국이 보복조치로 우리나라에서 수출하는 휴대폰 등 전자부품의 수입을 금지했다. 그 짧은 기간에 우리나라는 막대한 무역 손실을 입었다. "그까짓 마늘 좀 사 줄걸" 하며 금방 후회하는 기색이 역력했다. 그러나 무역으로 수익을 올리는 사람은 누구이며 그로 인해 희생되는 사람은 누구인가? 무역으로 올린 수익이 그로 인해 희생되는 농민의 생존권을 지키는데 쓰이는가? 특정 계층을 희생시켜 얻는 부는 누구를 위한 것인가? 그런 보완책을 마련하지 않은 채 무조건 자유무역 체제로 가는 것은 우리사회의 큰 불균형을 초래하게 된다.

코로나 19로 각국의 교역이 중단되자 급격하게 식량문제가 제기된 적이 있다. 베트남이 쌀 수출을 금지하고 곡물 가격이 일시적으로 폭등했다. 다행히 우리 농민들이 권위주의 정권과 지겹도록 싸우면서 쌀의 전면 개방을 막았고 아직까지 이 땅에서 쌀농사나 곡물 생산이 사라지지 않았기에 한숨을 덜 수 있었다. 농사는 천하의 근본이다. 아무리 산업이 발전하더라도 사람은 먹어야 산다. 보다 엄격한 조세제도, 재분배 정책, 농촌의 구조적 재편 등이 선행하지 않는다면 오늘날 살아있는 수많은 미가의 외침과 저항을 막을 수 없을 것이다. 그동안 제3국에 대해서 노동착취, 환경착취, 자본을 착취하던 문명에 제동이 걸리고 있다. 코로나 19는 그동안 그들이 추구해왔던 세계화, 신자유주의에 대한 성찰을 가져올 것이다.

칼을 쳐서 보습으로-평화의 노래

미가서4장은 칼을 쳐서 보습을 만들자는 유명한 미가의 꿈이 담긴 이야기다. 3절은 군사와 전쟁에 대한 꿈이고, 4절은 이상적인 경제에 대한 꿈이며, 5절은 종교에 대한 이상을 그린다. 이스라엘 민족이 미래를 꿈꿀 때 하나의 기준이 된 이 미가의 평화의 노래를 오늘의 정치, 경제, 종교에 상황에 비추어 살펴본다.

주님께서 민족들 사이의 분쟁을 판결하시고,
원근 각처에 있는 열강 사이의 갈등을 해결하실 것이니,
나라마다 칼을 쳐서 보습을 만들고
창을 쳐서 낫을 만들 것이며,
나라와 나라가 칼을 들고 서로를 치지 않을 것이며,
다시는 군사 훈련도 하지 않을 것이다.
사람마다 자기 포도나무와 무화과나무 아래 앉아서,
평화롭게 살 것이다.

사람마다 아무런 위협을 받지 않으면서 살 것이다.

이것은 만군의 주께서 약속하신 것이다.

다른 모든 민족은 각기 자기 신들을 섬기고 순종할 것이다.

그러나 우리는 언제까지나, 주 우리의 하나님만을 섬기고,

그분에게만 순종할 것이다. (4:3-5)

미가서에 나오는 위대한 평화의 이상이다. 이 말씀은

폭력과 전쟁이 없는 세상, 군대가 없어지는 세상을 노래한다.

전쟁과 폭력은 금지돼야 한다. 내 생명을 유지한다는 것은 양보할 수 없는 최후의 권리이다. 서구사회는 이러한 권리를 가장 소중하게 생각하기에 개인은 체제나 질서에 대해서라도 저항권, 혁명권, 시민 불복종권을 가질 수 있다. 이것이 개인이 갖는 기초적 권리로 보장된다.

서구의 철학자 칸트는 그의 "영구평화론"에서 국제간의 영원한 평화를 위한 구상을 펼쳤다. 거기서 그는 "모든 국가는 하나의 도덕적 인격체처럼, 존엄한 주체로 존중되어야 한다. 국가는 토지나 물건처럼 사고팔거나 합병의 대상이 될 수 없으며, 힘이 센 국가가 자기 마음에 들지 않는다고 하여 약소국가를 침공하고 짓밟을 권리는 아무에게도 없다. 국가는 자신을 제외한 누구의 명령이나 지배의 대상이 되어서는 안 된다."고 했다. 개인의 인격이 존엄하듯이 국가도 국가 간에 존엄한 집단적 인격의 주체로 그 존엄성이 지켜져야 한다는 것이다.

또 그는 상비군의 영원한 폐지, 전쟁을 위한 국채 발행의 금지, 모든 국가는 다른 국가의 체제와 통치에 폭력으로 간섭해서는 안 된다는 내

정불간섭의 원칙, 그리고 불가피하게 전쟁을 하더라도 지켜야할 도리가 있다. 장래의 평화 시기에 상호신뢰를 불가능하게 할 적대행위는 삼가야 한다. 예를들면 암살자나 독살자의 고용, 항복조약의 파기, 상대국에서의 반역선동을 하지 않도록 하였다.

전쟁이 발생하더라도 지켜져야 할 도의의 기본은 자기 힘이 세다고 침략전쟁을 일으켜서는 안 된다. 부득이하게 전쟁을 할 경우 자위적, 방어적 목적에 한해야한다. 그런데 미국은 근래에 방어전쟁 개념을 넘어 선제적 공격전쟁 주장을 펼치고 있다. 자기를 지킨다는 명분을 앞세워 앞으로 있을지 모르는 위협을 예상해서 선제적으로 전쟁을 일으킨다는 것은 히틀러 시대에나 통하던 억지이며 이제까지 동서양이 쌓아온 인류의 고상한 정신을 송두리째 뭉개버린다.

칸트는 영원한 평화를 위해 국제 연대 연합 기구를 구상하였고 지금의 국제연합이나 1차 세계 대전 후에 국제 연맹 등이 이러한 사상가들의 제안 아래 진행되었다. 그래도 제2차 세계대전이후로 비록 미국의 주도 아래 진행되었지만 세계평화를 유지하는데 기여하였다. 그러나 트럼프 집권 이후 미국은 국제 기후협약을 비롯하여 어린이 인권을 보호하는 유네스코나 최근에는 세계보건기구까지 탈퇴하였다. 이런 미국의 독주와 오만 앞에 유엔은 이제 원인무효가 되었으며 지금은 오히려 미국을 위한 미국의 기구처럼 움직이고 있다.

전쟁은 타국을 부정함으로 자기를 긍정하는 행위이며, 평화는 타국을 인정함으로써 자기를 긍정하는 행위이다. 미가는 군사훈련을 하지 말라고 한다. 군대를 폐지하고, 상비군도 완전히 폐지시키라고 한다. 다른 나라의 상비군은 항상 서로에게 끊임없는 위협이 되며 군비 경쟁을 부추기게 한다.

선제공격을 합법화하려는 시도는 차치하고라도 본래 방어적 전쟁이라는 개념도 성립하지 않는다. 있을지 모르는 적의 공격에 대비하려면 항상 상대보다 우수한 최첨단의 무기로 무장해야 한다. 그러다보면 결국 군비 과잉지출에서 벗어날 수가 없다. 가상의 상황이, 아니 가상이기에 더욱 철저한 군비증강으로 치닫게 되어 결국은 경제적 부담이 현실적으로 견딜 수 없는 상태에 다다른다. 그러기에 적대감을 유지한 채 누리는 평화는 고비용이 들게 된다. 그래서 결국은 고비용의 평화보다는 단기간의 전쟁을 선택하게 되는 것이다.

자기 포도원과 무화과나무 아래 앉아서, 평화롭게 살 것이다(4절).

자기 포도원과 무화과나무 아래서 살아간다는 미가의 평화구상은 구약시대 전반에 걸쳐 가장 이상적인 세상을 묘사하는 관용구가 되어 예언서나 시편에 자주 나타난다. 이 말씀은 전쟁의 근본 원인이 탐욕과 욕심에 있음을 간파하고 있다. 그럴듯하게 꾸며댄 명분 뒤에는 결국 "남의 것을 공짜로 탈취하려는 약탈의 마음"이 도사리고 있다. 그래서 각자가 자기 포도원과 무화과나무 아래서 산다는 것은 앞서 언급한 군사 분야의 평화 구상과 비교하면 좀 엉뚱하지만 오히려 전쟁과 위협의 근본적인 해결책이다.

단지 전쟁이 없는 평화는 진정한 평화가 아니다. 살육 행위의 부재 상태, 이것이 소극적 평화의 개념이라면 이것을 넘어서서 사람과 사회집단 사이에 진정한 통합과 화평, 상생을 이루는 일이 우리가 도달해야 할 적극적 평화이다. 남의 것을 탐내지 않고, 자기가 가꾼 것으로 만족하는 사회야 말로 적극적 평화로 나아가는 밑받침이다. 저마다 자기 포도원과 무화과나무 아래서 살게 되는 사회적 이상으로부터 진정한 평화는 출발한다.

조금 더 심오하게 들어가면 모두가 자기 땅을 소유하고 부재지주를 허용치 않는 사회를 그린다고 볼 수 있다. 돈 욕심에 특히 땅이 투자의 제일 원인이 되는 한국과 같은 사회에서는 자본가가 땅을 사들여 실제 적으로 경작이나 활용되지 않는 토지가 많다. 이런 토지는 무겁게 세금을 부과하여 실제 땅을 경작하고 활용하는 사람이 아니라면 땅을 소유하고 있는 것이 부담이 되도록 토지보유세를 부과해야한다.(헨리 조지의 사상) 그럴 때 땅은 실제 경작하고 그 땅을 사용하는 사람들이 소유할 수 있게 되고 땅의 고른 성장이 일어나며 왜곡된 소유구조를 개선할 수 있다.

이를 현대 산업사회에 적용해 보면, 모든 사람이 자기 삶의 생산기반을 갖추는 이상사회를 그린다고 볼 수 있다. 현대 산업사회의 모순은 부재지주가 땅을 소유하는 모순과 마찬가지로 소유와 노동이 분화된 것이 근본 모순이다. 자본주의 사회의 최고 모순은 자본가가 자기 재산의 증식을 위해 노동자들 도구처럼 사용하는 것이다. 이는 경제적으로 보면, 재화의 소유와 노동이 분리되어 나타나는 모순이다. 이를 극복해보고자 사회주의 혁명이 일어났다. 이들은 노동자와 농민의 손으로 모든 것을 되돌리자고 혁명을 했다. 그런데 그런 결과가 나왔는가? 모든 재화를 국유화하고 관료들이 자본가를 대신해 지배하는 감시체계를 만들었다. 부의 편재는 일시적으로 개선되는 듯 했지만 결국은 그것을 사용하는 권리가 당과 관료들의 손아귀에 들어갔고 개인의 자유는 더욱 억압하는 혹독한 사회가 되었다.

이것은 원래 맑스가 이야기한 사회주의가 아니다. 그는 자본주의의 모순을 넘어서는 사회를 말했다. 맑스가 꿈꾼 것은 모든 노동자와 농민이 실제 생산수단(토지, 기업)을 직접 소유하는 사회다. 소유와 노동이 분리되지 않는 사회의 모습에 대해서는 비슷한 이야기를 한 또 다른 예언자의 이야기를 다룰 때 조금 더 구체적으로 말해보자. 자기 포도원과 무화과 나무아래 살아가는 미가의 이상은 여러 세대를 거쳐 이상적인 경제생활의 원형으로 작용한다.

다른 모든 민족은 각기 자기 신들을 섬기고 순종할 것이다(5절).

다른 민족의 종교적 선택은 각자 자기 신들을 섬길 수 있도록 존중된다. 물론 미가 자신은 야훼만을 섬기고 그분에게 순종할 확실한 자신의 결의를 말한다. '오직 야훼만'을 외치는 유대인들이 "다른 모든 민족이 각기 자기 신들을 섬기고 순종할 것이다"라는 이상을 그리는 것에 놀랄 것이다. 그러나 '오직 야훼만', '선민', '선택된 백성'이라는 신앙은 야훼를 중심으로 그들이 이룩한 평등사회의 역사적 경험과 분리해서는 안된다. '오직 야훼만'이라는 것은 남들이 이루지 못한 평등한 사회를 그들만이 이룩한 자부심에서 나왔다.(고트 발트) 이것을 어떤 특권적인 표현이나 배타성을 갖는 편협한 신앙의 유산으로 만들어서는 곤란하다. 그들이 이룩했던 특별한 역사와 분리해서 단지 그 문자의 뜻으로만 이해한다면 예수 때에 유대인이나 바리새파들이 그랬듯이 단지 남을 멸시하는 특권이요, 독선과 오만으로 만 나타날 것이다.[3]

---

3) 김경호, "'오직 야훼만'의 신앙과 기독교의 선교"『무례한 복음』, 제3시대그리스도교연구소, 2007, 127-143.

'오직 야훼만'의 신앙을 전투적 배타성으로 알고 나와 다른 남을 공격하고 정죄하는 열정으로 이해하는 것은 하나님과 기독교 신앙에 대한 무지이다. 이는 선교가 아니라 기독교를 저급한 사이비 종교로 전락시키며, 인류 공통의 적으로 만들어가는 자기 소멸의 길에 불과하다. 인간이 살아가는 삶의 전 영역에서 하나님의 통치가 이루어지게 하는 것이 선교의 목표이다. 야훼 종교는 인간의 삶의 전 영역에서 "야훼의 통치", 즉 하나님의 정의롭고 평등한 뜻이 이루어지게 하자는 것이다.

내가 소중하게 생각하는 종교라고 해서 남에게 강요할 권리는 없다. 기독교인은 마치 이러한 강요를 선교적 열정이라고 생각하는 것 같다. 그러나 그러한 독선은 오히려 선교에 장애가 된다. 아무도 남의 마음을 강제로 열수 없기 때문이다.

내 아버지가 좋다고 해서 동네 아이들을 불러 모아 놓고 "내 아버지가 너무 멋지니 이제부터는 너희들도 모두 내 아버지를 아버지라 부르고 너희들 각자의 아버지는 잊어버리라"고 한다면 되겠는가? 미가는 그러한 폭력적인 주장을 하지 않는다. 단지 자기의 신앙을 밝힐 뿐이다. 자신의 믿음이 확실하다고 하여, 남을 무시하고 자신의 신앙적 선택만이 절대적이라고 하는 세상은 칼을 쳐서 보습을 만드는 야훼의 평화를 거스르는 선택이다. 더불어 함께 가고자 하는 평화의 마음이 기독교 선교에서 우선되는 원칙이어야 한다.

함께 생각할 문제

* 미가와 이사야의 예언이 공통되는 점과 서로 다른 점에 대해서 이야기해 봅시다.

* 미가는 왜 도시를 비판하는지, 미가가 도시를 비판하는 이유에 대해서 이야기해 봅시다.

* 미가서 5장의 유명한 평화의 노래를 살펴보고 미가가 꿈꾸는 세계에 대해서 이야기 합시다.

* 미가에 비추어 오늘 우리의 현실을 보자. 현행 토지 강제수용제도는 대형 건설사인 재벌 위주로 구성되었다. 현행 제도에 의해 집을 빼앗기는 사람들에겐 사형선고와 다름없다. 현행 토지강제수용제도에 대해 서로 이야기해 봅시다.

토지 강제수용제도의 폭력성 [4)]

모든 사람이 행복하게 지내야할 재화를 일부의 건설사와 재벌의 품에 안겨주는 개발 논리는 명백하게 하나님의 길이 아니다. 그러나 지금 대한민국의 법은 국가와 대형건설사인 재벌이 마음만 먹으면 얼마든지 땅을 가진 사람들을 내쫓고 그 땅을 강제 수용할 수 있다. 그들은 한 결 같이 사유재산을 제일의 원리로 존중한다는 자유민주주의 체제를 소리 높여 외치지만 사실은 재벌독점주의에 불과하다. 박정희 개발독재가 만든 법을 아직까지 적용하여 국가가 자기들이 편리한 대로 한다. 지역이 개발된다고 잔뜩 기대에 부풀던 주민들은 결국은 터무니없는 헐값을 손에 쥐고 쫓겨나야 한다. 수많은 개발현장이 목숨을 내놓은 투쟁현장으로 변하는 지옥의 현실을 이 땅에 지배자들은 한통속이 되어 즐기고 있다.

첫째, 보상의 기준이 공시지가이다. 어떤 사람이 자기 재산을 공시지가로 팔고 싶겠는가? 그런데 현행법은 재개발을 하는 대형 건설업자인 재벌들에 절대적으로 유리하다. 모두가 기뻐하는 보상이 되려면 시가 보상이 되어야 한다. 그리고 세입자들에게도 충분한 보상이 이루어져

---

4) 이글은 2019년도 마지막 날 토지 강제수용을 당한 도시 철거민들이 모여서 드린 송년예배에서 필자가한 설교문이다.

야 한다.

둘째, 70%이상이 찬성하면 30%의 반대자는 의사에 반해 강제 토지 수용이 이루어진다. 법이 소수의 재산권과 인권을 보호하지 못하고 수 많은 강제집행들이 이루어지고 있다. 수많은 사람이 자기 삶의 터전에 서 뿌리 뽑히고 쫓겨날 수밖에 없는 현실이다. 실제 재개발 지역에 지역 주민이 정착하는 비율은 10~15% 정도 밖에 되지 못한다.

셋째, 개발 이익의 75%는 개발업자의 몫이며 25%는 개발부담금으 로 납부한다.(개발이익환수에 관한 법률 제13조) 납부한 개발부담금 중 에 50%는 토지가 속한 지방자치단체에, 나머지는 국가균형발전 특별회 계에 귀속된다.(같은 법 제4조) 실제로 개발이익을 지방자치단체와 정 부가 나누어 먹는다. 개발업자가 임의대로 가격을 조작해서 신고하기 도 쉬울뿐더러 75%의 폭리를 취하게 방임한다. 그동안 왜 이렇게 공권 력은 개발업자 편에서 폭력을 방관하고 서민들을 몰아세우는가 하는 이 유가 바로 여기 있다. 현행법은 그 땅에 살던 서민들과 세입자들의 눈에 피눈물이 나게 하면서 뒤에서 정부나 지방자치단체까지 합세하여 이익 금을 나누어 먹는 구조다. 이것은 허가된 뇌물이나 다름없다.

개발이익을 토지 소유자 또는 세입자가 나누어 갖도록 법이 개정되어 야 한다. 개발이익 환수금을 배분하는 체계에 실제로 희생을 당하는 강제 수용자와 세입자들이 참여하도록 하고 적어도 개발이익의 절반 정도를 환수하여 그것을 개발로 인하여 피해를 보는 사람들에게 분배해야 한다.

또한 재건축 기간에도 계속해서 영업을 할 수 있도록 대체 상가나, 임 시 상가 등을 만들어야 한다. 그렇게 하면 모든 주민들이 함께 기뻐할 수 있다.

영국의 경우는 우리나라 권리금과 비슷한 개념의 영업권(Goodwill)
이 있는데 이주 등으로 인하여 영업권에 손실이나 침해가 올 경우는 직
전 3년간 영업이익의 평균 액수를 영업이익으로 설정하고 그 영업이익
의 2배에서 5배를 영업권 가치로 보상이 이루어진다고 한다. 상가에서
관행적으로 요구되는 권리금의 경우, 그것을 사용의 대가라고 한다면
계약기간 내에 원활한 영업권이 보장되지 못할 때 이를 법적으로 보장
해 주어야 하며 그 원인을 제공한 측에서 비용을 감당해야 한다.

또한, 생활권도 함께 보장되어야 한다. 재건축 기간에도 계속 영업할
수 있도록 대체 상가나, 임시상가 등을 만들어야 한다. 주거지인 경우는
가(假) 이주단지 등의 건설로 재개발이 모든 주민이 함께 기뻐하는 축제
가 되게 해야 한다. 개발업자나 소유주가 조금 적게 이익을 취하고 세입
자들도 함께 그 열매를 나눌 수 있게 해야 한다. 지방자치단체나 국가가
공공복지의 우선원칙 아래서 재개발을 진행한다면 같은 일을 하더라도
그것은 하나님의 뜻을 이루는 개발이 될 것이다.[5]

개발업자나 소유주가 조금 적게 이익을 취하고 세입자들도 함께 그
열매를 나눌 수 있게 한다면 억울한 사람이 없어질 것이다. 주택은 공공
복지의 기본이므로, 오히려 공적기금을 세입자를 위하여 투입해서 재개
발을 진행해야 할 텐데 왜 지방자치 단체와 국가가 공짜 숟가락을 얹고
서민들의 눈에서 피눈물이 나게 한단 말인가?

---

5) 이글은 용산 참사 이후 재개발의 대안을 마련하기 위하여 용산참사 대책위가 주최한 심포
지엄에서 필자가 "백성을 죽이고 그 위에 시온을 세우며-성경적 권리의 토대"라는 제목으
로 발표한 논찬문의 일부이다.

넷째, 억울한 사정을 가슴에 안고 쫓겨나는 사람을 계속 괴롭히는 횡포가 중지되게 해야 한다. 용산 참사는 지금도 계속되고 있다. 개발이 이루어지는 곳마다 수많은 사람들이 소송에 시달리고 삶의 벼랑에서 목숨을 내 놓는 투쟁을 할 수 밖에 없는 개발은 이제 시정되어야 한다.

집이나 도시 등 건축은 인간을 위한 것이어야지 건축 자체를 위한 것이어서는 안된다. 더욱이 특정한 사람들의 부를 창출하기 위한 것이라면 이것은 공의로운 하나님을 조롱하는 것이다. 건축은 공공복리에 부합하고 인간과 자연의 존엄성을 지켜갈 목적 아래서 진행되어야 한다. 그 중심에는 어디까지나 인간이 있고, 생명이 있고, 그들이 함께 이루어가는 공동체를 지켜나가는데 있다. 이런 목적을 벗어난 탐욕의 콘크리트의 숲은 죽음만이 도사리고 있을 뿐이다.

우리는 촛불혁명을 이루었고 정권을 바꾸었고 지방 정권도 바꾸었다. 최근에 국회정권까지도 바꾸었다. 그러나 여전히 재벌의 주머니를 불리는 토지 강제수용이 진행되고 평생 살던 터전에서 내어 쫓기는 사람들의 눈물이 강을 이룬다. 정권교체는 단지 A가 B로 바뀌는 것을 말하지 않는다. 국민의 삶이 바뀌어야 한다. 저마다 복되고 행복한 삶을 누릴 수 있어야 하는데 하나 뿐인 재산이 헐값으로 수용되고 있고 억울한 호소가 하늘을 떠돈다. 개발이라는 미명아래 몰수, 철거, 폭력이 난무하다면 우리는 무엇을 위해 촛불을 들었나? 기업과 재벌 위주의 토지 수용법을 당장 개선해야 한다. 충분한 보상이 이루어져 공적 용도로 쓰겠다면 기꺼이 앞 다투어 바치기를 희망하는 사회가 되어야 한다. 그래야 국민들 어느 누구든지 행복한 삶을 누릴 수 있게 된다.